北京中宣文化研究院资助出版

QINDIAN NENGYUAN

陈柳钦 ◎ 著

"钦点"能源（二）

知识产权出版社
全国百佳图书出版单位

图书在版编目（CIP）数据

"钦点"能源 . 二 / 陈柳钦著 . —北京：知识产权出版社，2017.8
ISBN 978-7-5130-5015-9

Ⅰ. ①钦… Ⅱ. ①陈… Ⅲ. ①能源经济—研究—中国 Ⅳ. ① F426.2

中国版本图书馆 CIP 数据核字 (2017) 第 167821 号

内容提要

本书收集了作者近年来发表的关于能源方面的文章，涉及能源供需、新能源发展、能源品牌、能源价格监测、能源产业结构、国际能源合作与交流等方面一系列问题，内容覆盖能源全行业，为制定国家能源战略、能源政策，制定、实施科学合理的城市能源规划，实现城市能源的生态化、节约化和可再生化，提供可供借鉴的智力支持。

责任编辑：宋 云　王颖超　　　　　责任校对：谷 洋
文字编辑：褚宏霞　　　　　　　　　责任出版：刘译文

"钦点"能源（二）

陈柳钦　著

出版发行	知识产权出版社有限责任公司	网　　址	http://www.ipph.cn
社　　址	北京市海淀区气象路 50 号院	邮　　编	100081
责编电话	010-82000860 转 8388	责编邮箱	songyun@cnipr.com
发行电话	010-82000860 转 8101/8102	发行传真	010-82000893/82005070/82000270
印　　刷	北京科信印刷有限公司	经　　销	各大网上书店、新华书店及相关专业书店
开　　本	720mm×1000mm 1/16	印　　张	15.25
版　　次	2017 年 8 月第 1 版	印　　次	2017 年 8 月第 1 次印刷
字　　数	225 千字	定　　价	46.00 元
ISBN 978-7-5130-5015-9			

出版权专有　　侵权必究
如有印装质量问题，本社负责调换。

前　言

能源，作为直接或经转换提供人类所需光、热、动力等任一形式能量的载能体资源，是人类生存与生产的重要物质基础。社会越发展，人类对能源的依赖程度就越高。著名经济学家西奥多·W.舒尔茨就指出："能源是无可替代的，现代生活完全是架构于能源之上，虽然能源可以像任何其他货物一样买卖，但它并不只是一种货物而已，而是一切货物的先决条件，是和空气、水、土同等重要的要素。"可见，能源是人类生存和发展的原动力。

能源问题一向是全球战略格局中的重要因素。能源关系到国家经济命脉和国防安全，它不仅象征着财富，更象征着权力。因其在政治、经济、社会等领域的重要性和影响，能源问题的探讨贯穿了整个现代工业文明时代。一方面，不可再生的石油和天然气成为现代工业必不可少的基础性战略物资；另一方面，由于资源分布和需求分离的结构性矛盾，百余年来，以石油、天然气为核心的能源政治始终与国际关系密切相连，围绕油气资源、市场、通道的角逐竞争，始终成为国际能源地缘演变的主要内容。

目前，世界已经全面进入能源时代。尤其是在国际能源竞争形势、中国能源管理格局发生变化的背景下，能源界的思想变革和战略选择变得尤为迫切。"这是一个最好的时代，这是一个最坏的时代。"一百多年前，英国作家狄更斯在其名作《双城记》的开头如此写道。随着工业化进程的加快，中国的能源建设正在飞速发展，与此同时，中国对能源消费的需求越来越大，使得中国能源安全问题尤为凸显。如何维护中国的能源安全是关系到中国现代化建设成败的战略性问题，能源战略与能源安全必然成为中国大国战略中的核心问题之一。

未来50年，人类社会发展将面临地球的有限能源资源和能源生态环境带来的新的挑战，需要寻找新的发展模式，才能使人类能够公平分享现代文明成果。这就要求我们要面向中国现代化建设进程，前瞻性地思考能源发展大趋势，前瞻性地思考现代化对能源的新要求，厘清其中的关键问题和核心问题及其实现路径，为国家能源战略提供科学依据，为建设生态文明的现代化中国提供支撑力量。

能源时代需要独特的能源智慧，需要深邃的能源思想者，需要一流的能源智库。在中国，能源智库是一个越来越重要的智库领域。目前，除了具有政府背景的官方能源智库、大型能源企业智库和大专院校之外，能源专业媒体智库也扮演着重要的角色，不仅为政府提供参考决策，还积极为能源企业提供咨询服务。不过，中国能源智库还很弱，尤其缺乏综合性的能源智库。现有的能源智库以纯技术研究为方向的居多，只有极少数致力于能源经济、能源战略等问题的研究，并且对能源经济的研究还很薄弱，对更高层次的经济学与社会学的研究更加薄弱，这正是未来亟须加强的方面。而中国能源经济研究院正是以中共中央机关报《人民日报》旗下传媒《中国能源报》为依托，在国家能源局支持下建立起来的专业能源经济研究平台，其宗旨就是要致力于打造服务于国家能源战略决策、统筹协调、行业管理和企业发展的能源智库。其研究范畴覆盖能源全行业，全面研究国家能源战略、能源政策，为能源供需、新能源发展、能源品牌、能源价格监测、能源产业结构以及国际能源合作与交流等问题提供智力支撑。

本人曾经有幸成为中国能源经济研究院的一员，并从此立志在能源领域深耕细作。理念支撑行动，用心改变一切！尽管本人在学术领域内浸润多年，对许多学术问题也有一些自己独特的看法和经验之谈。然而，不谙能源的我，却从此开始执笔点评能源，这难免有班门弄斧之嫌。"雄关漫道真如铁，而今迈步从头越"，虽然困难重重，但笔者坚信一切从头开始，从基础做起，脚踏实地，定有收获。因为笔者深信："勤奋：最强的工作态度""达摩：支撑生命之根""执着：坚强才能赢"，也牢记"诚者，天之

前　言

道也；思诚者，人之道也"。

人间正道是能源！正如培根所言，"跛足而不迷路的能赶过虽健步如飞但误入歧途的人"，本人坚信"天道酬勤"和"勤奋成就梦想"，并不断地耕耘勤奋，终于拾得几朵小野花，汇集成为《"钦点"能源》。"钦点"，非"皇上亲派"，此乃"陈柳钦点评"之意。"钦点能源"乃"陈柳钦点评能源"之简称，为避免冒天下之大不韪，故在"钦点"二字上加上引号，是为《"钦点"能源》。

2014年6月，《"钦点"能源（一）》在中国金融出版社正式出版之后，本人就将《"钦点"能源（二）》成稿发送给了中国金融出版社。后来，由于本人调任人民日报社《中国城市报》副总编辑，忙于《中国城市报》的各项工作，无暇顾及其他，故《"钦点"能源（二）》的出版事宜就搁浅了，这一搁就是二年！这次重读《"钦点"能源（二）》文稿，发现绝大部分内容并未过时，因此，还是决定正式公开出版，以飨读者，尚存诸多不足，还请各位海涵。

其实，在《中国城市报》社工作并不妨碍本人对能源继续深入研究。我们知道，城市是人类社会发展到一定阶段的产物。现在，城市已经集中了全球50%以上的人口，城市提供完善的基础设施，发达的交通，集中居住的条件，以及优质的电力、燃气等能源供应，城市为人类捏供了更高的生活质量。但我们也应看到，城市人口集中，交通、建筑、采暖、照明以及居民日常生活消费大量的能源，同时工业生产也大多集中在城市地区，城市能源消费已经超过全球能源消费的70%。在城市发展的历史长河中，能源深刻地影响着城市生产和生活的各个层面。能源不仅提高了资本、劳动力和其他生产要素的生产率，而且成为城市经济发展的命脉，维持着城市经济的高速增长。世界上没有哪一种城市能够在能源供应不足的情况下维持城市实力的稳定上升。中国是世界上城市人口最多的发展中国家，同时也是世界第二大城市能源消费国。随着中国城市经济的持续快速发展，中国城市面临着能源结构不尽合理、能源效率低下、能源安全保障程度较差等问题，能源已经成为制约城市发展的瓶颈之一。

"钦点"能源(二)

城市能源的合理规划与优化配置是解决城市快速发展与能源短缺矛盾,协调城市化进程与能源资源合理利用的关键。因此,需要我们下大力气研究城市能源问题。城市能源的研究不仅有利于保障城市能源供应,更重要的是要在城市发展模式、城市生活方式、城市建设过程以及城市居民的用能行为中逐步促进能源使用方式的根本性改变。因此,城市能源研究不仅是一个物质系统研究的过程,也包括能源知识、能源观念、能源政策以及城市能源战略的长远和根本目标。制定、实施科学合理的城市能源规划,实现城市能源的生态化、节约化和可再生化,是关系到一个城市可持续发展能力的重要课题。

因此,无论身处何处,无论身居何位,本人将一如既往地关注能源,研究能源,特别是关注和研究城市能源。让我们一起期待《"钦点"能源(三)》《"钦点"能源(四)》以及《"钦点"能源(N)》的问世。

爱因斯坦曾经说过:"在最后突破、豁然开朗之前,那在黑暗中对感觉到了却又不能表达出来的真理进行探索的年月,那强烈的愿望,以及那种时而充满信心,时而担忧疑虑的心情——所有这一切,只有亲身经历的人才有体会。""钦"亦如此啊!

陈柳钦
2017年5月

目 录

1. 能源文明的智慧路径 …………………………………… 1
2. 能源引发战争的时代渐行渐远 …………………………… 5
3. 能源体系的民主化变革 …………………………………… 9
4. "能源独立"之辩 ………………………………………… 12
5. 能源效率的回弹效应不应忽视 …………………………… 17
6. 能源替代与替代能源 ……………………………………… 22
7. 能源革命呼唤法律革命 …………………………………… 27
8. 能源变局考量能源安全 …………………………………… 33
9. 开启理性的能源教育 ……………………………………… 40
10. 从能源伦理到生态文明 …………………………………… 47
11. 透视能源外交新格局 ……………………………………… 55
12. 能源政策的演变及趋势 …………………………………… 61
13. 突破能源约束之道 ………………………………………… 68
14. 能源管理体制变革需坚定前行 …………………………… 75
15. 能源地缘政治的现代演绎 ………………………………… 82
16. 能源储备需加速新陈代谢 ………………………………… 91

17	合同能源管理纾困前行	97
18	能源定价市场化"制度性困境"亟须突破	103
19	能源强度的"存在与超越"	111
20	能源金融的深化与发展	117
21	能源霸权的终结	125
22	国际能源合作的制度变迁	134
23	能源结构要实现动态优化调整	143
24	能源产权制度的优化路径	148
25	能源规划的法律规制	156
26	能源预警要有心有力有为	163
27	能源与现代化的合理耦合	168
28	能源文化激发无限潜能	176
29	能源外部性的内部化	183
30	能源科技创新没有过去式只有进行时	190
31	能源哲学需要"深思维"	198
32	能源互联网有望纾解能源危机	204
33	绿色能源支撑智慧城市发展	211
34	基于制度路径的能源发展转型	218
35	国际维度下的能源战略	225

致谢 233

1 能源文明的智慧路径

能源是推动人类文明进步的物质基础，是现代社会发展必不可少的基本条件。人类文明的每一步，都和能源的利用息息相关。从火堆到水车、风车、马车和帆船，再从蒸汽机到内燃机乃至发电机，我们得温饱、涉江河、游寰宇、探星辰，通过一代又一代的智慧积累与技术探索，人类不断转换能源形式，提高能源利用效率，开发和利用新的能源，将文明与自身的自由解放推向了更高层次。

能源更替是文明演进的客观规律。荀子曰："君子性非异也，善假于物也。"意思是说，君子的本性和一般人没有什么不同，不过是善于借用外物的力量罢了。在漫长的历史长河中，人类不断借用能源的伟人力量，变化和发展能源利用形式，不断提高能源利用效率，降低能源对资源环境的负面影响，因而得以生存和发展，谱写文明演进的辉煌篇章。公元前250年，中国人首先发现石油是一种可燃的液体。1854年，美国宾夕法尼亚州打出了世界上第一口油井，石油工业由此发端。从柴薪马车农业文明、煤炭蒸汽机工业文明、石油内燃机现代文明到智慧能源革命未来文明表明，人类进化发展的过程，是一部不断向自然界索取能源的历史。没有能源的默默支撑，我们的文明演进是无源之水、无本之木，只能走向萎缩与枯竭。

一段时间以来，大家通常会忙于能源资源的掠夺和攫取，而疏于节省、节制和保护。随着全球人口的急剧膨胀，人类的能源消费大幅度增长。众所周知，煤炭、石油均为矿物能源，是古生物在地下历经数亿年沉积变迁而形成的，不可再生，其储量极为有限。人类社会发展至今，随着化石能源短缺和负面影响越来越大，人们便开始更加重视寻找新能源。除不可复制的煤炭、石油、天然气外，核能、风能、太阳能、水能、生物质能、地热能、海洋能等也渐渐走进人们的生活。

能源文明首先体现为理念的文明，要站在"大能源"的高度，把安全、高效、清洁的原则，贯穿于能源生产、转化、输配和使用的全过程。要节约能源资源，也要节约终端能源；要计算一种能源本身的成本和收益，也要计算包括上下游和流通环节在内的所有成本和收益。寻找新能源将是一个永久的事业，这关系着每一个地球人的生存。

"21世纪初科学最大的谜是暗物质和暗能量。……宇宙中的暗物质能量是已知物质能量的14倍以上。"（李政道语）20世纪科学最大的谜题是"太阳能的来源"。20世纪几乎绝大部分的科技文明，如狭义相对论、核能、激光、半导体、超级计算机等理论和应用，都是从研究这个世纪谜题中产生的。正像19世纪的人想象不出上述这些新科技一样，21世纪对暗物质和暗能量的研究，也会产生令今天的人类无法想象的新发现。

借助新发现或者科技进步，风电、太阳能、核聚变、页岩气、可燃冰等新能源，均被各自行业寄予厚望，认为必将承担起能源领域的"终极救赎"重任。伴随人类社会通信技术的提高以及人们对使用可持续能源越来越形成共识，智能电网、智能能源网、能源互联网、泛能网、云能源等概念的集中出现，有力地说明了互联网和可持续能源结合在一起的威力。

人类经过了几千年的农业文明和几百年的工业文明，即将迎来的是知识社会，在知识社会中需要一种新的文明——节约资源、保护生态、人与自然和谐相处的生态文明。生态文明是一种发展理念的觉醒。生态文明，就是在深刻反思工业化沉痛教训的基础上，人们认识和探索到的一种可持续发展理论、路径及其实践成果。可以说，生态文明是对农耕文明、工业文明的深刻变革，是人类文明质的提升和飞跃，是人类文明史上的一个新的里程碑，生态文明不只是生态、环境领域一项重大研究课题，而且是人与自然、发展与环境、经济与社会、人与人之间关系协调、发展平衡、步入良性循环的理论与实践，是人类社会跨入一个新的时代的标志。为适应文明演进的新趋势和新要求，人类必须从根本上解决文明前行的动力困扰，实现能源的安全、稳定、清洁和永续利用。在老子的大唯物观理念中，人类智慧本身就是"能量"，如果将这一"新能源"转化为以"能效"为表象的能源形态，那么"能效"本身就是继传统能源之后，又统领于传统能源之上的"新能源"。"能效"本身，就是能源创新的重中之重。未来新能源的发展不是单纯地扩大规模，而是发展更加智能的电网，互联网和可再生能源结合可能会成为第三次工业革命的核心。

能源保障是文明演进的根本条件。人类学会利用能源并推动文明演进是一个无比漫长的过程。摆脱束缚，寻求自身更大的自由，是人类文明的不懈追求。智慧构筑文明基石，推动能源更替。文明程度越高，对能源形式的要求越高，能源所凝结的人类智慧就越多。目前，高效、清洁、低碳已经成为世界能源发展的主流方向，能源将逐步跨入石油、天然气、煤炭、可再生能源和核能并驾齐驱的新时代。高耗能、高污染的产业发展思路已经不能适应新时代的要求，节能上升为世界性的研究课题。因此，如何控制能源消费总量，全面推进节能提效，强化用能管理成为摆在监管机构以及社会各行各业面前的实实在在的问题。随着工业化和信息化的深入融合推进，用信息化技术和手段来提升工业等领域的节能，发展"智慧能源"已达成了广泛共识。特别是金融危机之后，"智慧能源"成为政治家和商界领袖的"新宠"，在救市措施、经济和能源振兴规划、能源长期发展规划及各种演讲中都闪现着"智慧能源"的光芒。

智慧能源就是充分开发人类的智力和能力，通过不断技术创新和制度变革，在能源开发利用、生产消费的全过程和各环节融汇人类独有的智慧，建立和完善符合生态文明和可持续发展要求的能源技术和能源制度体系，从而呈现出的一种全新能源形式。简而言之，智慧能源就是拥有自组织、自检查、自平衡、自优化等人类大脑功能，满足系统、安全、清洁、经济要求的能源形式。智慧能源的"智慧"就是大数据、云计算、物联网等信息通信技术，以及这些技术变革所带来的发展模式改变。智慧能源就是"智慧""能源"和"产业"的有机结合，其中，"智慧"起到核心的作用，有了"智慧"，节能和产业优化发展才能实现。智慧能源的"智慧"最终目的就是缓解能源危机，实现节能环保。

智慧能源的载体是能源。无论是开发利用技术，还是生产消费制度，我们研究的对象与载体始终都是能源，我们不懈探索的目的也是寻觅更加安全、充足、清洁的能源，使人类的生活更加幸福快乐、商品更加物美价廉、活动范围更加宽广、生态环境更加宜居美好。能源只有不断凝结人类注入的更大的智慧，才能满足人类文明不断发展的要求。智慧能源因时而生，是照亮人类文明未来的曙光，开发和使用智慧能源，不仅能缓解能源危机和压力，适应人类文明现在和未来发展的需要，更是推动文明进步、加速文明转型的动力。不难推断，智慧能源将是人类能源史上新的里程碑。未来的文明，需要智慧能源的强力支撑，这是文明演进的必然要求。

2 能源引发战争的时代渐行渐远

在全球化视野下，能源问题已经成为国际政治、经济、环境保护等诸多问题的中心议题，甚至成为国际政治的重心。国家间围绕世界能源的控制权所进行的激烈争夺，各国维护自身利益所制定的能源安全战略，以及各国政府积极主导的替代能源开发，使能源问题日益成为国际社会的焦点。

能源是一个国家发展的命脉，获得能源已经成为各国压倒一切的首要任务。对能源资源的争夺一直是人类发展的常态，这是由于能源资源的稀缺性决定的。100多年以前，英美石油巨头就先后开始通过金融手段给战争融资，发动战争，争夺能源。当我们梳理百年来的战争史时，发现很多战争都是围绕着能源资源而进行的博弈，比如，"石油等于力量"在第一次世界大战的战场上被证明是胜利的方程式，并且成为国家战略的重要依据。美国前国务卿亨利·基辛格（Henry Kissinger）曾说："如果你控制了石油，你就控制了所有国家。"美国联邦储备委员会前主席艾伦·格林斯潘（Alan Greenspan）说过一句话："众所周知：伊拉克战争主要是为了石油。"已故委内瑞拉前总统乌戈·查韦斯（Hugo Chávez）曾把委内瑞拉的丰富能源视为自己的政治资本，在他首次当选总统之前就明确阐述了自己对石油的观点："石油是地缘政治武器！"从普法战争、两次世界大战，到两伊战争和海湾战争，再到2011年爆发的利比亚战争以及不断升温的中国南海诸岛主权争端，无不带有强烈的能源色彩。美国著名政治学家、经济学家、《石油战争》作者威廉·恩道尔（William Engdahl）甚至认为：美国的"大中东计划"会导致第三次世界大战爆发，因为美国现在

"钦点"能源（二）

的基础并不牢靠，在国内外都面临一些经济和社会问题。这是华盛顿为重新取得霸权而迈出的绝望一步。可以说，一部世界能源发展史，就是一部争夺利益的阴谋史和浸淌着鲜血的战争史。

举一个简单比喻，中东地区就好比一个大的加油站，世界各国就好比一些商业汽车运营公司，因此一旦加油站内部出现动荡（打架斗殴等），就会影响这些商业运行公司的加油和以合理的价格购买汽油。因此这些商业运营公司会遭受损失，而且谁家的汽车多，谁的损失就大，所以出现这种情况，汽车最多和实力最大的一家肯定会带头出面，平息加油站的不稳定现象，进而把加油站牢牢地控制在自己的势力范围之内，就像现在的美国。哪个国家对石油，特别是对中东地区石油进口的依赖过重，哪个国家发展的风险就越大。从石油政治来看，一个大国，受能源进口制约越少，手里才会有更多用来平衡的"牌"，而受制于进口能源越多，战略就会越被动。

世界能源地缘政治格局经历了从墨西哥湾时代到波斯湾时代又到"中心与外围对峙"时代的转换。能源生产地在新的世界地缘政治演化过程中的作用越来越重要，并导致能源心脏地带和能源战略枢纽国家的出现。世界能源中心的每一次转移，都导致了世界地缘政治格局的相应变化，从而形成了一幅幅新的世界能源地缘政治图景。随着各国对能源需求的不断增长，围绕争夺最后的能源资源的斗争仍然是21世纪地缘政治的主题。从委内瑞拉到俄罗斯、从里海到波斯湾、从地中海沿岸到西非的几内亚湾，无一不受影响。伴随着"9·11"后国际原油价格的起起伏伏，加之伊拉克那令各国垂涎的石油储量的探明，"石油动机"在大规模杀伤性武器传言消散后令观者确信无疑。更为严重的是，能源资源特别是石油资源已经与反恐和人权联系在一起，成为发动战争的理由，世界政局充满了不确定性。

历史的每个时期，都会有各自的特点渗透到生活的每个细节里面去。每个时代都是一个单一的观念或概念的具体体现，这种观念或概念是历史发展的各条线索的汇聚点。每当一个新时期来临时，人们总是要试图寻找

2 能源引发战争的时代渐行渐远

一个合适的概念,用来表现新时代的特征。近年来悄然流行起了一种"能源战争"理论。

为争夺能源发生战争可以理解,但是"能源战争论"的蔓延无疑是很危险的。信奉"能源战争论"并据此来制定对外政策,更是险上加险。比如,美国的几届总统为维护对石油的依赖,不惜在中东地区发动战争,使国家付出了沉重的代价,也不利于环境保护和子孙后代的安全。

"能源战争论"是在"9·11"前后兴起来的,过去一些年里,世界已然发生了太多的变化,人们的思想必然会随之一起改变。当前,国际能源市场受到全球经济复苏持续低迷以及国际地缘政治的影响,不确定因素增加,因此加强能源合作,增进能源安全已成为世界各国的共识。能源合作既是国际各国之间经贸合作与投资合作的重要组成部分,也是充实与发展各国之间战略协作伙伴关系的重要领域。

从世界大势看,"能源合作论"将战胜"能源战争论"。前几年,俄罗斯不仅与乌克兰在天然气供应问题上达成了新的谅解,而且与"世仇"土耳其探讨合作问题。最令人感到意外的是,在长期纠结不清的伊朗核问题上,土耳其和巴西突然"从斜刺里杀出",同意与伊朗进行核材料合作,这使联合国基本上失去了再进一步制裁伊朗的理由。特别是,近年来中国与俄罗斯、中亚地区的合作将对国际能源格局有着深远的影响。随着全球能源需求的进一步增加以及化石能源的不可再生性,人类寻找替代能源的步伐正在加速之中。从能源经济来看,决定21世纪哪个国家能走在前面的关键,在于其能否建立一个具有不依赖或少依赖不可再生能源的经济结构。在《第三次工业革命》一书的作者杰里米·里夫金(Jeremy Rifkin)描绘的未来世界里,煤炭、石油等化石能源退居次要地位,分布式新能源将带来能源的民主化,削弱政治上的"统治"概念,代之以"合作""共享"。

能源合作对于发展面向21世纪的稳定的国际能源关系具有重大的现实意义。近年来,世界地缘经济要求进一步加强区域合作,能源不仅仅是区域合作的利益点,更是区域合作的重要内容。长期而言,"能源战争论"

仍会有影响，但大的方向应是"能源合作论"。

作为能源消费大国和进口大国的中国，应拿出信心和决心，积极推动多国间能源项目的开展，扩大能源技术方面的合作，推动区域能源合作机制的建立，实现共赢。在告别能源政治、实现能源安全与能源独立的道路上，奉行"和平崛起"的中国将有可能担当起领导者的重任！

3 能源体系的民主化变革

近年来，随着煤炭、石油、天然气等化石能源大量的消耗，更糟糕的是，以化石燃料为能源开展的工业活动导致的气候恶化日渐明显，人类面临着严重的生存危机……人类社会目前这种空洞的表面繁荣是不可持续的。如何寻找一种新的能源利用方式来改善人类的生存环境成为世界各国面临的新课题。

面对化石能源的逐渐枯竭和生态环境的日益恶化，人类必须尽快从这种醉生梦死的生活中警醒过来，停止对地球资源的贪婪攫取来维持吸毒成瘾的生活。

我们该怎么办？能源民主化是唯一解决途径！美国著名经济学家、趋势学家杰里米·里夫金（Jeremy Rifkin）在《第三次工业革命》中指出：人类能否进入可持续发展的后碳时代，能否避免灾难性的气候变化，第三次工业革命将是希望之所在。他在书中为我们描绘了一幅宏伟蓝图："人人开发能源、人人控制能源、人人享有能源、人人获益能源，人人成为能源的主人……数以万计的人们将在自己家里、办公室里、工厂里生产出自己的绿色能源，并在能源互联网上与大家分享，这就好像现在我们在网上发布、分享信息一样。"《第三次工业革命》这本书自始至终强调一个新理念——未来的全球能源发展模式是"能源民主化"的，未来经济社会的发展是"公民社会"的建设。能源民主化将从根本上重建社会网，并进而衍生出一种与之相应的生活方式：仅以教育领域为例，分散式合作课堂取代集中式教学，扁平式学习取代金字塔状的传道、授业、解惑，生物圈融入学习环境而不是以往作茧自缚、故步自封的校园环境，这些都和未来学家

"钦点"能源（二）

阿尔温·托夫勒（Alvin Toffler）在《第三次浪潮》一书中预言的不谋而合。

能源关系到国家经济命脉和国防安全，它不仅象征着财富，更象征着权力。政治控制着能源，而能源又为政治提供着权力保障。能源与政治紧密相连，极大影响着国家的民主政治。特别是以石油为代表的能源禀赋会对一个国家的政治进程和民主建设产生重要的作用。石油、煤炭、天然气等化石能源可以说是"精英能源"，它们只在特定的地域出现，需要政府动用大量的武装力量来占领矿源，还需要持续的地缘政治运作来确保安全。这些化石能源需要大量的资本和高度集中的控制体系对其进行开采、加工与运输。这种高度集中的能源工业基础结构，反过来成为其他经济产业的样板，最终给社会经济和政治体制塑造了自上而下的结构。因此，丰富的化石能源资源导致了一个国家政治经济进程的滞后，特别是民主的滞后。

但第三次工业革命所带来的能源民主化正逐渐打破这一格局。与化石能源相比，可再生新能源的共同特点是：可再生、无限量、无污染。可再生新能源具有分布广、密度低、波动性和建设性的特点，更适合采用分布式开发。分布式发电的突出特点是改变了常规电力发输配售的传统模式，直接在用户侧生产使用，具有能效率高、损害少、安全性与经济性好的明显优势，特别是引入了能源民主化的理念，极大地改善和优化了能源结构。

历史表明，化石能源开发与利用是不和谐的。而发展可再生新能源是能源和谐行动。可再生新能源分布于世界各地，而且是"不能移动"的本地资源，即使你再强大，也不可能把中东的"风"和"阳光"运到大洋彼岸去发电，要想开发这种资源，就必须到当地去。而在这一过程中，带动的是整个产业链和国民经济的发展。以中国为例，在发展可再生新能源的过程中，是从产业建设、基础设施建设、技术创新等角度来进行考虑的。

对于自然资源，尤其是化石燃料匮乏的袖珍国家，第三次工业革命还是颇具诱惑力的，因为这些国家已经到了"穷则思变"的临界点。不管是

3 能源体系的民主化变革

荷兰，日本，还是新加坡，在可再生新能源研发和推广上可谓不遗余力。

以可再生新能源为抓手，各国纷纷创新技术、出台政策、投入资金，力争抢占第三次工业革命先机。在欧美国家，一些新能源开始了民主化进程，比如有的居民家在屋顶上安装太阳能发电设备，发出来的电先供自家使用，多余的则可以并入电网中进行买卖。

中国现在的能源开发和供应模式是垂直一体化的，是由大能源集团、石油大亨、中央集权式的大规模跨国公司控制了能源及其使用，是一种超级垄断的能源开发、输配模式。

由于煤、石油等传统的不可再生能源属国家所有，实现能源民主化难度非常大，因为能源产业的垄断必然产生寻租行为。权力寻租的高回报和能源经济占国内经济的高比例，自然从政治体制内部滋生出排斥民主、排斥资源分享的内推力。能源的垄断和专营，能源产业的资本密集性特点，使得在传统能源时代，能源民主的概念是一个遥不可及的奢望。

可再生新能源大力发展所带来的能源民主化，将形成水平分布和网络扩散式的合作性能源开发与使用架构，从而改变当今的世界经济格局，使其向扁平化的方向发展。在中国，也唯有在可再生新能源领域才能推进民主化进程。可再生新能源给每个人创造了平等获取能源的机会，其获得普适性创造了能源民主的基础；可再生新能源的分布式并网打破电网的垂直垄断，创造了能源民主化的前提。

不过，值得我们注意的是，可再生新能源发展的中国实践显示：现实远比梦想骨感，与其期待遥遥无期的顶层设计来开启第三次工业革命，不如期待自省、自觉、自发的公民个体涓滴成时代激流。公民社会的合力才是第三次工业革命在中国萌芽和爆发的契机。我们热切盼望，中国能够牢牢抓住第三次工业革命的历史机遇，走出一条绿色、活力、智能、普惠、可持续的发展道路。

"钦点"能源(二)

4 "能源独立"之辩

能源独立在美国是一个经久不衰的话题，它唤醒了普通民众记忆深处的能源自给自足时油价低廉的美好回忆。自2005年以来，美国国内油气供应量持续增长，油气自给率和能源自给率持续提升。能源供需关系和出口结构发生了较大变化，所谓的"能源独立"趋势提升。这一趋势是过去50年来美国能源供需关系演变、技术进步和能源政策导向等多种因素综合作用的结果。能源独立真正的发轫，还要上溯至20世纪70年代尼克松政府时期，肇因于当时著名的石油危机。这是一个典型的政治家为迎合选民情绪而制造出的政治口号。

美国在世界能源领域拥有支配地位，其能源战略不仅是自身国家战略的重要组成部分，更成为左右整个世界经济乃至政治、外交走向的决定性因素。奥巴马政府上台后，高调推行所谓的"能源独立"战略。奥巴马的"能源独立"一说，是基于对传统化石能源的"开源节流"。一方面通过提高能效，改变能源消费格局降低对原油的依存度，另一方面在增加原油产量的同时通过技术革新发展新型能源。

美国"能源独立"是一个具有全球意义的重大战略。"能源独立"战略不仅为美国寻找到一条可持续发展的能源安全路径，也正在改变着全球能源、经济，乃至地缘政治版图。依托"能源独立"战略和非常规油气的大规模开发，以美国为代表的北美地区已崛起为可跟中东比肩的全球能源高地，世界能源、经济乃至地缘政治版图正在经历着深刻改变。

美国"能源独立"战略重心是通过节能增效、增加本土能源供应和发展替代能源，减少对石油进口的依赖。该战略实施的后果是美国石油对外

依存度下降，能效逐步提高，可再生能源蓬勃发展，非常规能源安全开发，能源价格下降。

随着页岩油气开采技术的革命，美国如今比任何时候都更接近能源独立。尽管美国能否实现能源独立最终还有待时间检验，但是它在非常规油气领域确立的先发优势巩固了自身的霸权地位。非常规油气产量的大幅增长不仅提高了美国能源独立前景，增强了美国经济竞争力，而且还使其在国际舞台上，尤其是在中东地区的战略回旋余地得以拓展。

当然，美国"能源独立"的影响具有两面性。"能源独立"推动的能源增产和自给率提高的趋势还会继续增长，而这种趋势对美国经济增长、产业发展乃至能源安全的影响是积极的。美国的能源独立对地球来说也不是完全没有害处的。根据国际能源署（IEA）的说法，就在美国可能实现能源独立的2035年，全球的能源需求将比现在增加1/3，中国、印度和中东将占新增量的60%。中国和其他亚洲发展中国家将占据石油输出国组织（Organization of Petroleum Exporting Countries，OPEC）90%的出口市场。不管国际能源署的上述预测能否发生，可以肯定的是，美国将继续改变国内经济发展模式，以及影响国际关系和全球能源前景。因此，一旦"能源独立"趋势的作用和影响被夸大，可能推高美国的孤立主义。

虽然对美国来说，较少的能源依赖，甚至完全的自给自足被普遍视为具有积极作用，但就制造业而言，不仅仅是机遇，同时也面临一些严重的问题。以天然气为例，天然气维持稳定的低价位无疑会成为有竞争力的因素，可在某种程度上抵消劳动力成本的上升，并能吸引所有具有相关溢流效应的高能源消耗行业，例如化工、铝、钢、铁和造纸业。但是，能源市场仍是全球性市场。没有人强迫那些在美国钻探的公司以低于市场的价格将其石油和天然气销售给国内其他公司或消费者。而且，美国其他地区的主要供应中断问题将引发美国能源成本的上升。

诚然，美国一再强调不会脱离全球能源市场。这点不假，但美国不脱离全球能源市场是仍然愿意积极维护全球能源市场的稳定，还是会以更加自由的姿态来把握全球能源市场的走势，值得警惕。有观点认为，无论何

"钦点"能源(二)

种情况，美国根本不可能真的实现"能源独立"，也不会真的去追求"能源独立"。美国根本"不可能"能源独立在于，能源独立的两种前提——要么放慢发展，捡回老祖宗的清教徒精神，从大房子大车子中搬出来，节衣缩食；要么基于核反应和太阳能等新能源利用技术实现革命性突破，导致能源取之不尽用之不竭——都不现实。美国根本"不会"能源独立在于，"能源独立"并不符合美国利益。实际上，任何资源和生产的独立都不符合人类利益。美国不是真的要能源独立，它是迫切要适当减少能源对外需求度。美国人在大选背景下热议的"能源独立"，其实质是美国能源对外依赖度的下降，而不是真正的能源独立。况且，美国能源自给率的提升除其国内油气产量增加及能效提高等因素外，主要是美国经济衰退导致的消费需求下降所致。天然气出口、油品净出口等因素虽然有可能推动美国能源对外依赖度进一步下降，却无法改变美国原油严重依赖进口的现实。因此，我们需要辩证地看待美国"能源独立"的两面性，以便更好地理解美国的能源政策和预测美国能源格局的发展趋势。

不少中国专家认为，从地缘政治角度看，美国独立于中东石油，意味着它在该地区的利益和军力部署将减少，从而导致混乱，那将大大损害中国的能源供应和运输。中国的原油供应，如今在坐享华盛顿提供的安全和稳定。若美国减少介入，中国将暴露于巨大的地缘政治和安全风险中。更有悲观者称，美国的能源独立对中国经济发展不利。它成为能源出口国后，会操纵国际市场能源价格，追求自身利润最大化，同时压制新兴市场特别是中国的增长。这种假设扩展到意识形态领域，认为美国会利用能源技术创新和独立，增进西方模式的吸引力，妖魔化中国的增长模式。也有学者认为，所谓的美国能源独立就是一个陷阱，它将掩盖我们真正需要做的事情——减少对化石燃料的依赖，大力发展太阳能、风电、水电等这些不容易出口的电力资源。

在美国的能源独立化进程中，中国也会存在一些有利的因素。一方面，美国可以为中国不断增长的油气消费提供一个可能的供应渠道；另一方面，全球油气价格可能会受到一定的抑制，而美国页岩油气的开发技术

4 "能源独立"之辩

也能推动中国非常规能源的开采。不过,中国受到的威胁将大于获益,中国的能源安全形势将日趋严峻。因为,中国与美国的情况很不一样,中国还处于工业化阶段,能源需求还在持续增长,不靠进口难以满足经济发展的需求,这种情况在未来几十年都难以避免。虽然节能降耗可以减缓需求的增长速度,发展新能源和非常规化石能源可以增加供应,但这些都只能延缓对外依存度的提升,却不能从根本上扭转对进口能源依赖的局面。从保障能源安全的角度来看,美国"能源独立"战略对中国很有启发。首先,我们应统筹规划,加大国内能源资源勘探开发力度;第二,要调整外交战略,要注意和周边国家加强能源合作;第三,要整体考虑,全面部署海外作业,成为全球能源市场的重要参与者;第四,鼓励技术创新,提高能效水平。那中国该不该向美国学习,随山姆大叔起舞,一起时髦地高呼"能源独立"?不可否认,中国应该着力提高能源效率,降低能源强度。但是,这绝不意味着中国应该追求所谓的"能源独立"。

不管怎么说,"能源独立"只是美国的政治策略,它反映了美国综合实力相对衰落过程中美国民众复杂和矛盾的心态及美国保护主义与孤立主义的上升。在全球化和相互依存日益加深的大背景下,一味地追求"能源独立"其实是有悖于国际潮流的。强化相互依存,推动全球对话与合作,应成为各国维护能源安全、推动经济发展的共同选择。

曾几何时,中国也经历过短暂的能源独立,在发现大庆油田的20多年里,中国能源的消费可以自给自足,但是随着经济发展伴随能源消费的高增长,自1993年开始,能源消费与日俱增,特别是石油消费无法实现自足,对外依存度从零迅速上升到58%。因此,无论美国的能源独立与否,中国的能源战略都应当转变"自力更生"的观念,而应以全球能源安全为目标。一方面,我们必须要解决好与东亚的关系,和日韩朝一起建立东北亚能源安全网,因为中亚、俄罗斯、加拿大、墨西哥湾都可能成为我们能源的来源地,必须和东亚国家一起联手解决;另一方面,必须和东南亚10国,以及澳大利亚、中国台湾地区,共同建立一个环南太平洋能源安全网;同时,要和印度、巴基斯坦、西亚、中亚以及中东的海湾国家形成利益共同体，甚至包括缅甸、阿富汗，保障中东、中亚能源安全。只有这样才能解决能源安全问题。

值得一提的是，"能源独立"倡导者经常提及所谓战争因素。这种极端思维方式实在不足为训。事实上，任何一国及全球能源要达至长治久安，离不开国际社会广泛和深入的合作。和平和发展是时代主题，进一步改革开放，深度参与国际分工合作，只会增强我们的本领，并加强国际和平与发展。所以，中国不宜盲目追求并不现实的"能源独立"，或者为能源对外依赖度设定所谓的"红线"，而应注重综合和动态的能源安全保障。同时，中国应抓住机遇，顺应全球化潮流，加强与有关国家能源和经济的相互依存，强化多边对话与合作，寻求共同安全。

5 能源效率的回弹效应不应忽视

20世纪70年代，西方国家在能源危机后提出了节能（Energy Conservation）的概念，但是，随着能源稀缺性的日益加剧，人们开始对能源要素的生产效率进行研究，即能源效率（Energy Efficiency）。实际上，从国际权威机构对"节能"和"能源效率"给出的定义来看，两者的含义是一致的。之所以用"能源效率"替代"节能"，是由于观念的转变。早期节能的目的，是通过节约和缩减来应付能源危机，现在则强调通过技术进步提高能源效率，以增加效益，保护环境。

能源发展面临着既要满足经济和社会发展的需求又要减轻环境污染的双重压力。为减少能源消费和污染以实现可持续发展，能效政策被提上政治日程。能源效率有助于缓解这些问题，还能带来经济效益，提升经济的总体竞争力，因此，能源效率已成为世界各国未来可持续发展的有效途径和重要保证。

能源效率就是单位能源所带来的经济效益多少的问题，带来的多说明能源效率高，也就是能源利用效率的问题。世界能源委员会对能源效率的定义为"减少提供同等能源服务源投入"。中国学者也对能源效率进行了定义，从物理学角度来看："能源效率，是指能源利用中发挥作用的与实际消耗的能源量之比。"从经济学角度来看："能源效率是指为终端用户提供的服务与所消耗的能源总量之比。"

能源效率不仅能够反映能源与经济增长的关系问题，而且对降低单位国内生产总值能耗、控制能源消费总量、评估节能减排潜力起着重要作用。能源效率通常有七种测度方法和指标：能源宏观效率、能源实物效率、能源物理效率、能源要素利用效率、能源要素配置效率、能源价值效率及能源经济效率(能源强度)。高的能源效率意味着较小的能源消费获得较大的GDP产出，因此，从能源效率角度说，合理的能源配置方式是能源效率较高的地区获得更多的能源使用。

长期以来，国内学者们较多关注于中国工业化进程中降低单位国内生产总值能耗、控制能源消费总量问题，而忽视了能源在开发、加工、转换、利用等各个过程中的效率问题，即能源效率问题。近些年中国能源要素日益趋紧、环境保护压力不断加大，消耗了七成能源的工业却贡献了不到一半的产出，能源效率堪忧。从国际来看，当前中国能源利用效率整体偏低，中国的能源效率目前只有欧盟和日本的1/4，美国的1/3。虽然，中国的能源效率也在提高，但是速度非常缓慢。从国内来看，能源利用效率整体有所提升，但行业和地区间的能源效率差距较大，高耗能行业和高能源消耗地区的能源效率相对较低。尤其是中国西部地区能源丰富，但经济水平相对落后，存在着"资源诅咒"效应，且能源效率远远低于东部地区。

中国目前仍未完全摆脱粗放型的经济增长方式，需要大量的能源消耗作为经济支撑，而受资源约束力的作用，能源产量增幅明显后劲不足。这种能源总产量与总消费量的非同步增长使得中国的能源结构矛盾日益凸显。能源结构是影响能源效率的主要因素之一。不合理的能源结构是造成环境污染、单位GDP能耗居高不下等问题的根本原因。中国的能源结构以煤炭为主，石油和天然气匮乏。中国原煤产量占一次能源的比重超过70%，对煤的依赖性远大于世界其他国家。能源结构失衡严重阻碍了中国能源效率的提高。尽管近年来中国政府加大了节能减排的工作力度，能源效率有了一定程度的提高，但单位GDP能耗与美国等发达国家相比仍然存在很大差异。当然，能源效率的差距也正是改进提升的空间。经济增长是一个要素推动和需求拉动相互结合的过程。在经历了30年高能耗、高污染的粗放式发展模式后，提高能源使用效率、降低单位国内生产总值能耗、控制能源消费总量，实现节能减排是中国解决能源问题的根本出路。

5 能源效率的回弹效应不应忽视

中国的能源问题首先是效率问题，能源效率是目前优先考虑的问题。能源效率问题既是一个技术问题，也是一个经济问题，还是一个社会问题。提高能源效率是中国经济和社会发展的内在需求，如果继续让浪费性的需求膨胀，再多的能源也不够使用，更谈不上能源结构优化。所以首先要提高能源的利用率，把需求的增长控制在合理的范围内。能源效率问题关系到中国在全球产业链中的价值分布，浪费能源发展经济并不意味着在全球产业链中占据优势地位。

提高能源效率常被认为是实现降低能耗、节约能源和减少污染的有效途径。人们大多理所当然地认为提高能源利用效率可以有效地降低能源消耗，可是近年来随着能源效率的提高，能源总消耗却迅猛增长。事实证明，技术进步在提高能效、降低能耗的同时促进了经济增长，反过来又会刺激能源需求，造成能源消耗回弹。不同国家和地区能源效率差异较大，在倡导提高一国能源效率的同时，另一种新经济现象可能会产生——能源效率回弹效应，即能源效率提高节约的能源会被能源价格效应、收入效应和总经济效应等产生的新的能源需求抵消掉。比如，消费者购买了更省油的汽车之后，单位里程的运行成本下降，可能会选择更频繁的驾驶；生产者也可能因为生产成本下降而扩大产量，从而有可能消耗更多的能源。这些十分常见的微观经济主体的行为反应在总体上导致了宏观经济中原本可能实现的能源节省发生较大幅度的"回弹"，节能减排的实际效果与预计目标产生严重背离。

提高能源效率的技术和政策虽然会减少能源消耗，但能源有效价格的降低也会增加对能源服务的需求；当能源服务需求的增加部分或全部抵消了能源效率提高带来的能源消费的减少，或导致最终能源消费的增加，能源效率的回弹效应就产生了。形成反向的回弹效应并导致总体能耗进一步下降的原因是，能效提高产业的能耗下降抑制了能源产业的产出，减少了能源产业自身能耗以及能源转换中的能源投入，能源结构偏向于二次能源的低能耗产业尤其借助了这一反向的回弹效应；比较而言，低能耗产业能效提高的总体节能绩效优于高能耗产业。由于回弹效应的存在，这些投资对减少能源使用可能远远没有预期的那么有效,尤其是在发展中国家。研究表明:中国宏观层面的短期能源回弹效应为31.8%,长期回弹效应为34.24%;粗放式的经济增长方式是造成中国能源回弹效应高于发达国家的主要原因;单纯依靠技术手段无法有效降低能源消耗,解决能源约束问题需要在提高能源使用效率的同时配合其他政策手段。

回弹效应可能给整个社会带来直接的负面影响,有三种回弹效应,可以看出它们是如何在无意中反而增加能源使用的:第一,直接回弹效应,这包括由于节油汽车运行成本低,车主更乐意频繁驾驶。第二,能源利用更高效的产业可能导致间接回弹效应,钢材的价格低廉可能刺激钢铁产量的增加,以及可以使用这些钢材的建筑项目数量的增加。第三,对于整个社会来说,电费便宜意味着消费者有更多的钱可以花在其他活动上,比如度假或其他娱乐活动,同样,这就有可能提高他们总体的碳排放。

因此,无论如何,我们在评估能源效率提高对降低能源消耗的作用大小时,不能忽视回弹效应的负面影响。政府往往希望通过提高能源效率减少能源消费,但是消费者行为的改变带来的能源回弹效应会减弱这些政策的效果。对于政策制定者来讲,要认识到能源效率政策可能未必如预期的那么有效果,在政策制定时,应将回弹效考虑进来,会对政策的制定有一定的帮助。现在越来越多的国家都将能源效率政策视为重要的能源政策,在政策制定时将回弹效应考虑进来,将会变得越来越重要。比如,英国政府在评价房屋设计时采用的高效节能模式时,政策制定者考虑了由于成本节约而调高室内温度的直接回弹效应。美国环境保护局在评价燃料经济标准的监管影响时,对行驶里程设定了10%的回弹效应。其他国家的政策制定者在制定能源政策时,很少将回弹效应考虑进来。中国政府为实现节能目标制定了一系列以提高能源效率为核心的能源政策,而能源回弹效应的大小影响着国家能源政策的实施效果。因此,我们在制定实施能源政策时应将回弹效应纳入考虑,不能将技术创新作为节能的唯一途径,有必要配合使用适当的能源政府管制措施,如规范能源价格、增加能源税等一系列市场导向型的辅助性政策组合对回弹效应加以限制,以促使能效提高所获得的潜在节能效果最大限度地实现。为引导合理的能源消费，同时保证结构节能和技术节能更加有效，在保持经济健康持续增长的基础上尽量减少能源回弹效应的消极影响，以更好地为减少能源消费做出努力，我们必须不断完善相关政策、法律及管理制度，通过科学合理的公共政策设计缓解"回弹效应"的发生，从而真正实现节能减排的根本目标。

"钦点"能源(二)

6 能源替代与替代能源

能源替代问题对人类能源利用来说已不是什么新鲜事,在人类历史上已经出现过用煤炭替代薪柴,用石油、天然气替代煤炭的过程。纵观人类社会的发展历程,我们不难看出人类文明在每一次进步的重要时刻都会伴随着能源的替换和改进。每一次能源大替换,都是一次能源替代过程。可以说,人类的文明发展史既是一部技术经济递进史,又是一部能源替代史。

根据《现代汉语词典》的解释,"替代"与"代替"同义,即以甲换乙,起乙的作用。甲之所以要换乙,原因无非是:乙数量有限,需要用甲代替;乙有缺陷,用甲能够弥补;甲具有乙同样的功能,能够起到乙的作用,甚至比乙发挥的作用更好。于是,能源替代可理解为用一种能源替换另一种能源,替代能源能够起到被替换能源的作用。

能源是人类赖以生存与发展的物质基础。21 世纪什么最珍贵?人才!全球经济低迷的当下什么最珍贵?能源!国际金融危机、能源供应紧张和气候变化是当前全球面临的三大挑战。其中,能源供应紧张是现实挑战,需要一场深刻的能源革命转变传统的经济发展方式,改善能源消费结构和能源生产方式,打破经济社会运行对化石能源的过度依赖,实现从高碳能源向低碳能源的转型。实现能源替代已成为全国、全世界面临的一个大课题。能源替代之路全球上演!

能源替代是能源经济学研究中一个非常重要的问题,也是一个一直困扰经济学界的问题。能源替代分为内部替代和外部替代,前者主要是能源结构优化问题,而后者主要是包括能源、资本、劳动力在内的社会资源有

6 能源替代与替代能源

效配置问题。能源替代是能源领域科技进步和资源合理利用要求的反映,能源危机意味着整个时代呼吁能源替代。

能源替代机理是由能源替代双方的成本变化所决定的。常规能源由于其资源稀缺性,从供需分析,资源价格将不断上涨。这使原先开采利用成本较高的技术和资源逐渐趋于能参与竞争和替代的可能。例如在石油开采中,石油价格上涨使海上石油开采技术成为具有竞争能力的技术之一。同样在可再生新能源替代常规能源的过程中,除了技术进步使可再生新能源开发利用成本不断下降这一趋势外,常规能源资源稀缺以及其环境负面影响产生的外部成本造成的价格上涨这种双向作用,使可再生新能源逐步替代常规能源成为可能。伴随着第三次工业革命的进程,可再生新能源大规模替代化石能源的时间已经来临!

当今能源之忧,牵引着替代能源快步走上前台,替代能源成为热点和焦点话题。能源替代不是完全取代,而是要大力开发替代能源,以能源替代战略实现能源总量充裕和结构优化,为可持续发展提供能源保障。尽管过去人类已经出现过"能源替代"的事实,但那时候并没有出现"替代能源"的概念。

替代能源应该具有以下基本特点:(1)经济上的合理性。一种能源替代另一种能源,必须经济上合理,如果不合理,这种能源替代则没有必要。(2)技术上的可行性。一种能源替代另一种能源,必须技术上可行,如果不可行或不能形成产业,仅仅停留在实验室,这种替代设想也不能变成实践,替代仍不能实现。(3)替代的目的性。一种能源替代另一种能源,必须具有某种目的,这种目的要么是为了能源可持续利用,解决能源短缺问题,要么是为了达到节能、高效、环保的要求,否则这种替代没有必要。(4)功能上的同等性。一种能源替代另一种能源,必须能够起到原有能源的功能与作用,否则不必要替代。

当然,替代能源同时也是一个开放性的、发展的集合概念,其外延是随着社会、经济与科技的发展变化而不断发展变化的。正因为如此,人们对替代能源内涵的理解还略有不同。在能源领域,过去对替代能源概念的理解是狭义的，即替代能源仅仅是指一切可以替代石油的能源。这么说来，天然气可以替代石油，天然气就是未来石油的替代能源，但是很显然，天然气本身与石油一样面临同样的问题，一样需要被替代。因此，替代能源这个概念还不是很贴切。现在主要是从广义上进行理解的，即替代能源是指可以替代目前使用的化石能源的一切能源，既包括对煤炭、石油的替代，也包括对天然气的替代。笔者认为，对替代能源概念的理解还可以更严谨一些，把替代能源概念仅仅限于是对"替代化石能源"的能源的理解，还不甚准确。有学者认为，能源替代的边界约束应该明确定位在用非化石能源替代化石能源、用可再生能源替代不可再生能源的基点上。能源替代的目标应该定位在清洁生产和综合资源优化。还有学者认为，寻求能源"替代"，需要另一种思维，化石能源替代，不只是指用其他能源替代现在的化石能源，更包含"采取一整套少用化石能源、替代化石能源的可行措施"。无疑这都是正确的。因此，所谓的替代能源，是指那些在经济上合理、技术上可行，能够通过替代传统能源、不可再生能源、高碳能源而达到能源可持续利用，并实现节能、环保、高效目的的一切能源。当然，每一次能源替代都不是完全彻底地对原来能源的替代，煤炭、石油等化石能源要彻底耗尽并退出能源舞台尚需时日，而此时，新的能源形式已登上能源舞台。

　　能源替代是一个客观的进程，虽然任何一次替代都会交付社会成本，但只要有利于社会进步就会成为现实。如同人类社会形态的更迭不平坦一样，能源替代的进程也注定不会一帆风顺，其间必将伴随着替代能源与传统能源之间的博弈。在煤炭替代薪柴，石油替代煤炭的漫长历史进程中，无不体现着这种博弈。新能源对不可再生旧能源的替代，并非是完全将旧能源取而代之、弃而不用，而是新能源对旧能源在社会能源供给中的主导地位的替代。

　　就能源而言，中国的经济转型实际上也是一个能源替代的过程。迄今为止，中国的能源生产和消费主要是以煤、石油和天然气等常规能源为主。而这些资源由于其不可再生性，因而它们各自的资源量终究是有限的，不可避免地要面临资源耗尽问题。同时，由于粗放型能源发展模式以及以传统能源为主的能源结构和低效率的能源利用方式，能源消费造成的环境污染问题日趋严重。面对日趋强化的资源环境约束和发展压力，中国应该尽早寻找替代能源，谋划未来发展。

调整产业结构和能源结构是中国转变经济增长模式的两个关键路径。然而，其可行性取决于能源与要素以及能源间的可替代性。当然，如果可再生新能源和不可再生能源在技术上不能实现完全替代，那么经济体就不能找到最佳的发展路径。如果可以消除不同形式能源间的技术壁垒，提高可再生新能源对常规能源的替代程度，那么，这将有力地缓解经济体对资源的依赖，并且通过征收庇古税或实行废物循环再造，增加可再生新能源的原料供给，就可以提高资源的使用效率，减少不可再生资源的开采量，对经济体产生积极的作用。

在替代能源开发上，有人把希望寄托在中国身上。有学者撰文称，中国可再生新能源开发"能够拯救世界"。这其实有点言过其实。尽管中国可再生新能源开发具有巨大的资源潜力，部分技术实现了商业化，产业也有一定的发展，但与国外发达国家相比，无论在技术、规模、水平还是在发展速度上，仍存在较大的差距，可再生新能源产业发展还面临许多问题和障碍。不过，在全球石油资源面临枯竭的大背景下，寻找更加环保的替代能源，无疑是中国一项长期的战略性任务。作为一项长期战略，替代能源的发展不可回避。这一方面是因为，中国是一个能源消费大国，承受着越来越大的压力；另一方面，中国也是一个负责任的世界大国，理当为世界能源安全和环境保护承担责任。而且，中国目前处在工业化中后期，正进入一个资源需求量上升最快的时期，能源消耗难以降下来，因此，相对于提高能源的使用效率，开发可替代能源更为现实。发展替代能源，实现传统能源之间、传统能源和新能源之间的替代是解决中国能源供需瓶颈、供需结构性矛盾以及减轻环境压力的有效途径，也是真正实现经济"又好又快"可持续发展的基本保障。

可再生新能源呼唤在技术上的革命性突破，唯有如此才有望大幅度地降低价格成本。从理论上说，替代能源可以缓解甚至解决中国经济对化石能源的高度依赖，但是替代能源的技术、性能、安全、环保、成本等指标也是无法回避的现实难题。受到目前技术水平的限制，各种替代能源在资源、技术、能效、经济、环保等方面各有优势和不足，无论发展哪种替代能源，替代量都有限。某一种替代能源作为主导能源，其他类型的多种能源作为辅助能源，众多的能源利用新途径作为补充能源，这种共存的能源结构模式将会在很长一段时期内主导人类社会的能源供应。因此，中国只有因地制宜地多元化发展，才能实现经济可行、最大限度的能源替代。

着眼于长远发展，发展替代能源是保障能源安全的重大战略举措。我们应该遵循能源结构演变规律，借鉴发达国家的做法和经验，按照以新能源替代传统能源、以优势能源替代稀缺资源、以可再生能源替代化石能源的思路，大力开发利用水电、风电、生物质、太阳能等可再生能源，逐步提高替代能源在能源结构中的比重。可以预计，在今后相当长的一段时间内，中国发展替代能源将实行能源结构多元化的战略，并朝着更为多元化、清洁、高效的能源消费新时代发展，到2020年，中国将会变成替代能源在世界上数一数二的国家。

7 能源革命呼唤法律革命

阿喀琉斯是古希腊神话中力大无比、战无不胜的勇士,但他有一个致命的弱点,那就是他的脚踵。后来,他因此被害。人类自工业革命以来,对自然资源的需求呈几何级数增长,而自然资源的增长则是一个数学级数,甚至是一个恒定的常数。这就使人类的生存和发展遭遇到一系列无法回避的资源挑战。

能源是全球政治和经济变革的驱动力。自洪荒至今,能源推动着世界的运转。在20世纪绝大部分时间里,人类实现了关于能源的梦想。这有赖于丰富、可靠而廉价的化石燃料:煤、石油、天然气等。但如今,世界能源发生着变化。伴随着经济增长和人民生活水平的提高,能源消费增长是必然的。虽然一批学者、政治家都希望经济增长与能源增长脱钩,即以较少的能源增长或能源的零增长实现经济的快速发展,但是到目前为止,这还是一种希望。持续增长仍然是能源发展的基本面,战争与和平、资源与环境、发展与停滞,都在能源问题上聚焦。能源问题成为当今世界关注的头号问题。当前,人类面临的能源难题是:当供应短缺时,价格就会飙升;污染排放对环境和健康产生威胁;对他国能源的严重依赖导致的能源安全问题。

2012年以来,美国"能源独立"成为世界能源领域最热门的话题,特别是页岩气开发的成功带来了一场全球性的能源革命。美国人提出了"第三次工业革命与能源革命",奥巴马、默克尔和卡梅伦都在谈"新能源革命"。特别是奥巴马力主"能源新政",政治与经济意义并存。美国新能源革命的一个更深层次的意义在于全球财富之间的再分配,中东、俄罗

"钦点"能源（二）

斯等能源富有国的"能源通货"会随之减少，而拥有锂矿、技术和发电设备相关配套工业的国家将因此得益。很简单的道理，在以前的旧能源体制下，一些坐拥能源资源的国家，如俄罗斯等可以平白享受经济发展成果，这显然是美国等致力于科技发展的国家所不愿的。与其白白让自己辛苦得来的利润分一大部分给资源国，还不如自己自主更新发展新能源，肥水不外流，而且还起到促进内需、扶持本土企业的效果。可见，其间存在不可忽略的政治因素。

不管怎样，人类对能源变革的理解正在发生变化：过去的能源变革是自然过程，现在的能源变革是人为干预；过去的能源变革改变了世界，现在是改变了的世界需要能源变革。

所谓能源革命，是指在人类能源开发和利用过程中所发生的能源系统的演替过程，以及在此过程中出现的一系列重大变革。进一步来说，就是在原有的能源系统不能适应人类社会经济发展的情况下，客观上需要以一种新的能源系统取代原有能源系统，从而引发能源生产和能源消费方式的根本性变革，这些根本性变革的具体表现不仅指能源技术上的进步，也包括能源结构、能源体制、能源安全观念上的重大变化。人类历史上每一次能源革命的发生，都是在能源开发和利用方式取得重大突破的条件下，逐渐以新的能源系统取代原有的能源系统的发展过程，都会带来生产力的巨大飞跃。

解读人类能源史，能源替代始终是人类社会发展的标志。煤炭替代薪柴，人类实现了从农业社会向工业社会的过渡；石油替代煤炭，人类实现了从传统工业向现代工业的过渡。虽然替代本身并不是经济革命，但替代能引起一定范围的经济革命却是客观的。就像汽油是驱动汽车前进的动力一样，经济发展也离不开能源的驱动，历史上每一次能源革命都会带来一波工业革命；而抓住新一轮能源与工业革命机遇的国家就会顺势崛起，正如泥炭之于荷兰，煤炭之于英国，石油之于美国。

长期以来，特别是工业革命以来，人类社会所依靠的能源，主要是煤炭和石油等化石能源。化石能源的开发利用为人类带来了巨大财富，开拓了无限远大的发展前景,却让人类承受着二氧化碳等温室气体排放引发的生态危机与社会危机。近年来,伴随着石油价格暴涨和一次性化石燃料资源渐趋枯竭,迫使人们不得不面对能源危机。开发新能源的任务越来越紧迫,人类迫切需要改变化石燃料在世界能源体系中的支配地位,以减少二氧化碳排放,稳定气候。在化石能源供应日益紧缺,化石能源利用又将面临严格的碳约束之际,人类面临着严峻的能源供应短缺挑战和巨大的能源安全压力。在这种挑战和压力驱动下,正酝酿着一场新的全球范围的能源革命。从工业革命的定义"以通用机器取代人的技艺和用无生命的力取代人力和畜力,带来了一次从手工业劳动到机器制造的转移,并因而促成了现代经济的诞生"来看,这一轮能源革命毫无疑问称得上是又一次工业革命。

世界经济将何去何从?能源革命与工业革命发展关系如何?美国经济学家杰里米·里夫金(Jeremy Rifkin)在他的著作《第三次工业革命》中预言:人类将以一种协作的、民主的方式改变世界。他认为,第二次工业革命已经走到尽头,我们即将步入一个"后碳"时代。要想产生新的工业革命,新通信技术必须和新能源体系结合,就像历史上的每次重大经济革新一样。"能源机制塑造了文明的本质,决定了文明的组织结构、商业和贸易成果的分配、政治力量的作用形式,指导社会关系的形成与发展",进而提出"每一个伟大的经济时代都是以新型能源机制的引入为标志"。杰里米·里夫金在论述第三次工业革命过程中,明确阐释了能源革命的基本内涵,即新的通信技术和可再生能源相结合,形成能源互联网,为第三次工业革命创造强大的新基础设施。

而能源革命的结果,往往会进一步引发工业领域在制造水平、生产效率和产业组织形式方面的飞跃,这就是能源革命与工业革命的关系所在。目前世界正处于能源革命的初期,提高能源效率,发展低碳或无碳能源,设计新的能源体系,增加对新能源的投入,加强对新能源的政策支持,将是这场能源革命的主要内容。21世纪初始国际能源署(IEA)和有关研究机构通过变革能源基准情景和参考情景构筑的替代政策情景、能效政策情景、ACT情景、450情景和ETP2010情景，将能源革命一再推向高潮。未来的能源革命，包括存储现有能源，开发新型能源，并重塑对能源的认识。人类应当利用自身的知识和机遇，为子孙后代的能源问题作出抉择。

然而，能源革命能否真正推动、有效推动，到目前为止已经不是一个技术、资金、政策等传统的问题。新的能源革命需要改变现代社会的整个基础设施，远远超过了能源系统。这使得革命任务更加艰巨。能源革命为人类描绘了可持续发展的动力源蓝图，它需要各国实实在在的行动，尤其需要投资等付出代价的行动。然而，各国对于能源革命承诺的多、行动的少，甚至更多的是"讨价还价"，互相推诿，以至于能源革命呈现在人们面前的更多的是情景，而不是现实。能源革命在世界范围内孕育，却总在情景里陶醉，一个重要原因是人们更多地看重了它的技术创新过程，却忽略了它所需要的政治、经济与文化变革过程，更忽略了它的法律制度革命过程。

能源革命从理论变为现实的路径是使之成为规则，特别是成为行之有效的规则。从规则的属性来看，在人类现存的制度规则中法律可能是最为有效的规则，制约能源革命的技术、经济、政治和文化变革之间的相互依赖性都可以在法律中汇集、体现。因此，要使能源革命从情景走向现实，就必须使之成为法律规则。能源革命应在法律空间或法律制度内进行，法律设计、安排并实施人类通向能源革命的规范化路径。

能源革命由技术创新启动，由制度创新牵引，是技术创新与制度创新同步、共生、互动、互补的产物，更是制度革命的产物。能源革命中围绕技术创新发生的知识体系维护、创新利益保护、市场规则、社会冲突、政府组织等都是在法律框架内得以协调、规范的。与之相适应的法律革命也将是包容技术革命与社会革命的真正革命，是更为深刻、更为广泛的革命。能源革命对法律提出了更新更高的要求，法律作为国家运作的系统完全可以在自身革命中不断满足能源革命的需求。

目前，现行的法律规则远未能满足能源革命的需求，法律革命已经成为能源革命的契机。人类"亟须一场能源革命"，更需要一场法律革命。

7 能源革命呼唤法律革命

法律革命可能远比能源革命更具有意义。处在能源革命时代的法律人当加倍努力，使法律革命成就能源革命。

当然，推动能源革命的法律革命还有赖于思想革命。只有当人们真正认识到能源革命的重要性，对节能减排从我做起、从现在做起时，法律革命对能源革命的推动作用才可能是有效的，"真正伟大的革命是行为方式的革命和思想革命"。法律革命要改变人类上千年的制度惯性，必然包含着激烈的政治冲突与法律博弈，其远比能源革命更为艰巨，需要法律人的努力，更需要政治家的智慧。

作为一个经济高速发展的人口大国，能源与环境的双重压力一直伴随着中国。未来我国经济发展对能源消费存在巨大需求，而以目前世界资源储量看是难以满足的，更何况如果以目前的方式利用能源，对环境造成的影响也将是难以承受的。中国具有丰富的新能源和可再生能源资源，因此，以新能源为主导的跨越式跨产业的新技术革命和新产业革命是中国崛起的正确的、同时也是必然的选择。在新的世界能源革命中，中国将扮演越来越重要的角色。当然，中国要占领全球产业制高点，必须认真研究这场能源产业全新的变革特点，否则就有可能脱离全球能源革命的创新轨道，能源体系将再次落后发达国家50～60年的一个长周期，从而失去自第一次产业革命以来中国唯一一次在地球产业方面领先革命的机遇。

中共十八大报告提出，"推动能源生产和消费革命，控制能源消费总量，加强节能降耗，支持节能低碳产业和新能源、可再生能源发展，确保国家能源安全"。与十八大报告相比，十七届五中全会和"十二五"规划纲要的表述是：推动能源生产和利用方式变革、合理控制能源消费总量。由"变革"到"革命"，从"合理控制"到"控制"，透露出国家能源发展的重大变化，体现了国家保障能源安全的新思路，具有重要战略意义，而能源生产和消费革命需要法律制度的保障。

能源生产和消费革命是中共十八大报告提出的重要战略思想，是生态文明建设的重要内涵，是全面促进资源节约的重要手段。能源生产和消费革命是长期的战略任务，代表的是未来数十年能源发展的方向和趋势。能源革命的方向是逐步构建"多能互补、供需互动、市场主导、宏观调控"的现代化能源体系。同时，能源市场化和政府能源管理改革是能源革命的关键，最大限度地发挥市场配置资源的基础性作用，不断改革不适应生产力发展的生产关系，共同推动能源生产和消费革命。

能源革命是一种比较彻底、激烈的变化。从"十二五""十三五"及更长时间看，中国经济和社会发展面临严重的资源和环境约束，如何突破这个瓶颈，不通过能源革命恐怕很难。当然，"革命不是请客吃饭"，中国能源革命需要制度革命，特别是需要处于正式制度核心的法律革命。在中国对能源表现出极大需求和能源行业大力发展的同时，中国的能源立法却未能跟上能源行业发展的步伐。目前中国现有的能源法律不但不完善而且操作性差，需要创新。因此，在设计能源法律制度的过程中，应从大能源的角度出发，以安全、效率、环保为理念，从重开发到注重高效合理利用能源；从侧重于宣示性到注重可操作性和配套性。法律是行为规范，行为规范理应规范到行为的极限，但中国不少能源法律只规范到行为的初衷，主要靠行政法规和部门文件去落实。有的法律规定国务院和有关部门要制定若干条例和规定，但实施十几年了还有相当部分没有制定出来。

中共十八大报告强调全面推进依法治国，建设社会主义法治国家。实现能源生产和消费革命的根本是加快实现低碳能源结构、先进能源效率、改革体制机制、提升科技水平。要实现这些必须有能源法律制度的保障和创新。制约中国能源革命的技术、经济、政治与文化变革是需要通过法律变革才能真正实现的，法律变革因此成为能源革命从情景走向现实的契机。为了"中国梦"的实现，我们需要以"能源革命"为抓手启动一场法律革命，锲而不舍，持之以恒。

8 能源变局考量能源安全

进入21世纪，能源资源匮乏进一步成为国家之间竞争与冲突的重要根源。特别是国际恐怖活动猖獗，全球地缘政治形势不稳，国际油价持续飙升，使能源安全问题再次升温。

能源安全从全球层面、国家层面、地区层面和企业层面看各有侧重。就国家层面而言，能源安全主要是指一个国家以能够承受的代价获得经济与社会发展所需的足够的能源供应，包含两层含义：一是"可以承受的代价"，既包括经济方面的支出，也包括政治妥协和军事支撑等，代价"可以承受"即视为安全；二是"发展所需"，能满足发展所需即视为安全。当今，能源安全不是单纯的能源问题，也不是单纯的经济问题，而是涉及对外战略、国家安全、战略经济利益以及外交手段等多层次的战略问题。

能源安全是世界各国，特别是各大国普遍重视的一个重要的战略问题。因为能源资源是人类生存、经济发展、社会进步与国家安全不可缺少的重要物资资源，是关系国家经济命脉与国防安全的重要战略物资。特别是在经历多次能源危机的冲击之后，世界主要国家都把能源安全战略作为国家安全战略的重要组成部分。能源安全是整个国家安全体系中极其重要的组成部分，在当今经济全球化时代国家安全体现在保护经济发展速度的稳定性和发展的可持续性上，而能源安全是经济安全的重要保证。

能源是支撑世界发展的决定性资源，世界能源总量相对充足但地缘分布严重失衡，客观上成为影响国际能源安全的隐忧。"人无远虑，必有近忧。"回顾人类社会发展历程，能源安全问题由来已久。自19世纪末以电力、化学革命和内燃机为特征的产业革命以来，全球能源需求持续增加，能源安全问题逐步显现。而能源安全概念最初源于20世纪70年代石油危机时期，人们由于担心石油供应不足而产生的一种心理不安全感。从国际能源署（IEA）1974年成立至今，全球能源市场发生了翻天覆地的变化。IEA对于能源安全的定义最初建立在对石油安全的理解之上，即获得足够、廉价、可靠的石油资源，当时的能源安全也可直接理解为石油的供应安全。这种石油安全观后来虽然逐步扩展为石油安全内容的四个维度，即上游资源的可开发性、中游的可输送性、下游的可支付性和消费时的环境可容性，但重点依然为供应安全。随着各国能源消费结构内容的逐渐丰富，人们使用的能源品种从石油过渡到油气并重，以及煤炭、石油、天然气传统能源与新能源及可再生能源的综合利用，能源使用方式也从大型集中化向小型分布式发展，石油安全概念更多地被能源安全概念所替代。

传统上，能源消费国和生产国对"能源安全"的认识差异很大。比如，同样都面临"供应安全"，但前者的"供应安全"是以合理价格得到能源供应的可靠渠道；而后者的"供应安全"是通往市场和消费者的充足渠道，确认未来投资的正当合理性（并保护国家收入）。不过，"能源安全"最重要的一条原则，就是多样化。不论是石油来源还是其他能源的使用，都离不开多样化原则。这依然是任何时候考虑能源安全问题的基本出发点。

"能源安全"问题调查得越深入，分歧就越大。对俄罗斯来说，能源安全意味着政府重新获得能源产业的控制权，并将权力延伸到下游领域，掌控能提供政府收入的重要出口管道。对欧洲各国而言，目前最担心的并不是原油，而是天然气，特别是对俄罗斯天然气的依赖程度。而日本关心的是，在资源贫乏的国土上如何推动全球第二大经济体继续发展。对中国和印度来说，能源并没有阻挡经济发展的脚步这一点令人安慰，为了促进经济发展并防止社会动荡，能源供应安全是必不可少的保障。而在美国，能源安全有两个中心：一是防范再次出现任何类似中东供应中断的风险；二是实现被反复提及的"能源独立"目标。

传统的能源安全主要关注价格合理、供应稳定（主要针对能源来源地），对能源形式的关注也主要集中在化石能源——煤炭、石油和天然气，特别是油气资源的安全。随着能源安全问题的不断演化，能源安全概念也在不断扩充和完善。迄今为止，世界各国致力解决能源安全问题的观念发生了三次重大变革：一是与战争相关的能源安全观，二是冷战时期的能源安全观，三是新形势下的新能源安全观。与战争时期的能源安全观和冷战时期的能源安全观相比，新形势下的新能源安全观的理念更丰富，突出体现在以下五个方面：一是从单一安全转向全面安全。当今世界，能源多元化已经成为各国能源战略的必然选择。传统能源安全以单一的石油安全为核心，新能源安全观在关注石油安全的同时，开始关注天然气、电力、煤炭、核能等主要能源的全面安全。二是从狭义安全转向广义安全。传统能源安全以防御中东石油供应中断为重心，新能源安全观认为，恐怖活动的全球化与常态化，需要将能源安全扩展至各个国家和能源供应链的各个环节，维护能源来源稳定、基础设施安全和运输通道安全均是能源安全的重要内容。三是从单向安全转向双向安全。传统能源安全主要关注供应安全，新能源安全观认为，能源安全的主体包括消费者、转运者和生产者，能源安全对生产方和消费方是一致的，在关注生产方供应安全的同时，也应关注消费方的需求安全和转运方的运输安全。四是从对抗安全转向合作安全。传统能源安全将消费国与生产国的利益对立起来，强调"同盟安全"或"结盟安全"。新能源安全观认为，任何一个国家或地区的能源安全都依赖于全球能源安全，保障能源安全的唯一出路是"合作安全"和"共赢安全"，即从民族国家的安全拓宽至全球安全。五是从短期安全转向长期安全。传统能源安全主要应对市场短期供应中断，新能源安全观在强调应对市场短期供应中断的同时，更加注重能源供应的可持续性，同时更加注重生态与环境安全，新能源、新技术、气候变化等成为新能源安全观的重要内容。

当今，全球能源安全局势日趋紧张。作为步入能源进口大国行列的中国，能源需求在新的世纪有了新的变化，而这些变化的引致因素包含了国内和国际两个方面，国际因素主要是能源地缘政治格局变化所引起的中国

"钦点"能源（二）

能源进口总量的变化和国际能源价格的变化，而国内因素则伴随着经济发展过程中城市化、工业化的变革，这些因素融合在一起使中国的能源领域面临着诸多挑战。随着中国经济社会的不断发展，能源安全问题在国家安全体系中的地位快速提升，对能源的安全也提出了更高的要求，在不久的将来，能源的开采、转换和利用对环境、公众身体健康、全球气候变化、经济发展、国家安全等都会产生巨大的影响。

为了保证国家经济能够持续快速发展，中国提出了走和平发展的道路。和平发展战略要求中国能够稳定地获得国外能源供应、国外能源价格合理、国外能源运输不受到威胁。但是，中国在寻找能源的过程中，与能源生产国和能源消费大国之间的利益没有协调好，加之一些国家对中国能源政策存在误解，引起了一些西方国家对中国的担心，甚至抵制。能源生产大国或地区的不稳定增加了中国到国外投资的成本；能源消费大国之间的竞争加剧了国际能源市场的紧张状态，更是恶化了双方之间的外交关系；由于缺乏战略互信，中国寻求海外油气资源的举措导致了中美两国在世界油气的勘探和生产领域的矛盾日益突出，特别是中美能源消费需求的扩大，引起了美国对中国的防范，美国作为目前唯一的超级大国，当然不愿意看到和接受中国的崛起，并谨防对其霸权形成任何挑战；中国南海地区随时都可能因为资源的争夺而发生地区战争；海上运输的威胁也加剧了中国能源安全不稳定。另外，如何在国际舞台上发挥主导作用、以何种政治姿态影响和参与全球能源治理，以及如何与周边国家及欧美等国解决能源争端、领土争端和贸易争端，是中国面临的又一困境。这一系列矛盾和冲突都是对中国和平发展的挑战。

中国海外能源供应地目前主要有四大板块，并呈现出不同的安全态势：海湾地区属能源动荡区，非洲地区属能源脆弱区，中亚—俄罗斯属能源稳定区，拉美—加拿大属能源机遇区。中国要想长期稳定这些板块的地缘板块形势，有效对冲地缘政治风险，就必须着眼长远，冷静局部，无论是在哪个能源板块中，都要积极打造1~2个能源供应的支点国家。比如海湾地区的伊朗，非洲地区的苏丹和安哥拉，中亚—俄罗斯地区的俄罗斯和土库曼斯坦,以及拉美地区的委内瑞拉等。近年来,随着国际油价的持续走高,"资源民族主义"现象在世界主要油气生产国,特别是海湾国家中悄然兴起,成为全球战略性能源投资中的首要风险。海湾国家作为世界主要油气生产国,其资源民族主义的发展会对中国脆弱的国际能源供给安全造成一定的冲击,并会引发国际能源安全领域的"蝴蝶效应"。作为世界第二大能源消费国,探寻一条与海湾国家能源合作的共赢道路,是维护中国在海湾地区能源利益的重要前提。

另外,南海是中国重要的能源供应基地和能源运输通道,在中国能源安全中的战略地位极其重要。南海作为中国面积最大的海域,从目前已探明的油气资源储量及其能源通道的独特地理位置来看,在破解中国能源制约难题中占有举足轻重的地位。近年来,由于区域外大国的介入、周边国家对南海能源的争夺以及海上油气开采技术限制等诸多因素,南海的能源安全受到了严重威胁。面对复杂多变的南海局势,中国必须增强能源安全紧迫感,着力提升综合实力,加快南海能源开发,构建合理的南海能源安全体制,积极开展地缘政治斗争,提高对南海海岛的实际控制力度,全方位、多角度地制定南海能源安全的战略对策,才能保障国家"和平发展战略"的实现。

中国传统的"以煤为主自给,以引进油、气为重心"的能源安全战略,已经不足以解决中国的能源安全问题,需要新的思考,做出重大调整,引入新的观念。一是要革新能源供给安全观念。由供给侧单向提供保障,转向由供给侧和需求侧双向协同提供保障的观念。二是要树立能源的环境安全观。由单纯的"保障供给"理念,转向"保障供给和保护环境并重"的理念。三是加强国际竞争环境中的能源安全观。中国长远能源安全观应基于新能源科技和产业的振兴,确立具备国际视野和长远战略眼光的能源安全观。

胡锦涛同志曾在 2006 年八国集团(G8)峰会上发表讲话时提出:"为保障全球能源安全,我们应该树立和落实互利合作、多元发展、协同保障的新能源安全观。"新能源安全观新在哪里?新能源安全观主要强调的是三个方面：第一是强调要对话，保证稳定的、可持续的能源供应和合理的国际能源价格；第二是交流技术，要形成先进技术的研发推广体系；第三是各国应探讨建立一个清洁、安全、经济、可靠的世界未来能源供应体系。

当然，建设全面的能源安全保障，要经过长期努力。近期需要把能源环境安全放到更重要的地位，着重解决能源清洁化问题，保证合理的能源需求增长；同时，也要加快能源技术研发创新，为中远期的能源技术革命做好准备。中远期要通过能源的需求合理化，供应的科学化、多元化、洁净化、低碳化，实现中国可持续的能源安全保障。

能源对于今日中国之意义，从来也没有如此重要过。全球经济再平衡和地缘政治关系的新调整令世界能源格局经历着重要的变化，中国能源对外依存度的不断提高也使得把握和应对这种变化变得格外重要。能源安全已经成为中国发展的阿喀琉斯之踵。作为一个成长中的发展中大国，中国既需要保证以合理的价格维持稳定的能源供应来支撑经济的快速发展，又需要在经济发展的同时降低能耗、降低碳排放速度，提高清洁能源使用比重，应对气候变化。随着经济的快速增长，保障能源安全已经成为维护经济安全、政治安全乃至国家安全，实现经济可持续发展、建设和谐社会的必然要求。

外部性、自然垄断、信息不对称、经济租金、道德风险等符合国家干预要求的品格特征在中国能源市场领域都有所体现，这就为以国家干预理论为核心的经济法律制度介入能源安全领域提供了契机和切入点，国家通过对能源经济行为的矫正和调整来限制私权的泛滥及其产生的外部性。同时，从整体上而言，能源安全具有公共物品的属性，私人企业因缺乏有效的制度激励而无力提供安全保障，因此政府在保障能源安全方面负有不可推卸的责任。

中国能源安全问题已经成为涉及中国国家安全的重大问题，面临着新布局，需要我们从战略和全局的高度加以把握。因此，中国政府必须从战略高度考量，采取一系列综合性措施予以应对：一是推进能源结构的战略性调整，将能源优质化作为中国能源发展战略的主攻方向。二是全面落实能源资源节约优先，加强能源科技创新，提高能源利用效率，转变经济发展方式，推进产业结构升级。三是主动参与全球能源投资布局，除了继续维持和发展与中东国家的能源合作，中国还要关注与日本、韩国和印度在中东地区的能源共同利益，扩大能源来源多样化，重视发展与非洲的能源合作，力求能源供应国和供应渠道多元化，从多方位维护中国能源供应的安全与稳定。四是大力开展能源外交，以多边合作为依托，重点加入国际能源机构，以区域合作为基础，推动建立"东北亚能源共同体"，以建立国际能源新秩序为目标，参与国际能源贸易价格定价机制，要重视国际组织的作用，尤其不能"缺席"国际能源组织，倡导建立新的国际能源合作组织，促进国际能源新秩序的建立。

能源安全始终是中国经济发展的核心问题之一。能源安全不仅事关中国的经济发展和社会福祉，而且事关中国的政治安全和国际地位。长期以来，中国作为一个负责任的大国，在努力解决自身能源问题的基础上，致力于推动世界能源安全问题的解决，日益成为维护世界能源稳定安全可持续供应的重要力量，国际社会对此已普遍认同。面对中国经济发展和新的能源需求趋势，针对当今世界能源和地缘政治格局，中国将进一步转变能源安全观念，要内外并举，着眼长远进行战略谋划，开创有中国特色的能源安全新局面，切实维护中国的能源安全，为世界的和平与繁荣做出应有的贡献。

"钦点"能源(二)

9 开启理性的能源教育

能源的开发和利用似一把双刃剑,利弊共存,日益增长的能源需求和供应之间的矛盾使得能源危机四伏。在经历了两次石油危机,并在现代化的过程中遍尝了能源使用带来的环境污染的苦果之后,国际社会认识到能源短缺对经济的巨大威胁,同时意识到能源的可持续发展不仅仅要靠新能源的开发,更经济实惠的方式是提高节能效率,对通过教育提高人的能源意识普遍重视。在某种意义上,我们节约下来的能源、更有效利用的能源也是新能源的一部分。

要实现有效节能,除了开发节能技术外,还需要提高全民节能的意识,这都离不开教育。《学记》说:"君子如欲化民成俗,其必由学乎。"意思是君子如果要教化人民,造成良好的风俗习惯,一定要从教育入手。教育具有的个人教化功能历来为教育家们所肯定。教育可以唤醒并改变人们的世界观和价值观,促进人们放宽眼界,真正理解能源危机和能源问题,建立科学的能源生产方式和合理的能源消费方式。这种教育从能源的角度看,既包括能源科学和技术的开发,也包括节能意识的培养、节能技术的提高和推广等,我们称之为能源教育。

一般地说,能源教育是指关于能源及其与人类之间关系的教育,其基本目的在于,使受教育者能够积极地关心能源及环境问题,提高能源意识;理解能源的基本含义;认识能源的有限性和节能的必要性,树立节能观念;认识能源在社会发展中的重要地位,正确理解和把握能源及环境问题与人类生产生活之间的密切关系;养成科学地处理能源及环境问题的实践态度以及对能源问题的自我价值判断能力和意志决定能力,树立与环

9 开启理性的能源教育

境相协调的合理的生活方式,并采取积极行动,协同共建社会的可持续发展。从能源教育的内涵可知开展能源教育的重要意义。

随着国际社会和经济的飞速发展,各国在能源需求和能源供应平衡、能源效率提高和节能方面都面临着新的挑战,为此,各国在加强能源供应平衡、提高能源的利用率、节约能源资源的同时,越来越重视全方位的能源教育。

从20世纪70年代以来,国际能源教育发展方兴未艾,美国、英国、澳大利亚、加拿大和日本等国家积极把能源教育事业视为应对能源危机的重要举措纳入国家能源事业和教育事业之中,大力推进能源教育发展。尤其是美国,1980年吉米·卡特(Jimmy Carter)总统签署命令启动了美国"国家能源教育发展"(National Energy Education Development,NEED)项目计划,开始了全民参与、全民支持、全民受教育的能源教育,从能源认知、能源科学、能源效率、能源节约等不同方面为不同层次的人群提供不同种类的教育活动。这项计划的核心是"把能源理念融入教育中去",其根本任务是设计并提供多维度的能源教育项目,建立有效的领导者、政府、社区、企业、教师、学生之间的合作网络体系,提高国民整体的能源意识和社会责任感。为了配合能源教育的推广,美国能源教育发展项目组织还在美国《国家科学教育内容标准》的基础上制定了《美国国家能源教育课程内容标准》,形成了覆盖全国、所有年龄段的能源教育体系。为了启发、普及能源教育,提高能源效率,作为一项新的能源教育倡议,美国能源部(DOE)、美国教育部(ED)和美国科学教师协会(NSTA)从2011年5月24日起,联手推出了"全美家庭能源教育计划"(At Home With Energy)。该项计划由美国能源部指导、美国科学教师协会组织实施,通过为青少年提供实践学习的机会,加深对提高能源效率意义的认识,旨在家庭开展节约能源活动,减少水电及燃气费的支出。美国能源教育是一个体系,覆盖了学校教育、社区教育、家庭教育和社会教育的各个方面,其主体思路是通过学校教育和社区教育辐射到其他形式的教育,并通过受过能源教育的人再教育其身边的人,达到迅速推广和终身教育的目标。美国在能源教育中投入了大量人力、物力、财力，取得了卓越成就。美国的能源教育在缓解能源紧张、提高节能效果、唤起国民能源意识、提高国民节能技术和自觉性方面找到了一条有效途径。

英国在1979年成立了能源可持续发展中心（The Center for Sustainable Energy, CSE）和能源研究、教育及培训中心（Center for Research, Education and Training in Energy, CRETE），致力于能源利用效率的提高和可再生能源的发展，以及能源教育和培训课程的开发。同时，CSE还开展能源研究、政策分析及能源战略发展规划制定，以此加强人们对能源可持续发展的认识，为国家、地区和地方层面的能源决策服务，并结合当地实际情况，为地方的可持续发展提供有效建议，并开发相应的能源教育和实践项目。英国还提出"协调性能源教育"，其目标是围绕提高能源效益，将能源与其相关的建筑专业融合为协调性教育科目传授给不同年龄、不同层次的受教育者，使能源效益和能源节约成为每一个人知识结构中的组成部分。

在能源连续贸易逆差的大背景下，欧盟将提高能源利用率放在其能源优先发展战略的地位上，并且还在能源利用率绿皮书中明确提出，"教育在提高能源利用效率方面发挥着战略性的作用"。欧盟能源与交通理事会专门开发了一系列能源教育活动，欧盟建立了能源教育专门的网站，通过提供资料来支持当地的能源署、学校、教师、学生以及他们的父母和其他市民开展能源教育活动，这些资料包括教育读物、游戏、竞赛以及其他的信息等。通过这些能源教育活动和课程，传播能源信息与技术。欧盟能源教育的核心目标是通过学校能源教育和公民能源教育的引导来确保所有公民不断增强"能源意识"，提高用能效率。

在日本，能源教育无处不在，能源教育已经被提高到民族新文化的高度，形成特殊的"节能文化"。对于日本长期面临的能源危机，政府制订了长期的节能宣传计划，通过各种形式向国民宣传本国的能源国情，以增强其民族忧患感和节能意识。面对严峻的能源问题，日本政府实施了一系列能源政策，其中之一就是大力推进能源教育事业。包括能源教育在国家

9 开启理性的能源教育

能源政策法规中的定位、资源能源厅推进的能源教育事业、文部科学省推进的能源教育事业、民间非营利组织援助的能源教育事业和能源相关企业支援的能源教育事业五个层面。2002年《能源政策基本法》中第14条提出:"普及能源知识等";2003年日本制定《能源基本计划》指出:"能源教育是长期、综合、有计划推进能源供给措施的必要事项之一。"2006年《新国家能源战略》中提出,能源教育是实现节能领先计划、核能立国计划、新能源技术计划等八项计划的重要举措之一。2007年修订的《能源基本计划》,明确了能源教育在推进能源政策和法规中的重要作用和地位。这些都充分表明了能源教育是日本政府推进能源政策的前提和基础。日本也在中学理科教科书中编入有关日本的能源教育内容,介绍日本能源史等常识,并在福岛核泄漏事故发生后向中小学提供有关节能的四种电化教材。日本认为建设节能型社会是一个教育大课题,需要社会各阶层广泛理解和共同努力,并延续几代人。在日本,能源供给单位、能源机械制造业、能源消费企业等相关企业也十分重视对能源教育事业的支援。这些企业一致认为,提高国民对能源的关心与理解,促进节能,支援能源教育事业,是企业的社会责任。

加拿大成立了能源理事会、协会、基金会、信息中心、能源公司等多种织组来开展能源教育,各组织根据自己的发展目标,分工协作,形成了遍布全国的能源教育组织平台。比如,始创于2002年的非营利性机构——加拿大能源信息中心(Canadian Centre for Energy Information, CCEI)的一个任务就是提供世界一流的教材,以协助教师在环境研究、地理、英语语言艺术、信息和通信技术、数学、物理、科学、社会研究等领域实现自己的教学目标。CCEI通过印刷出版物和建设网站(www.centreforenergy.com)来发布最新的能源教育方面的信息。CCEI与传统社区基金会、安大略省环境经济教育协会等多个组织建立合作伙伴关系,共同为学生、教师及其他对能源方面感兴趣的人员开发并提供能源教育资源。

澳大利亚最大的能源教育组织是澳大利亚能源教育协会(Energy

Education AustraliaInc，EEA），该协会成立于2006年，是在全国注册的非营利组织，目的是为澳大利亚在校学生、高职教育机构、注册培训机构以及大学提供持续的能源学习与研究。近年来，澳大利亚大力发展能源教育，澳大利亚各州、地区及相关能源部门都开展了能源教育项目。西澳大利亚州矿产资源丰富，为保证经济及能源的可持续发展，该州加强了能源教育的推广，西澳矿产和能源办公室（CME）的教育和培训项目就是其一。它服务于教育部门，为教育者提供关于企业和资源的最新消息。塔斯马尼亚州能源探索中心的"实际操作"（hands-on）项目，目的是让学生和老师在富有创造性的和刺激性的接触式环境中体验到能源学习的乐趣。

上述先进国家的实践已经证明，能源教育是节约能源、提高能效、保护环境最有效益的方法。国际上也流行把能源教育产生的价值称为煤炭、石油、可再生能源、核能之后的"第五能源"。能源教育可以打破人们的认知障碍，使全体国民认清现实的能源紧缺形势，真正形成能源匮乏的紧迫感，形成高效利用能源的主流意识，促使能源的有效利用，实现能源、环境和经济的协调发展。

能源教育不是一般的文化教育，没有时间、空间、人员的限制，是开放式的、全方位并且贯穿终生的教育，靠突击只能取得短期成效，只有通过长期不懈的积累和渗透才会实现总体水平的提升。企业借助市场推广活动参与能源教育，能有效地使节能意识向家庭生活渗透，通过不断地辐射，从而产生更大的社会影响和效益。能源教育作为现代国家公民教育不可或缺的一部分，已经为美、日等发达国家民众所接受，并成为节能和高效利用能源的低成本办法。把能源教育从专业领域释放到全社会，提高中国能源教育水平，将是中国避免能源危机干扰社会发展成本最低的途径之一。

在大多数人的心目中，中国的能源稀缺可能是个问题，但事实上我们对能源的许多担忧还来自于能源开发利用对环境的影响。一段时间以来，在"地大物博"意识影响下，中国能源"公地悲剧"的形象表现依然突出：投入的粗放型经济发展方式导致资源和能源的大量消耗，特别是工业发展造成了大量的环境污染和生态破坏。随着中国工业化和城市化进程的加快，中国能源需求的增幅和能源结构正在发生战略转型。中国经济只能承受"有限目标"的能源需求，而不能走西方发达国家满足"无限消费"能源的老路。那么，中国能源发展可能的战略选择是什么呢？排在第一位的应该是节能。

尽管国家已经看到了这种能源危机，并且提出了建设节约型社会的发展目标，但是现实社会中还没有真正形成能源匮乏的紧迫感，社会上还没有形成自觉节能的主流意识。而节约能源、适度消费的习惯的养成主要靠观念转变，需要长期教育、从小培养。向人们灌输"地大物不博"甚至于"地大物薄"的资源理念，让他们从小就养成珍惜资源，节约能源的理念，是节约型社会的一种理念回归，是符合节约型社会潮流的理性能源教育，是杜绝能源利用"公地悲剧"的有效方法之一。

中国进行系统化的能源教育起步较晚，有着较大的发展空间。中国多数人对能源问题与环境问题、生产生活以及社会可持续发展的密切关系还缺乏科学的认识和理解，现实中不节能的生产与消费方式依然广泛存在，中国的能源教育任重道远。虽然早在1980年中国就制定了"开发与节约并重，近期把节约放在优先地位"的能源发展的思路，但是很少涉及能源教育的职能，对国民的能源教育没有新的突破。一是能源教育的立法工作相对滞后。1986年国务院发布了《节约能源管理暂行条例》，但却没有把能源教育作为节约能源的一个重要途径重视起来。2006年8月国务院颁布了《关于加强节能工作的决定》，明确提出要将节能知识纳入基础教育、高等教育、职业教育体系之中，但还没有形成能源教育的课程体系。2007年出台了《节约能源法》和节能措施与标准，但没有引起老百姓的关注和重视，特别是缺少一部从国家到地方再到每个民众都要尽责的《能源教育促进法》。二是能源教育基础薄弱，没有专门的能源教育机构推进能源教育。无论是国家设有专门能源和节能管理部门，还是地方节能研究部门，都缺乏明确的能源教育功能，没有对能源教育承担起应有的职责。三是中国的能源教育还停留在大学专业教育的范畴中，是大学能源类学生了解的专业知识，教育范围非常有限。四是能源教育没有形成有效的激励机制提高社会参与度。

能源教育在担当资源、能源节约和生态环境保护中的责任是不言而喻的。因此，如何从能源教育入手，促进国民认清全球能源的危机形势，真正树立能源匮乏的紧迫感，形成高效、节能、开发新能源的主流意识，从而实现能源、环境、经济的协调发展，是中国能源发展和教育体制改革共同面临的难题。对此笔者提出如下几项对策建议：健全能源教育相关政策和法规体系，实现能源教育事业法规化；设置国家能源教育管理部门，开展能源教育的全社会推广；制定国家能源教育事业发展规划，将能源教育纳入国民教育体系和再教育体系；明确能源教育实施主体的职责，加强对整个能源体系的认知和理解；建立健全能源博物馆体系，加强能源教育推广平台建设；鼓励全社会广泛参与，加强能源教育事业的国际交流与合作；加大能源教育师资培训力度，健全教师能源教育机制；加强能源教育资源的开发与建设，开拓互联网实现能源教育信息化；建设专业化能源教育研究机构，培植能源教育核心竞争力；创建全民参与能源教育的综合机制，构建全民参与节约能源的社会行动体系；等等。

10 从能源伦理到生态文明

回顾工业文明300年的历史，人类创造了无与伦比的物质财富，我们似乎在与大自然的对立中赢得了先机。然而，环境污染、恶化等问题不断地严重化。之所以出现这种后果，自然是人类肆意妄行的结果。虽然恩格斯早在一百多年前写的《美国工人阶级状况》中就警示人类："我们不要过分陶醉于我们人类对自然界的胜利。对于每一次这样的胜利，自然界都对我们进行了报复。"但是，那时人们并没有理会这种警告，自以为是"大自然的主宰者"，对自然界可以为所欲为，从来不考虑自然界会做出什么反应。直到20世纪五六十年代，西方工业革命国家的环境污染成为一个普遍的社会问题，相继发生了"马斯河谷烟雾""洛杉矶光化学烟雾""伦敦烟雾""日本水俣病"等著名的"八大公害"事件，才使人们开始比较清醒地意识到，工业发展和科技进步在可能给人类带来巨大福祉的同时，也产生"潘多拉魔盒效应"。它们在错误价值观念的支配下，给人类生态环境带来巨大灾难。20世纪后半叶以来，一个幽灵在地球上四处漫游。这个幽灵就是生态环境危机。20世纪后期，特别是90年代以来，人类在全球范围采取了大规模保护环境的措施，试图赶走这个幽灵。但是，几十年过去了，这个幽灵不仅没有被赶走，反而像一个吃饱喝足了的吸血鬼，变得越来越庞大，越来越难以对付。

能源是我们面临的最大环境挑战。能源问题是人类与大自然是否和谐相处的焦点。进入21世纪，能源问题涉及社会的经济、政治、文化、生活各个领域。能源，作为自然界中能为人类提供某种形式能量的物质资源，其能量来源于自然，而化石能源是目前全球消耗的最主要能源。人类

47

依赖于化石能源，不仅造成了空气污染、地球升温等全球性的生态灾难，而且这种社会经济运行本身难以为继。马克思说："在现代世界，生产表现为人的目的，而财富则表现为生产的目的。"工业革命以来，特别是20世纪以来，在经济决定论、人类中心主义逻辑下，世界各国特别是西方发达国家在经济发展、科技开发和现代生活方式转换上不加节制地滥用能源，全球能源生产和消费不断膨胀，使石油、煤炭等不可再生的化石能源面临枯竭的危机，人—能伦理关系极不和谐。20世纪末，美国学者拉兹洛曾指出，"在过去的200年里，已经用掉世界矿物能源总储量的一半左右——3亿年太阳辐射的产物。仅仅在20世纪，人类社会用掉的能源就超过了有史以来所消费掉的能源"。

自然环境是一个有机系统，人—能伦理关系不和谐会对人—自然系统带来连锁性的伦理负效应。能源资源为人类提供的财富越多，人类对能源资源提出的物质要求越多，消耗能源资源的速度越快，对自然环境的破坏越大，因为对经济利益的追求阻碍着人们对环境治理的投入。在这种能源生产、消费方式的运作之下，能源环境危机的出现就成为必然。

能源的过度开采不仅带来了能源可利用储量的不断减少，而且造成生态环境的严重污染。能源环境问题犹如一面镜子，映照出了人类现代文明的病态，这种病态是与社会占主导地位的价值观紧密联系着的。在人类中心主义价值观中，人是自然的统治者、主宰者，把自然看成是对立的敌人，并以改造自然的名义掠夺能源资源。人类社会发展正面临着重新思考的转折点，气候变化问题可能已经成为我们最棘手的生态灾难问题，传统的能源发展观正在招致越来越严厉的拷问。

为了消减其日益严重的负面影响，能源可持续发展的基本框架已经应运而生，但收效甚微。追其原因，不能从伦理层面为能源可持续发展提供一种与时俱进的新的理念支撑，是根本原因之一。因此，能源作为自然生态系统的构成者也应纳入伦理关怀的范畴，因为生态系统的每一构成者都具有内在价值，能源也相应地具有内在价值，是外在价值和内在价值的统一。从这个意义上来讲，能源已经不是简单的经济问题，开始变成政治、社会、文明、道德和伦理问题。能源问题直接反映了人与自然的关系问题，而其根源仍是人与人以及人与自身的关系问题。马克思主义历史观认为："整个所谓世界历史不外是人通过劳动而诞生的过程，是自然界对人来说的生成过程，所以，关于他通过自身而诞生、关于他的产生过程，他有直观的、无可辩驳的证明。因为人和自然的实在性，即人对人来说作为自然界的存在，以及自然界对人来说作为人的存在，已经变成实践的、可以通过感官直觉的，所以，关于某种异己的存在物、关于凌驾于自然界和人之上的存在物的问题，即包含着对自然界和人的非实在性的承认的问题，在实践上已经成为不可能的了。"这是自然界向人的世界运动，又是人的世界向自然界运动，这就是人类史和世界史。因此，人与人、人与自身关系的紧张、"义"的沦丧、以经济理性僭越价值理性，是能源困境的根源。

能源自身的特殊性质，决定了其在一国乃至世界经济发展中发挥着极为重要的作用，然而大量燃烧化石能源已造成严重的温室效应和全球气候变暖，进而导致海平面上升，如果不加重视，在未来的数年内两极和雪山冰雪也将融化，全球大部分沿海城市和低洼地区都将面临灭顶之灾。"生存还是毁灭？"这确实是个问题。倘若我们打算继续生存下去，那就必须得唤醒潜藏在我们内心深层的自我意识，构建与自然和谐相处的新的生活方式，并用道德、法律、伦理的力量来维护这种生活方式。人类中心主义伦理价值观将人类作为地球万物之首和地球统治者来看待，认为人类是权利的唯一主体，而自然万物和人类生存的环境只是作为被统治者和人类权益的客体。显然，在这种价值判断基础上制定的能源发展思路是与环境保护理念格格不入的。能源发展如果以人类中心主义为核心，并与经济发展相关联，这在本质上无法真正保护环境，更不用说施以其他生命体以道德关怀。因此，人必须从价值上摆正大自然的位置，在人与大自然之间建立一种新型的伦理情谊关系，人类才会从内心深处尊重和热爱大自然；也只有在这种尊重和热爱的基础上，威胁着人类乃至地球自身的生存环境危机和生态失调问题才能从根本上得到解决。

"钦点"能源（二）

能源问题和环境问题是人类可持续发展的永恒课题。就世界范围来说，目前人口处于稳定增长的态势，世界人口总量已突破70亿，并将很快达到90亿。由于科技的发展和人类对美好生活的需求，国家GDP的增长对人均能源的需求也越来越大。这两个因素导致能源总量需求的不断上升。而地球能源供给很难承担和满足人类不断增多的能源需求。所以，人类需要靠自己的智慧和对大自然的认识来处理不断发展的能源问题。

在全球环境危机和生态学的促进下，当代人类的伦理观正从人类中心主义向生态中心主义方向转变。人类不得不反思其行为，寻求一种更新的、更加合理的能源发展模式。可持续发展作为人类重新认识人与自然的关系，谋求建立人与自然和谐相处、协调发展的新模式，自然成为引导能源合理利用的不二之选。从历史的角度看，伦理关系总是处在不断扩展的变化过程中，它经历了从最初的血缘关系扩展到亲缘关系再扩大到种族、国家及全体人类的历史发展过程。然而，传统伦理学就此止步了。可持续伦理学则试图在人类根深蒂固的价值与伦理观念中来一场新的启蒙，把权利和义务关系赋予非人类的物种、自然物和整个生态系统。在它看来，人与自然伦理关系的确定有助于结束人与自然数百年的敌对状态。可持续伦理学试图用道德来约束人对自然的行为，表面上看只是伦理的边界扩大，但实质上蕴含着一场观念上的革命。"可持续发展即为我们现在和将来地球上'居民'的幸福而利用资源，已经成为在各个方面引导个人和集体行为以及国家和国际政策的一个概念。"（联合国教科文组织世界科学知识和技术伦理委员会能源伦理分委员会，2001年）在可持续发展的时代，能源对经济、社会和环境目标起着重要作用。这使得伦理学的考虑因素更加复杂，从真正意义上来讲，使其政治化了。

可持续发展是人类对传统发展模式反思后的认识的升华，它的核心是强调协调发展与资源、环境、人口的和谐关系，强调代际均等的观点。毫无疑问，未来能源发展的核心应该是可持续发展，它必然面临伦理性挑战：能源发展不再是一个扩大能源的供应以满足越来越多的人的需要的问题，而是一个社会、环境和未来均衡的问题；能源发展必须关注地球上

"所有生物"，而不是仅仅关注我们人类自己；能源发展必须充分考虑我们人类子孙后代的存续、生存和发展问题。能源可持续发展观的提出与实施，实际上是从传统的能源发展模式向现代能源发展模式的转变。这种转变要求我们在人与能源资源方面，保持能源资源的永续利用；在能源与环境方面，要构建能源与环境的和谐；在经济与社会方面，提高生活质量，使资源、环境、人口、经济、社会五大系统共同进步，协调发展。基于这种认识，能源可持续发展应该坚持如下三个伦理原则：一是生态可持续性原则（或称种际正义原则）。人类必须以一种不危及地球生态系统完整性的方式开发利用能源。二是社会及经济平等原则（或称代内正义原则）。个人可以在平等基础上按适当的标准获取能源，并应允许其满足能源需要。三是对后代负责的原则（或称代际正义原则）。人类必须以一种不危及后代人满足其能源需求能力的方式开发利用能源。能源可持续发展观是对能源保护观和能源开发观这两种根本对立能源观的扬弃，其形成过程体现出强烈的批判和反思精神；能源可持续发展观突出了人与自然的二维构架，哲学基础表现为辩证发展观；能源可持续发展观走出了马克思所批判的"异化"现象，其价值导向显示出对作为人类存在的人的全面理解。

能源问题关系到人—自然—社会系统的可持续发展和人类文明的延续。中国哲学的基本理念是"天人合一论"，主张人是自然界的产物，也是自然界的一部分，不是凌驾于自然界之上的主宰者，人类应当以自然界为精神家园，热爱大自然，与自然和谐相处，建立人与自然之间伦理的、美学的价值关系。中国古代能源利用伦理深受"顺天无为""制天有为""天人合一"等哲学思想的影响，提倡因时利用能源，使能源可持续利用，保持经济和社会的可持续性。然而，现代中国人在开发利用能源资源方面变得越来越有能耐，但对能源资源界本身的价值和意义却越来越麻木无知。这是值得我们深思的。

人—能伦理关系不和谐，不仅影响人与自然协调发展，而且对人与社会、人与自身关系的和谐造成负面影响。因此，我们应该懂得赖以生存的自然资源特别是能源资源并非是取之不尽用之不竭的。在开发利用能源的

"钦点"能源(二)

过程中,我们要全面认识能源的价值,不仅认识到能源对人类生产、生活的有用性,又要认识到能源在整个生态系统中的作用,做到珍惜和保护能源;不仅要认识到能源的经济价值,而且要认识到能源的生态价值。可喜的是,党的十七大报告指出,"建设生态文明,基本形成节约能源资源和保护生态环境的产业结构、增长方式、消费模式"。环境库兹涅兹曲线(Kuznetscurve)(又称作"倒U曲线")告诉我们:我们已经没有太多的资本在中国的国情下继续向倒U型曲线的更高点进发,而是应避开抛物线的顶端,走人与自然最为和谐的中国能源之道。

从"控制自然"到"遵循自然"的伦理觉悟,科学发展观指导下的生态文明实践,为中国超越能源困境提供了可能。我们知道,"控制自然"从一种隐蔽的文明旨趣到一种人类中心论的道德神话的转变,是文明发展进程中呈现的一种典型的现代性现象。今天,与自然和谐共生而不是控制自然的思想不再是一种诱人的新奇观念,它甚至似乎成为一种家喻户晓的常识。"遵循自然"的道德哲学意义在于,作为一种革命性的论题,它针对三百多年来占统治地位的"控制自然"的道德理由和道德神话,寻求从控制自然到遵循自然的哲学的转变。作为这种转变,它涉及对人、自然、世界、理性等基本概念的重新理解和重新奠基。"遵循自然"所寻求的是一种道德哲学的变革,是人类文明从工业文明向生态文明转变进程中的一种伦理觉悟。生态文明是一种"人和自然界之间、人和人之间的矛盾的真正解决,是存在和本质、对象化和自我确证、自由和必然、个体和类之间的斗争的真正解决"的文明,它强调人与自然和谐圆融、良性共存、全面可持续发展。实现人与自然的和谐发展,首先要改变我们的理念,包括能源的消费理念、生活理念,要优化人文精神,强化生态意识,共同应对大气污染。这便是我们所倡导的聚合生态模式的思想基础。

能源可持续发展,环境与能源不矛盾。在现代能源生态环境系统中,能源可持续是基础,环境可持续是条件。所谓现代能源生态系统,是以生产、消费活动链条为主题的人类能源生态体系。作为人类社会生产系统的一个重要组成部分,现代能源生产和消费活动不仅涉及一次能源资源的开发利用，而且涉及土地、水资源、大气、环境等公共资源的占用和再分配。与传统概念相比，现代能源生态系统不仅强调开发和利用系统自身的平衡状态，而且更强调资源开发和利用与生态环境的和谐平衡。这是现代能源生态系统的基本内涵。现代能源生态系统的发育是以国家或地区的社会发展为基本前提，通过科学规划、合理安排能源勘探开发、能源生产、能源加工转化、能源消费、废物的消纳与利用等环节，形成一个循环经济的生态有机体。

我们人性的根基深植于自然之中，我们深深地受惠于自然，也将永远地受制于自然。在伦理视阈中，当前日常生活模式存在着人与自然关系的异化及人自身的异化等现象，而建立人与自然、人与人之间的具有伦理意义的人—能伦理关系成为在日常生活世界建构能源伦理的"阿基米德点"。针对当前中国能源发展面临的日益强化的资源和环境制约，中共十八大提出了"推动能源生产和消费的革命"，并将其作为生态文明建设的核心内容和关键着力点。十八大报告以"大力推进生态文明建设"为题，独立成篇地系统论述了生态文明建设，将生态文明建设提高到一个前所未有的高度。生态文明将是继原始文明、农业文明、工业文明后的另一新的社会文明形态。生态文明是人类文明的一次伟大进步。它要求我们在文化价值理念上，对自然以及生态系统的价值有全面而深刻的认识，树立符合自然生态规律的价值需求、价值规范和价值目标。生态意识、生态道德、生态文化成为具有广泛民众基础的主导文化意识。在生产方式上，转变高生产、高消费、高污染为特征的传统工业化生产方式，以生态技术为基础实现社会物质生产的生态化，高度重视生态产业、生态工艺、生态产品，形成生态化的产业体系，使人类生产劳动具有净化环境、节约和综合利用自然资源、维护和促进整个生态系统动态平衡的新机制。在社会结构上，在社会整体发展上，把追求人与自然关系的和谐共荣，维护生态平衡作为根本的价值尺度和目标之一，在政治、经济、文化和社会发展中制定各项重大政策和规划，必须有自然科学家、社会科学家、广大公众参与，进行不可或缺的生态效益评估，一切以促进人—自然—社会和谐发展为依归。

"钦点"能源(二)

能源可持续发展的核心和本质,是在追求经济发展的同时,确保人类与自然的相济,在扬弃传统农业文明和工业文明的基础上,追求生态文明。这种文明把人类的价值扩展到非人的自然界,并赋予生态环境应有的道德地位。这种生态文明的伦理价值观是人类在对自身行为特别是全球生态危机的深刻反思中作出的必然选择。生态文明是一种长久可持续的社会文明形态,新的能源生产和利用方式的革命将使人类与自然界建立一种和谐伙伴关系。人类不再盲目向大自然摄取资源和排放废弃物而破坏地球生态圈循环,而是重新回归地球生物圈生态系统中的应有位置,使经济社会发展与自然生态环境有机地融为一体。建立并优化生态伦理,是生态文明建设的必要前提;有了良好的生态伦理,才能将生态文明的理想性化为现实性,实现人与生态环境的持久和谐。生态文明的核心是人与自然的和谐发展。建构经济—环境—伦理生态,达致义利相融、德得相通,强化企业、政府等组织的伦理责任,呼唤"类本质"的觉醒是人类超越能源困境的必然路径,而用社会伦理代替能源经济主义将是能源变革的最终路径!从某种意义上说,能源可持续发展正是人类追求的一种美好的理想境界。

11 透视能源外交新格局

根据国际政治理论，经济利益是国家对外目标的核心，经济利益的矛盾与差异是导致国际政治对抗与冲突的根源。能源在现代国际社会中不仅与国家经济利益联系紧密，同时与政治利益和国家安全息息相关。这就决定了各国在能源战略的规划和实践中将最大限度地维护自身国家利益，此举将导致冲突更加激烈，争夺更加残酷。从某种程度上说，当今世界是一个充斥着能源战略冲突的世界。在对能源的争夺中，外交是各国运用的最重要的方式。

能源赋存的地域性和结构性不平衡，决定了能源的跨国流动性和能源贸易的国际性，也决定了国际能源控制和争夺的必然性。长期以来，国际能源竞争主要集中在开采权与实际控制权，但是自20世纪70年代石油危机以及相应的资源类期货市场建立以来，各国能源战略的较量越来越集中于能源的定价权与标价权。随着国际能源形势的变动和国内能源需求的不断增长，能源问题成为各国外交中的重大问题。目前，除美、日与中东产油国等传统能源外交活跃国家之外，俄罗斯、中国、印度也开始成为能源外交领域的新主角。全球能源外交的全面展开对国际关系和地缘政治产生了深远影响。

"能源外交"是随着国际能源活动的开展而产生和发展起来的。可以说，国家介入国际能源活动之始即是能源外交产生之日。1832年，英国首相帕麦斯顿在英国上院公然表示："大英帝国维护殖民体系的目标之一，就是要保证我们能从世界各地源源不断地输入我们所需要的资源，并防止这些资源被对我们有敌意的国家所控制。迄今为止，我们一直能做到这一点,这是大英帝国的骄傲。"这段话掷地有声,能源外交的萌芽早在那时便已深入英国政府治理理念。

真正意义上的能源外交起源于石油政治。"石油,10%是经济,90%是政治。"美国学者丹尼尔·耶金(Daniel Yergin)的这句话几乎成为国际能源政治的一句箴言。石油资源的开发与石油市场的开拓、石油供给的稳定与石油运输的安全,长期以来一直是能源外交的主题。"第一次全球石油危机标志着世界政治进入了新纪元,石油从此成为各国总统、总理,外交、财政和能源部长们,国会议员、立法者、社会活动家和学者们特别关注的领域,对于亨利·基辛格来说石油问题更是其穿梭外交的核心内容。"(丹尼尔·耶金)在经济全球化和国际政治多极化的发展环境中,能源战略冲突特别是对石油的争夺仍然较为激烈。随着石油贸易和开发合作规模的扩大,国家间围绕石油而开展的外交活动日益增多,能源外交逐步成为国家外交的重要领域。随着社会的发展与时代的变迁,新的国际环境赋予能源安全新的内涵,能源内涵也在不断扩展,因而,能源外交的内涵亦日益丰富。

能源外交主要是指围绕能源问题制定的外交政策和展开的外交活动。一般认为,能源外交是由国家主导、能源企业及其他行为体共同参与,为维护国家能源利益或以能源关系为手段谋求国家其他利益所进行的带有外交特色的国际活动。资源国地位的上升和频繁的能源外交,使国际力量对比出现微妙变化,加速了国际关系和地缘政治格局的调整。能源外交有两种表现形式,一是指运用政治经济等手段进行的以能源资源的获得和安全为最终目的的外交政策和行为;二是指以能源为手段而实现其他政治或经济目标的外交政策和行为。前一类能源外交的实施者多为能源输出国,后者则多为能源消费国;前者侧重经济目的,后者凸显政治目的。能源消费国(进口国)的能源外交主要表现为以外交促进能源安全和对外能源合作,为能源企业海外开发铺路搭桥等。能源生产国(出口国)能源外交的主要目的是以外交拓展能源市场、巩固能源大国地位,推动能源乃至经济发展。比如,美国、日本和欧盟国家等的能源外交主要表现为以外交促进能源安全和对外能源合作，通过外交手段，包括与能源输出国发展良好、稳定的关系等来降低能源安全风险。作为能源出口大国，俄罗斯推行以能源为政策目标的能源外交的主要目的体现为以外交拓展能源市场、巩固其能源大国地位，推动能源乃至经济发展。无论是资源国、消费国还是过境国，都不会放弃利用资源优势和地缘优势拓展国际政治空间和影响的历史机遇。

世界能源蓬勃发展使能源因素对国际关系、世界经济和国际政治的影响日益增大，能源因素也牵动着整个世界。当今全球的能源秩序出现了新的特点：一是西方国家在全球进行了大规模的资源新布局；二是对各个地区能源资源的影响发生了不同程度的调整和变化；三是能源的品种出现了从传统到非传统的深化、多元化的布局；四是与能源相联系的环境技术方面已经进行了真正有政治含义的博弈。从非传统安全的视角看，不论是能源资源的开发还是分配都不仅对世界经济产生巨大的冲击，也直接导致国际关系的微妙变化，能源外交战略的制定和实施已成为国家安全战略的重要一环，能源外交战略担负着极为艰巨的任务，既包括保持境外能源来源的充足稳定，又包括保障境外能源的安全输送，还包括通过国际合作促进能源技术进步、能效提高和环境保护。围绕能源问题在有关国家和组织之间展开的全球或多边外交和战略对话也趋于活跃，引起国际社会越来越多的关注。全球多边能源外交的兴起，既源于国际政治经济和能源市场供需形势的变化，也源于能源与国际政治互动的显著增加。

随着能源需求、石油进口和石油对外依存度的大幅度增加，中国能源外交问题引起了国内外的极大关注。中国的能源外交大体是与改革开放同步产生的，最初规模较小，在国家总体外交中的地位不够突出。近些年来，中国的实践表明，能源安全和能源开发与外交的联系越来越密切，形成了互相影响，互相补充的关系。中国作为经济增长最快的新兴经济体和全球最大的能源消费国，既影响着世界能源消费安全格局和生产格局的变化，也面临着新的能源安全挑战和压力。进入21世纪以来，随着能源消费与需求的持续增长，中国提出了多元化能源战略，在能源生产、储备与进口方面有了明确的战略意识。然而近年来,与中国有重大合作项目的某些资源国内部政局动荡,频频爆发政治、治理危机,引起国际社会的高度关注并屡屡遭遇国际制裁威胁,这很大程度上损害了中国的能源供应安全,中国能源外交遇到一些传统外交手段无法解决的新问题。

能源战略冲突使中国更能感受到能源外交的重要性及寻找新能源和油气替代资源的紧迫性,促使相关应对措施的常规化和制度化。同时也有利于促进中国在新能源科学技术上出现新的突破,发展和使用安全的洁净、高效能源。在新的历史条件下,为了保证国家的能源安全发展,中国政府与企业高度重视树立涵盖传统能源与新能源全链条、各领域的"大能源安全观",从能源结构、能源供给、能源运输等多个方面展开多元战略布局。中国既是能源生产大国,又是能源消费大国和能源进口大国,这样的地位和特点决定了中国在国际能源合作中必须实施针对不同对象采用不同方式的多元能源外交,同时发展与不同国际能源主体,包括资源国、消费国、过境国、国际能源组织、跨国能源公司的关系。与资源国开展积极的能源外交将是中国今后相当长时间内的主要努力方向。另外,为了规避能源运输风险,开辟马六甲海峡之外的陆上周边能源大通道、加强陆上周边能源走廊建设正在成为中国能源外交运筹的重要领域。总之,中国能源外交正向着进行多领域、多方位、全链条的多元战略布局方向加紧努力。

当然,中国能源外交也是近年来中国外交政策转型的一种具体体现。首先,它体现的是政治和外交为经济建设服务的总体战略。作为经济外交的重要组成部分,能源外交强调的是通过外交推动国际能源合作。其次,强调以对话与合作解决相关国际争端也是当今中国外交所倡导的重要原则。在能源外交实践中,既发展与合作伙伴间的合作,也注重与竞争对手间的战略对话,同时积极参与联合国、亚太经合组织、八国集团(G8)首脑峰会、上海合作组织等重要国际或区域组织范围内的多边能源安全对话与合作。随着国际能源争夺日趋激烈,中国经济的蓬勃发展,对境外能源需求的迅速增长,大力拓展境外能源供应渠道成为中国能源战略的重要任务,能源外交遂成为国家总体外交的重要领域,近年更是成为国家元首外交和政府首脑外交的重要内容。

随着全球一体化和各国工业化的加速发展，不平衡的能源供需使得能源问题成为国家间政治、经济博弈的着力点。中国作为全球第一大能源消费国，正面临着国家间油气争夺、现有能源机制融入、能源贸易与合作等众多复杂的国际形势。未来，中国面临的节能减排、清洁发展压力巨大，而能效的提高、排放的减少、新能源技术的进步，都离不开能源外交的运筹。中国的崛起还面临着某些传统大国越来越大的战略挤压和遏制，在能源领域这种挤压和遏制必然更为突出，要抵御这种挤压和遏制，尤其需要有声有色的能源外交运筹。要消除所谓"中国能源威胁论""中国气候威胁论"的恶劣影响，同样必须发挥能源外交的独特作用。在营造和平稳定的国际和周边环境、拓展国家的政治经济安全利益、促进"负责任大国"形象的树立、推动新的公正合理的国际政治经济持续形成等方面，能源外交亦可发挥重要作用。中国的能源安全和能源开发，特别是海外能源发展，越来越离不开外交的支持。因此，从趋势看，能源外交在中国总体外交中的地位必将继续上升。还有就是一直以来，中国能源企业的能源外交意识比较薄弱，突出表现为在国际能源活动中往往就事论事，就能源谈能源，较少考虑能源活动的国际宏观环境、对象国的对华政策及其国内局势、民族文化，缺少与国家外交部门的主动协调。今后，中国主要能源企业的国际活动的外交特性也越来越突出。在新的历史条件下，中国能源外交正成为增强国际地位、扩大国际影响、谋求国家多重利益的有力武器。

在关注中国能源外交时，国内分析者主要关注的是外交如何为能源服务，特别是如何保障能源安全和推动能源企业向海外发展，在能源和外交两者中更关注能源问题。而国际社会特别是美国等西方国家则把主要注意力放在了中国的能源需求如何影响中国的外交政策和中国能源政策的国际影响等方面，更多关心的是外交和安全问题。因此，中国为了确保海外能源供应安全而积极开展能源外交，这就引起了西方世界的争议。西方学界围绕中国能源外交的性质展开争论，形成了中国能源外交重商主义论、自由主义论及中间论三派。虽然这三大派别对中国能源外交的目标及其对西方国家和资源国家的影响等方面的观点不同，但是，三派学者们给西方政府提出的政策建议是一致的，即在能源问题上与中国合作而不是遏制中国。由于中国目前不是具有法律约束力的主要国际能源组织的成员，游离于西方主导的国际能源合作体系之外，往往被视为体系、规则和国际惯例的"破坏者"。

因此，中国要积极呼吁建立国际能源合作、互利、共赢机制，避免盲目和恶性的能源争夺和战略冲突带来的单方面获利而使其他国家利益受损的得不偿失的现象。中国需要以周边国家为重点，以在全球矿产资源供应格局中占据关键地位的资源大国为关键，以资源丰富的发展中国家为基础，以参与和构建国际组织为舞台，以积极进取的外交态势，通过各种层次的国际协调和国际合作，为保证能源安全创造良好的外部环境。为了确保国家能源安全，并通过能源外交的运筹实现国家其他战略利益，中国需要以大国的魄力进一步加强多方位、多层次的能源外交，尤其是要建立高层能源对话和合作机制、避免正面冲突、增进共识，从而使国际能源博弈由"权力导向"逐渐地转向"规则导向"。

总之，在能源战略冲突异常激烈的现今时代，我们不能将能源外交简单等同于经济外交或将能源外交看作经济外交的一个组成部分，能源外交应是中国整体外交的一个独立内容。我们需要开拓新思路，树立中国能源外交是一种全民外交的理念，以"人"为本，让"外交为民"的务实思想贯穿始终，打开制度性、长期性和多元化的合作新局面，就能在冲突中实现共赢，持续地保障中国能源稳定和安全。

12 能源政策的演变及趋势

能源政策是能源行业最核心的问题。所谓能源政策，是指一个国家或国际组织围绕能源生产、供应、消费所制定的一系列方针和策略，涉及产品价格、经济发展等多方面。我们知道，能源问题并不是孤立的，而是与国际安全、国家战略密切相关。能源政策是国家处理和解决能源问题的基本手段，关系到国计民生和经济发展，是国家政策制度体系的重要组成部分。政府促进能源发展的政策需求，包括制度环境的变迁、行动团体的缺失、政府的领导者对能源预期收益的认识发生了变化等制度需求。在制度需求层面，政府可以运用自己的力量促进相对产品和要素价格、技术、市场规模等因素的变化，从而影响制度变迁；在制度供给层面，政府可以利用自身的优势，以较低的成本快速地实施制度供给，解决能源政策制度短缺的问题。

能源战略问题一直是世界各国普遍关注的重要问题。制定合理的能源政策是实施能源战略管理的重要环节。石油危机以后，美国通过相关政策推动能源战略转型，逐步实现了能源的供给安全和使用安全。从其政策制定和实施的历史经验不难发现，能源立法是保障能源政策顺利推行实施并取得预期效果的依据和保障。特别是《2005国家能源政策法案》（Energy Policy Act of 2005）的出台，标志着美国21世纪初期的能源政策发生重大演变，降低能源供应的国外依存度、增加国内能源供给多元化、节约能源以及大量使用清洁能源的核心思想被确立为未来相当长时期内美国能源政策的主轴。《2005国家能源政策法案》是美国政府在现代国际能源市场与格局发生重大变化等背景下，审时度势，对国内能源政策进行完善，

"钦点"能源（二）

以保障国家安全和可持续发展。2007年美国总统布什签署《能源独立和安全法案》拉开了美国能源改革的序幕。不同于《2005国家能源政策法案》，该法案更加注重节能和可再生能源推广，对美国国内的节能技术研发和生产投入起到了重要推动作用。2008年，随着金融危机不断蔓延，美国经济增长速度急剧下滑：2008年第3、第4季度GDP都是负增长，美国经济步入衰退期。为此，奥巴马新政府提出一项财政刺激计划，最终于2009年2月12日经参众两院协商形成了规模达7870亿美元的刺激经济方案——《2009年美国复苏与再投资法案》（American Recovery and Reinvestment Act of 2009），把发展新能源和可再生能源、提高能源使用效率并推动能源结构的调整作为奥巴马新政府促进美国经济复苏和创造就业的最重要的举措之一。2009年6月26日，美国众议院通过了《2009年美国清洁能源与安全法案》（The American Clean Energy and Security Act of 2009）提出了以发展新能源为核心，进一步推动节能和提高能效的能源战略框架。奥巴马政府希望减少石油消费，增加可再生能源，减少二氧化碳排放，这被视为当前能源更新换代过程中最具雄心壮志的能源政策。奥巴马政府前所未有地重视新能源产业发展，并将其列入国家发展战略高度。在遭遇金融危机的严峻形势下，新能源政策是其在经济领域变革的核心。奥巴马政府认为，短期内，新能源政策可以创造新的经济增长点；从长远来看，可以帮助美国降低甚至是摆脱对国外石油的依赖，并在清洁能源领域占领技术制高点，继续使美国在世界经济中占据主导地位。可见，奥巴马"能源新政"的核心理念是，实现美国的"能源独立"，确保美国的能源安全。这一"能源新政"有四大支柱：节能增效、新能源开发、智能电网研发、应对气候变化。其战略目标是：通过发展节能技术，提高能源利用效率，改变对能源浪费无度的生活方式，实现能耗的实质性减少；通过开发新的可再生能源，摆脱对不可再生化石能源的严重依赖，实现能源的可持续发展；通过互联网技术与超导技术的相互结合，实行输电网络的智能化调度，确保国家电网的安全运行，实现输电损耗的大幅减少；通过节能减排，发展低碳经济，减少温室气体排放，在应对气候变化领域恢复美国的道德形象，实现对应对气候变化全球领导权的掌控。奥巴马能源新政的真正战略意图在于改变国际资源的分配体制，造就一个达数十万亿美元的新型产业，大量增加国内就业需求，拉动美国经济再次崛起，实现美国从消费社会向生产社会的转型，彻底改造美国的生产方式和生活方式。总之，美国能源新政策是一个以能源结构变革为先导的经济全面复兴计划，对世界经济、政治和社会各个层面都有广泛影响。奥巴马政府视新能源政策为美国继续引领世界的一项重要国家政策。

能源政策是日本经济政策的核心部分。日本之所以能够成功地解决能源问题，成为世界经济强国，其能源政策发挥了重要的作用。日本国内能源极其匮乏，但其通过在内政和外交上的政策设计和制度安排，合理舒缓与释放了能源的"供应约束""结构约束""地缘政治约束""环境约束""价格约束"，并取得世界第二经济强国的地位。这一事实，不仅挑战了"能源对外依存度高则风险度高"的绝对化认识，还进一步论证了"一国的能源禀赋与其经济发展水平并不能直接等同""能源约束是可以通过政策设计进行解决的"的观点。第二次世界大战以后，特别是二次石油危机之后，日本政府通过制定、调整和实施能源政策，在日本这样一个能源资源缺乏、能源对外依存度极高的国家，建立了确保能源稳定供应的能源体系，并在节能技术及应用、新能源开发技术、能源国际合作等方面取得了举世瞩目的成就。进入21世纪，亚洲各国的经济快速发展，能源需求激增，各能源消费大国努力通过各种途径抢夺石油、天然气等能源资源；主要产油国的石油产能不断下降，以石油为代表的国际能源价格飙升，同时在资源国出现了强化资源国家管理、限制外资进入等倾向，国际能源供需形势十分严峻。2011年的日本核危机事件使全球各国深刻认识到核能是一把"双刃剑"，开始更加注重发展可再生能源，可再生能源或将接替核能成为今后世界新能源格局中的主力军。根据新的形势，日本政府开始了新一轮能源政策的调整：能源政策的制定更加着眼于长远；政策重点又重新转移到确保能源稳定供应上；着力完善能源储备，建立能源应急体系；强化全方位能源国际合作，推进国际能源与环境合作。

"钦点"能源（二）

欧盟的能源政策制定和执行都有别于单一国家。欧盟能源政策的制定，包括部长理事会决策模式、共同决策程序模式和欧盟委员会决策模式三种形式，具有多层次决策和权力制衡、成员国略占权力优势的特点。欧盟的能源政策执行，则具有明显的双主体特点。欧盟委员会代表欧盟执行统一的对外能源政策，并监督欧盟内部能源政策的执行。欧盟各成员国是欧盟能源政策的具体执行者。20世纪90年代以来，欧盟能源政策中的一体化因素日益加强，超国家主义的成分随着统一能源税的征收、能源环境标准的实施以及统一大市场的稳步发展正逐渐加强欧盟能源政策的共同色彩。近年来欧盟通过实施电力和天然气领域的自由化改革、加强共同对外能源政策的协调以及严格执行与能源政策相关的环境政策等措施，能源政策正逐步走向一体化。欧盟能源政策的制定和实行从总体上取得了较大的成效，基本上满足了成员国获得持续稳定、廉价环保的能源供应，保证了经济的可持续发展。欧盟共同能源政策的实践，是对整个欧洲一体化进程出现的阻碍与分离倾向的内部制衡，对内逐渐整合各个国家的利益，使欧盟这个超国家机构真正实现其设立时的本旨。对外则统一各成员国的口径，积极为欧洲利益实践共同的外交政策，在国际上践行欧盟本身的影响力。

世界各国在经济发展中遭遇到的能源短缺、环境污染等问题日益突出，进而意识到发展新能源产业的重要性和必要性。能源紧张推高市场油价必然会引发各国不同程度的能源危机，产油国鼓励开采的政策不断加强，但仍然将通过关税等政策增加财政收入，保护本国能源安全放在首位，能源匮乏的消费大国加速寻求新的能源出路，加大对核能、风能、生物质能等新能源的开发与利用对经济的转型与发展至关重要。尤其是2008年国际金融危机爆发后，面对经济急剧下滑和新增长点缺失的困境，加之全球变暖问题日益凸显，发达国家开始将能源安全和经济复苏、气候变化统筹考虑，突出对节能增效技术和新能源产业发展的支持。

在世界上任何一个国家和地区，无论是发达国家还是发展中国家，无论是身处何种政治体制，无论是拥有自由开放的能源市场还是以计划为导向的能源市场，能源政策和战略的制定、能源价格及价格体制的确定都是从政者最优先考虑的问题。然而，能源政策的制定是一个非常复杂的过程，主要是因为能源政策的社会影响广泛、行业（部门）之间协调困难、利益集团的诉求不同以及相关市场信息的不对称性。

任何能源政策的制定归根结底都受到现实能源约束以及社会能源观念的影响。人类每一次能源时代的变迁，都伴随着生产力的巨大飞跃和人类能源观念的变革。两次工业革命带来的不仅是经济社会的巨大进步，同时伴随着传统化石能源的大量消耗和生态环境的破坏，世界范围内先后兴起的人类中心主义思潮、自然价值主义思潮和生态中心主义思潮对各国能源政策的制定和实施产生了深远影响。气候变化影响以及生态中心主义思潮的兴起，直接批判了近代科学主义世界观对自然界的漠视和掠夺，促使人们采取更加有效的手段来维护生态环境的平衡和发展。特别是石油危机爆发以后，现实的能源约束和世界范围内兴起的自然价值主义思潮直接催生了各国能源政策的涌现；而随着生态中心主义思潮的兴起，当前越来越多的国家开始注重发展新能源。新能源作为现代能源和可再生能源，代表着能源未来发展的方向，是一种关系到我国经济发展全局的战略性新兴产业，有着巨大的发展潜力和产业引力效应。从未来能源政策的发展趋势看，发展新能源技术将是人类解决生态危机、提高掌控自然环境能力的必然选择。为解决能源供应短缺、环境破坏问题，缓解国际环保压力，大力发展新能源并采取相应的法律与政策措施已经成为世界各国的共识。

伴随着中国改革开放的进程，中国能源政策的研究、法规的制定和实施，走过了一条逐渐系统化、规范化、合理化的发展道路。从20世纪80年代至今，能源界的专家学者始终立足国情，紧紧把握"能源为经济建设服务、为可持续发展服务"的主题，为政府决策部门献言献策，贡献专长，为国家能源政策的实施和完善发挥了重要作用，有力地保障了国家经济持续、健康发展。

中国国务院新闻办公室2012年10月24日发布《中国的能源政策》白皮书称维护能源资源长期稳定可持续利用，是中国政府的一项重要战略

"钦点"能源(二)

任务。中国能源必须走科技含量高、资源消耗低、环境污染少、经济效益好、安全有保障的发展道路，实现节约发展、清洁发展和安全发展。中国能源政策的基本内容是：坚持"节约优先、立足国内、多元发展、保护环境、科技创新、深化改革、国际合作、改善民生"的能源发展方针。2013年3月，《国务院关于提请审议国务院机构改革和职能转变方案》将国家能源局、国家电力监管委员会的职责整合，重新组建国家能源局，从国家战略和国家安全的高度调整国家能源局职能，完善能源监督管理体制，统一管理和协调煤炭、电力、石油、天然气等传统能源及风能、太阳能、生物质能等新能源产业的发展，并从能源供给、能源消费、能源环境、能源安全四个方面制定了一系列政策措施，力求实现科学管理、综合管理、系统管理，提高国内能源管理的效率，增强在国际能源合作中的话语权。

政府的政策引导是能源行业加速创新的助推剂。能源政策对经济增长影响的作用链条是：能源政策—企业预期—生产投入—产出效益—带动效应—经济增长方式。今后一段时期，中国仍将处于工业化、城镇化加快发展的阶段，发展经济、改善民生的任务十分艰巨，能源需求刚性特征以及能源稀缺（能源价格走高）和环境问题（应对气候变化）日益凸显，中国需要调整能源战略，改变以前简单地从能源供给侧考虑满足能源需求，将节能作为满足能源需求的一个组成部分；改变仅受资源约束的能源供需增长和能源结构战略规划，将CO_2排放作为满足能源需求的约束；改变仅从能源供给侧考虑能源安全；各能源行业的战略规划必须站到整体能源的高度，改变以往各行业单独进行战略规划的状态。

中国能源政策取向经历了从自给自足到多元互补，再到节约高效的三个阶段。过去三十余年能源政策的调整与完善为中国经济持续三十余年的高速发展提供了强有力的支撑。中国能源政策未来走势是短期内强化节能减排指标的约束效力，中长期内构建较为稳定的国际能源供应体系和更加合理的国内能源价格机制。中国能源政策的制定和实施应从国家战略的高度设计科学合理的中国能源战略；注重和加强能源战略规划，提高能源政策的科学性；注重和加强经济结构调整，积极应对全球气候变化；注重和加强新能源技术研发，抢占世界新能源技术控制权；注重和加强节能减排制度建设，推动节能减排工作落到实处；从实质上扫除民间资本和民营企业进入国际能源市场的障碍；等等。

"钦点"能源（二）

13 突破能源约束之道

能源是国家战略性资源，是一个国家经济增长和社会发展的重要物质基础。20世纪70年代，欧美等西方发达资本主义国家爆发石油危机以后，能源作为一种资源对经济社会发展的重要性逐渐引起人们的普遍关注。人们在充分肯定资本、劳动、人力资本、技术进步和制度等因素在经济社会发展中的作用的基础上，也愈发认识到能源投入在社会经济发展过程中的特殊重要作用。

能源约束源自于资源约束理论。资源约束理论又称为系统资源约束理论，该理论认为地区经济发展受到物质资源、人力资源、资金、市场等因素的约束，进而不同区域呈现出各自的经济发展特征。能源约束，主要是指在经济社会发展过程中，由于能源资源供给数量减少、质量下降、可开发利用的难度提升，以及国家资源禀赋变化导致能源资源供需不均衡对经济增长的约束。形成能源约束的主要原因有两个方面：一是矿产资源以及能源主要使用的化石资源具有不可再生性，泥炭、煤、石油、天然气、金属矿产、非金属矿产等生长过程与人类社会发展相比，其形成非常缓慢，与其他资源相比，再生速度很慢，或几乎不能再生，对不可再生资源的开发和利用，只会消耗，而不可能保持其原有储量或再生；二是经济的粗犷式发展，无论是发达国家还是发展中国家，其经济发展初期都依赖于对能源和资源的过度消耗。显然，一定区域内能源禀赋差，依靠当地能源生产而无法满足其对能源需求，最易感受到能源约束的存在。此外，能源消耗的季节性、能源结构的不平衡、高昂的能源价格等情况也能使我们感觉到能源约束的存在。

13　突破能源约束之道

能源对经济可持续发展的约束问题，一直是困扰经济发展的一个重要问题。资料表明，在人均 GDP 达到 1000～3000 美元的经济增长阶段，汽车、高档电器等高档耐用消费品逐步走入家庭，由于消费结构的升级和重化工业的加速发展，人均能源消费量呈现出大幅上升的趋势，而资源和环境的约束将导致经济滞缓甚至逆增长。同时，研究表明，能源约束对经济增长具有显著的阻尼效应：一方面表明能源消费增长对经济发展具有极其重要的推动作用；另一方面也喻示了经济发展对能源消耗具有过高的依赖性，能源消费的下降可能导致经济增长率的大幅度下降。这表明在经济发展过程中，为了保证经济持续健康的增长，必须要保证较高的能源消费增长率；一旦能源消费受到约束，经济增长就可能受到影响。这意味着在促进经济持续发展过程中，要同时实现经济增长与节能减排，具有严峻的挑战性。经济要实现"高位求进"，不得不直面能源的约束，不能不尽快解决能源约束问题。

复杂多变的国际、国内能源形势，使得中国经济的发展面临严峻的挑战与考验。从国际来看，国际油价高位震荡、大国间能源博弈愈演愈烈以及国际能源进口运输风险的增大，使得中国在国际能源市场上举步维艰、困难重重。从国内来看，随着工业化与城市化进程的不断推进，中国的能源需求呈现急剧攀升的趋势，供需缺口日益扩大，能源利用引起的环境问题亦不容乐观。未来中国对能源的需求还将持续增长，同时中国建筑物寿命短会造成资源与能量的大量浪费。这种现象至少在现阶段没有任何改变。有鉴于此，国务院在 2013 年年初发布的《能源发展"十二五"规划》中已明确提出要对能源总量和强度实行"双控制"。"双控制"即 2015 年能源消费总量控制在 40 亿吨标准煤、用电量控制在 6.15 万亿千瓦时，"十二五"期间能源强度目标为单位 GDP 能耗下降 16%。但业内普遍认为，"双控制"目标在短期内难以同时实现。

中国面临着环境危机和能源危机带来的双重强约束，能源的利用更是处于两难抉择的困境。中国的能源储量目前已成为经济发展的硬约束，无法满足快速增加的能源消费，尤其是处于上行通道中的中国经济面临着

"钦点"能源（二）

"能源危机"的刚性约束，"地大物博，矿产丰富"的历史标签并不能掩盖中国能源底牌羸弱的事实。"能源危机"折射出了中国以重化工业为主导的"病态"产业结构以及由此引致的畸形能源消费结构，特别是建筑耗能浪费惊人。与能源高强度开发和大规模消费相对应的则是能源利用效率的低下。中国是一个能源利用效率比较低下的国家——能源利用总效率只有32%，单位国民生产总值能耗比先进国家高三倍，生产单位产品的能耗比国外高出50%～100%。长期以来中国在加快能源生产供给时很少考虑能源生产消费所带来的环境与社会成本，因而对能源结构调整问题表现得并不那么急切，调整步伐极其缓慢。究其根本原因就在于在能源结构调整与经济增长取舍上往往是经济增长优先。如果通过加快能源结构调整来降低和减少污染（碳）排放，势必就得减少能源生产供给，就会放慢经济增速。然而，在一个一切以追求经济利益最大化为目标的时代，经济增速的放慢是人们无法容忍的。然而，低产值、高能耗的经济增长模式将造成国家未富而能源、环境先衰。因此，如何控制能源总量需求并确保供应稳定已经成为主宰中国经济发展的命脉。

在能源需求急剧增加和能源效率损失较大的双重作用下，中国经济结构调整不仅面临着能源供给的"流量约束"，还面临着"存量约束"的威胁，而且目前从"流量约束"向"存量约束"转化的趋势在加快。"存量约束"是指能源（化石能源）因日趋枯竭或资源禀赋差而不能满足能源需求，在现有条件下无法解决，表现为"刚性制约"。"流量约束"是指在政治、技术、经济和环境等制约条件下，现存的能源发挥不出应有的效用所导致的能源约束，通过改善技术、制度等约束条件可以将现存能源激活，发挥出应有的效用。在经济学的视野里，能源约束所导致的稀缺能源最优配置问题无处不在，但在绝大多数场合中，能源约束是以"流量约束"的形式表现出来的，能源与环境问题并不突出，其主要表现为能源受到技术、经济等条件的限制，无法全面地由潜在能源向现实能源转化，能源对人类经济活动的约束并不在于资源存在不存在，而是能源获取的速度。但是，当能源尤其是非可再生能源存量逐渐接近枯竭，这个时候能源约束

13 突破能源约束之道

就转化成另一种约束形式——"存量约束",于是,就不得不开始考虑能源供给的可持续性问题。相比而言,能源的"流量约束"显然要温和得多,而能源的"存量约束"要严厉得多,经济发展通常要受到比较大的制约。当经济体面临能源的"存量约束"时,经济发展一般会受到比较大的阻滞。

从先行工业化国家的实证经验看,能源密度呈"倒U型"曲线,即在工业化快速发展阶段,能源密度不断"爬升",随着工业化的不断发展,能源密度达到顶峰;而后随着服务业的快速发展和技术进步作用下增长效率的不断提高,能源密度明显持续下降,而后维持在一个相对稳定的水平。于是可以得出两个启发性的结论:一是在工业化加快发展时期,能源消费和能源密度有快速增加的趋势;二是在能源资源约束加强的条件下,有可能通过提高增长的质量和效率,实现能源消费低增长和经济高增长。而中国有可能在工业化中期阶段、在能源资源约束加强的条件下出现能源密度下降。问题的关键在于,必须将能源资源约束这一关键性的影响因素,内生到经济系统中,优化经济系统,提高经济增长的质量和效率。总体上看,经济的快速发展受到资源状况、能源供给和环境承受能力的约束,能源问题对已高速行进多年的中国经济列车的瓶颈作用日益凸显。中国有没有可能在工业化的中期阶段就出现能源密度下降,走一个与先行工业化国家不同的道路。答案是肯定的。因此,能否正确处理资源、能源约束与经济社会发展和提高人民生活的关系,保障居民生活需要,能否走出一条具有中国特色的能源可持续发展之路,成为摆在我们面前的重大战略问题。

能源约束已不仅仅是单纯的经济问题,还涉及社会进步、环境安全,甚至涉及政治与国家安全的问题。正确认识和积极缓解经济社会发展面临的能源约束,是中国经济社会实现科学发展、健康发展、协调发展和可持续发展的首要问题。经济发展和能源需求的阶段性特征、节能减排的基本国策以及气候变暖和温室气体减排的制约,都要求中国能源战略,尤其是能源结构战略进行相应调整。以往中国的能源战略规划主要是从能源储备

"钦点"能源(二)

和能源生产,即能源供给侧来考虑满足能源需求问题。为了应对气候变化,中国能源结构战略亟待调整。要从供给和需求双侧管理来考虑满足能源需求问题,要将二氧化碳排放作为满足能源需求的一个约束,据此制定能源结构战略规划。

针对中国能源供给面临的问题,我们要通过系统性谋划,立足国内和放眼全球、着眼未来,充分利用国内和国际两个市场、两种资源,建立规模化、多元化的国内能源供应体系,构建能源全球化战略框架。同时,要调整能源消费结构,解决能源结构性问题(特别是城市、交通等问题),这要比解决某些环节的问题,所获得的能源节约效果要大且快。

对于缓解中国能源约束来说,不管是增加国内能源供给还是增加能源的进口都是有约束条件的,因此,在保持经济增长目标不变的前提下,降低能源需求是我们行之有效的选择。而降低能源需求增长速度的唯一途径是提高能源效率和节能。提高能效和节能是中国缓解能源约束矛盾,保障国家能源安全的现实选择,是解决能源问题的根本措施。不下大力气节约能源,难以支持国民经济的持续、快速发展。因此,我们必须从战略高度充分认识节能的重要性,增强危机感和责任感,建立能耗强度约束与能耗总量控制相结合的倒逼机制,大力提高能源利用效率。

中国在能源利用效率方面与发达国家的明显差距,从另一个角度说明了技术节能的巨大潜力,中国需要采取技术上跨越发展的战略,大幅度提高技术节能的贡献率,以适应结构趋重条件下的新挑战。要加快能源技术进步,特别是要对影响未来能源发展模式的重大技术实行重点攻关。

有效管理是节约能源的重要手段,然而中国能源管理不完善,成为能源对可持续发展约束的基本原因。中国能源资源开发利用的混乱相当程度上来源于政府规制的柔弱无力,因此,在制度层面,我们需要进一步完善能源资源开发市场的政府规制。尽管中国已颁布实施了《节约能源法》《可再生能源法》等法律,但各经济主体节约能源的法律义务和责任依然不明确,加之法律执行力度不够,检查监督不到位,使法律法规失去了本身的严肃性,难以对浪费能源的行为实施有效惩处,加剧了能源消耗和浪费。

13 突破能源约束之道

节能减排需要创新机制。创新的着眼点在于更好地发挥市场机制作用，使市场机制与政府的宏观调控有机结合，减少政府管理成本。好的制度还可作用于结构，使其向有利于能源节约的方向转变，也可推动技术进步；而"坏"的制度则使其向相反的方向发展。因此，要缓解能源约束，实现经济社会可持续发展，必须以管理创新为保障，通过"恰当的制度安排"，形成对节约资源的褒扬、对浪费资源和破坏环境的惩罚，并从能源管理法制化出发，将政府行使能源管理职能的活动及其有关主体的行为用法律、法规的形式固定下来。

在市场经济条件下，价格是合理配置能源资源的重要手段，由价格扭曲所导致的能源资源配置失灵是加剧能源资源对可持续发展约束的重要原因。长期以来，能源被认为是一种可以无限使用或者低价使用的公共物品，其配置的市场化程度不高，主要表现为：能源资源价格的市场化程度不高，不能真实反映市场供求关系和能源资源稀缺程度，缺乏对投资者、经营者和消费者的激励和约束作用，如煤炭、石油、天然气等重要能源资源的价格一直由政府实行管制，严重扭曲了其稀缺程度和供求状况，造成了这些重要能源资源的巨大浪费和过度消费。因此，我们要进一步推进能源管理体制改革特别是能源价格体制改革，加快市场化步伐，为解决能源约束问题提供体制保障。

当然，大力开发利用可再生能源是解决中国经济发展和能源约束矛盾的有效途径。可再生能源是指经利用消耗后可以不断得到补充、"再生"的能源。这类能源有太阳能、水能、风能、地热能、生物质能、海洋能、潮汐能等，是一种取之不尽用之不竭的能源资源。经过多年的发展，水能、风能、太阳能等可再生能源已经开始在世界能源供应的战略结构中占据一席之地，越来越受到各国政府的重视。开发利用可再生能源，减少对化石能源的依赖，成为世界能源可持续发展战略的重要组成部分，是人类社会 21 世纪能源发展战略的基本选择。从自身的特点看，可再生能源是一种本地能源，基本上不受国际能源市场燃料价格波动的影响。科学地开发可再生能源，提高其对化石能源的替代，是坚持以人为本，树立和落实

"钦点"能源（二）

科学发展观的具体体现，是转变经济增长方式，从根本上缓解能源约束和环境压力，走可持续发展道路的战略选择。可再生能源的开发利用可以有效地保障中国的能源安全。

14 能源管理体制变革需坚定前行

能源是国民经济的命脉。在国民经济与能源之间建立紧密的联系，对自然垄断性强的能源供应结构加以监管，对关系国家安全的重要能源加强管理，为国民经济的发展提供有力的能源保障，是能源管理体制的功能所在。由于国民经济与能源供给和消费的状态是不断变化的，这就注定了能源管理体制需要不断地进行变化与调整。

国际上许多主要国家都非常重视能源管理，把能源放在突出的战略地位。能源管理体制是各国能源安全与经济发展的"生命线"。进入21世纪，日益严峻的能源问题促使世界各国都非常重视建立完善的能源管理体制。国际社会能源管理机构的设置、管理内容、管理依据、管理者制衡机制等方面，主要受各自的能源市场模式、引入竞争的范围和程度、能源行业结构和特点、国家政治体制与法律制度、国家的地域面积等因素的影响，也和能源产业历史状况有关。所以，各国能源管理体制并不相同。纵观世界各国的能源管理现状，其能源管理体制大致可分为如下四种：高级别的集中管理模式，设有国家统一的能源管理部门和监管部门，比如美国、澳大利亚、俄罗斯、韩国；高级别的分散管理模式，设有统一的国家能源管理部门，但在地方能源管理上的职能比较分散，比如印度；低级别的集中管理模式，在国家经济部门中设立能源管理部门，统一管理国家能源问题，比如日本、德国；低级别的分散管理模式，在国家发展改革委员会等政府部门中设立不同类别的能源管理部门，管理比较分散，比如中国。由于能源的特殊地位，大部分国家都实行集中管理模式。集中管理模式使相关的能源政策和战略规划可以得到顺利的实施、有效的控制和监督,以保证社会经济发展所需能源的有效供应。从发展趋势上看,很多原来采取政监合一或由政府部门直接监管的国家,纷纷分离政监职能,建立独立的专业性监管机构,比如欧盟委员会就明确要求其成员国建立独立的电力监管机构。

中国是能源消费和生产大国,这已是不争的事实,在中国成为能源大国的过程中,中国能源经济领域的诸多问题也逐渐凸显。在对问题的研究中,如何在能源领域合理划分政府与市场边界,或者说关于政府能源体制的探讨成为热点。根据经济理论常识,政府主要出于资源配置效率以及社会公平两方面考虑对市场进行干预和管理,政府对能源领域进行管理的理由也不例外。能源管理体制是国家行政管理体制的重要组成部分。中央政府能源管理体制不顺必然导致地方政府能源管理体制不顺。地区能源供需不平必然导致国家能源供需不平。目前中国实行的是中央集权制。在这种制度背景下,各级地方政府机构设置是上行下效,中央政府设立某个机构,地方政府才会设一个相应机构且必然会设一相应机构。能源管理体制的内容主要包括国家能源管理机构的设置、管理权限的分配、职责范围的划分及其机构运行、协调和监管的机制。中国能源管理体制始终处在一个"能源紧张—加强管理、增设能源机构、追加投资—能源生产不断增长—能源供应量增加、能源工序关系缓和—能源管理放松,能源生产受限—能源生产再度紧张"的怪圈。可以说每一次能源管理机构的调整都源于能源生产和消费矛盾的激化,最终又因为能源生产和消费矛盾的暂时解决而简化、放松。

能源管理体制变动频繁是中国能源管理体制的特征之一。自1949年成立燃料工业部到1954年撤销该部,中国的能源管理机构分分合合的大幕开始拉开,迄今为止中国能源管理体制经历了十几次变革,但仍处于不稳定状态。这种能源管理机构不仅浪费了很多资源,无形中给能源规划与政策的延续性带来巨大损耗,也不利于从宏观上对能源进行整体的考虑和安排。历史清楚地记录下了中国在能源管理体制中经历的重大改革。从纵向来看,中国能源管理体制经历了从高度集中的政企不分、政监不分的行业计划管理体制向政企分开、市场化改革和专业化管理机构的方向发展，但是行业分散管理的格局仍然没有很大改观。管理职能分散是中国能源管理体制的另外一个特征。能源管理的各项管理职能分散在国家发改委、能源局、商务部、国土资源部、水利部、农业部、国资委、科技部、环保部等部委或国务院派出机构中，并且各个能源领域的分工又有所不同。分散管理导致的结果是：政企不分、政出多门、多头执法，政策和法律的制定变成了部门利益的角力场，这不仅造成了管理资源的浪费和损耗，也给管理相对人带来诸多不便，成为能源发展的一大阻碍。

从现实来看，中国目前的这种能源管理体制既不能满足中国经济和社会发展的需要，也不适应国际能源形势发展的变化。能源管理体制改革的目标，是成熟市场经济体制改革目标的重要组成部分之一。能源生产是国民经济的基础，政府对能源生产管理效率的高低决定了能源对国民经济贡献效率的高低。分散的政府管理不利于统一的能源战略的实施，过分集中的政府管理存在增加管理成本的问题，因此，如何合理地采取有效的管理形式，处理好能源管理中分权与集权的关系，充分发挥中央与地方的积极性是能源管理体制研究中必须认真研究的问题。

能源管理体制是能源发展的前提和保障。"十二五"时期是中国能源产业转型攻坚任务能否完成的关键期，能源管理体制改革继续处于攻坚阶段。面对持续的能源挑战，中国正在推行能源管理体制改革和能源政策调整的尝试。中共十八届三中全会明确了经济体制改革的方向和要求，能源领域落实改革任务时应抓住既有方向性和全局影响力，又有高度社会共识，且改革成本和风险小的关键环节，牵一发而动全身，盘活能源改革发展的全局。如果说"页岩气革命"和美国"能源独立"是2012年引领中国能源讨论的关键词，那么占据2013年中国能源讨论主导地位的则是国内能源管理体制改革。2013年1月7日，全国能源工作会议就能源管理体制改革的表态再次搅动了人们本已敏感的神经。2013年3月，国家能源局重新组建，中国能源管理体制开始新的探索与尝试，开启了大不同的时代，但"旧愁新恨"始终存在。这一次是否是另一个试错的过程？与以往"分权式"改革不同，此轮机构改革更强调能源管理机构宏观管理和服务职能。从时间维度检视，这是能源管理体制第十次大规模调整，甚至被看作是"国家能源部"之前的过渡。这一动作决定当前及今后的能源管理格局、能源监管路线、能源政策走向、能源管理方法。与以前重视项目审批不同，"三定方案"赋予新国家能源局的主要职责是：拟订并组织实施能源发展战略、规划和政策，研究提出能源体制改革建议，负责能源监督管理等。总体上看，能源管理体制改革反映了国家对能源的管理由产业管理向宏观战略管理转变的轨迹。

从能源管理体制看，国家能源局重组的实质是撤销了没有管理权限的国家电监会。对于能源管理而言，国家能源局管理职能并没有实质性增强，甚至衍生出一系列新问题，旧有的制度和体制问题并没有得到根本解决。过去十年中国市场监管经验表明，强化市场监管的前提是权力与责任匹配，市场化改革必须与监管体制改革同步。否则，将陷入"无权可监、无力可监、无法可监、无市可监"的尴尬境地。尽管国家能源局"三定方案"强化其在能源体制改革、能源监督管理、能源市场建设等方面的职能。但是，与之相关的成本、价格、投资等核心管理职权仍掌握在国家发改委手中，电力、油气领域市场化改革也没有清晰的路线。虽然中国在2010年设立了国家能源委员会，表明中国的能源管理协调机制建设有了一些进步，但是对该机构的部门设置、职责权限划分并不明确，使得其在能源管理领域的协调作用尚未体现。此次国家能源机构改革的一个很重要的变化，就是由"政监分离"向"政监合一"模式转变，新时期的能源"大局"将是"政策规划＋行业监管"。"政监分离"固然是一种理想的状态，但中国的能源行业尚未达到需要"政监分离"的发展阶段。考虑中国能源领域权力分配格局，采用"政监合一"有其合理性。能源监管主要分为经济性监管和社会性监管，随着市场化程度的不断提高，可以预见对能源产业的经济性监管在垄断性特征比较明显的行业将越来越突出，而社会性监管将贯穿能源产业发展全过程，最终成为政府监管的主要方面。在"政监合一"的监管模式下，新组建的国家能源局应由以往的经济性监管为主、社会性监管为辅的旧监管模式，转向以社会性监管为主、经济性监管为辅的新监管模式，加强对环境、安全、质量、资源保护等方面的监管，减少具体项目管理。

能源产业是一个联系紧密的有机系统，更为重要的是，能源形势的发展表明，能源问题不仅仅是一个产业层面的问题了，它密切关系并深刻影响到国际政治、国家安全和发展战略。然而，目前中国能源产业主要以国有企业为主，尤其是一些国有特大型企业在部分能源产业领域形成了寡头垄断的格局，有些大型国有能源企业是由原来的政府能源管理部门发展而来的，级别较高。无论是中国石油、中国石化、中国海油这样的"石油巨头"，还是国家电网、南方电网和五大发电集团这样的"电老虎"，以及神华、中煤等"煤炭航母"，乃至中核、中广核等"核电巨擘"，多为"副部级"单位。而作为能源综合管理机构的国家能源局被定位为国家发改委管理的"副部级"单位，这就意味着存在体制摩擦的隐患，使得国家能源局在协调、管理大的能源企业时难以发挥应有的功能，制约了国家能源管理目标的实现。从中国目前的情况来看，由于任务多、职权范围小，国家发改委下属的国家能源局在履行管理职责上受到掣肘颇多，难以完成能源宏观管理的职责，所以，在时机成熟时设立能源部，将是解决这个问题的可行方法。由于能源行业涉及各种不同的主体，包含各式各样的行为，在设立了独立的能源主管机构和监管机构之后，将有可能使能源行业有封闭管理的趋向，不利于国家利用各部门、各方面的力量配合能源战略和政策的制定及实施。所以，一个超部门利益的高级别协调与决策机构的出现就不可避免。该高级别能源管理机构的职能有宏观管理职能和微观管理职能，其中宏观管理职能包括：规划国家能源战略、健全能源领域法规、制定合适能源政策和能源战略储备。微观管理职能主要包括：价格管制、各种税收或补贴政策矫正外部性和市场准入政策。未来，国家能源委员会应充分发挥其高级别能源管理机构应有的作用，尽快制定富有前瞻性和高度统筹的能源战略和政策。

能源管理体制改革要想持续深入地推进下去，就不能不寻求能源法律的支持和保障，否则改革的结果不仅有可能违背法律规定，也可能会因没有法律保障得而复失。在能源的重要性愈显的今天，能源活动的各个阶段都需要能源管理机构不同程度的介入，可以说，任何能源制度设计都需要考虑到能源管理机构的职责和权限问题，这不仅是能源立法对能源管理的规范任务，也是能源法律法规在现实中得以有效实施的前提要求。能源立法是国家在能源问题上的基本态度和国民意志的体现，超越了能源管理机构以及其他组织、个人之间的利益之争，从国家统筹和战略的高度明确能源活动规范，也是能源管理所应遵循的管理规则。因此，能源管理体制改革应以法治建设为基础，从能源立法入手，以系统思维和顶层设计的思路确定改革方式，避免单纯行政体制改革可能带来的人为阻碍或不当妥协，保证改革的科学性、正当性和公平性。

由于中国能源管理体制改革的不彻底，现行的能源管理体制仍然存在管理职能分散、能源综合管理机构级别低、能源监管机制不健全、能源管理协调机制有待完善、能源法律体系不健全等问题。中国正处于经济发展转型以及改革的重要阶段，能源以其重要的作用和战略地位成为影响政治、经济、社会进一步发展的关键因素，而尽快建立起集中统一的能源管理体制、能源管理机构和能源监管机构，从国家能源安全和经济可持续发展的长远需要来看尤为必要。加快能源领域现代管理体系的建设，将有利于创建公平竞争的市场环境，为中国能源产业的长期、可持续发展提供有力的制度保障。为此，中国有必要借鉴现代国际社会能源管理体制的有益经验，建立适应中国国情的能源管理体制。

随着市场体系的完善，能源产业的发展也必须纳入市场的范围。从国际经验看，一个国家实施能源监管的范围和力度与其市场发育程度紧密相关。一般而言，在市场发育初期，监管的范围和力度相应要大一些，而随着市场的不断发育和完善，监管的范围和方式会有一些变化。不同于成熟市场化国家能源市场的自然垄断，中国各能源领域的国企垄断多是依靠政府审批、配额、许可证等制度而形成的行政垄断。党的十八届三中全会确立市场在配置资源中起决定性作用。基于能源产业的特殊属性，电力、油

14 能源管理体制变革需坚定前行

气等领域的市场化程度尚不充分,尤其是电网、油气管道自然垄断的特点,仍需要统筹竞争、管制、监管之间的关系。随着市场的不断发育和市场化进程的不断推进,中国能源管理部门应该完善市场准入制度,打破固有企业垄断,应有选择地从竞争性领域退出,把职能主要集中到政策制定、宏观管理及市场失灵等领域。价格机制是市场机制的核心。价格作为重要的经济杠杆,在建立和培育市场、优化配置资源及调整各种利益关系方面具有不可替代的作用。因此,我们应将价格机制改革作为能源管理体制改革的突破口,在妥善处理不同利益群体关系、充分考虑社会各方面承受能力的情况下,应积极稳妥地推进能源价格改革,逐步建立能够反映资源稀缺程度、市场供求关系和环境成本的价格形成机制。

随着能源管理体制改革的不断推进、能源行业的不断发展,能源监管成为大势所趋。清晰界定能源监管机构与其他能源产业相关的政府部门之间权力边界,是建立合理的能源监管体制的重要内容。因此,新一轮能源管理体制改革应按照"大能源"产业发展的内在要求,在借鉴国外成功的建立现代能源管理体制的国际经验基础上,逐步建立起一个独立运作、政监分离、职能完善和有效监督与制衡、集中统一的"大能源"现代能源管理体制,具体来讲就是"四个形成":形成比较完整的能源法体系,形成良性的市场竞争秩序,形成综合与分类相结合的能源监管体制,形成以市场为基础的能源定价新机制。

"钦点"能源(二)

15 能源地缘政治的现代演绎

纵观历史,任何一个国家的崛起都会给全球稳定和地缘格局带来影响。只要有国家存在,能源就始终不会成为一种纯粹的商品,因此在国家之间能源合作和贸易背后总能看到地缘政治的影子。地缘政治是政治行为体通过对地理环境的控制和利用来实现以权力、利益、安全为核心的特定权利,并借助地理环境展开相互竞争与协调的过程及其形成的空间关系。

自地缘政治学诞生之日起,能源蕴藏丰富的战略地区,往往成为地缘政治研究的关键,也成为现实地缘政治争夺的焦点。到20世纪70年代,随着石油危机的爆发,与能源相关的问题愈发引起地缘政治学家的重视,能源成为海洋、陆地、天(太)空之后的第四维度被正式引入地缘政治研究。尽管随着全球化趋势的不断加强,世界各国经济已经日益联为一体,地缘政治对经济安全的影响越来越小,但是,在能源这个特殊商品问题上,地缘政治却仍然发挥着不可忽视的重要影响。不论能源的消费和使用、能源的生产和供应,还是能源的运输和补给,都与地区性地缘政治问题息息相关。近年来,得益于页岩气、页岩油技术的发展与进步,美国正在能源领域掀起"一场自二战以来最大的变革",而这场能源革命将对全球能源生产与格局、国际竞争力和地缘政治版图产生深远的影响。美国不会放弃在中东地区的石油利益,但在推进中东民主进程时将不再受石油问题的牵制而更加强硬和激进,国际能源市场将更加不稳定。美国国内一直在讨论如何把握页岩气革命带来的传统能源复兴机遇,实现美国梦寐以求的能源独立,但正在发酵的乌克兰动荡局势将这场争论推到了另一个方向——如何利用能源这个战略新武器来影响地缘政治格局。

15 能源地缘政治的现代演绎

能源是当今经济发展不可缺少的驱动力，能源安全问题甚至比资本、劳动力更为关键地决定着未来经济的稳定和发展，影响着各国的经济安全和国防安全。世界能源生产地和消费地的不一致，使能源成为世界各国特别是能源消耗大国日趋争夺的焦点。能源的日趋重要，使国际地缘政治发生了新的变革。从能源的地理空间分布，不同能源地区集团及国家间的互动，由能源地理引发的国家战略地位及定位等一系列问题，以及这种考察世界政治的思维方式，正逐渐衍生出地缘政治理论中的一个新分支——能源地缘政治。能源地缘政治，是指（国际）政治棋手对能源（石油、天然气、煤炭、铀、水能、核能等）的产地、勘探、开发、运输、储藏、销售等环节的竞争和博弈、控制与反控制。能源地缘政治认为，煤、石油与天然气等能源物资，不仅与一个国家的执政当局关系密切，甚至对国与国之间的关系也能产生重大影响。对能源的控制权成为国际政治的一种重要的权力，控制世界不再是以控制某一地区为前提和目标，而是以控制世界资源贮藏丰富和开发条件最好的地区为前提和目标。能源地缘政治逻辑则是资源决定战略：谁控制了资源，谁就能控制世界，地缘政治成为影响地区能源安全合作的重要因素，地缘政治与能源是共生的关系。

进入 21 世纪，国际市场石油供需平衡脆弱（供略大于求），能源地缘政治发展异常敏感，人地关系特别是人类与环境的关系成为显学。能源地缘政治理论的核心问题就是各国掌握政治经济发展所需要的能源资源的能力和空间。从地缘政治学的角度看，中亚始终具有很重要的地位。中亚一直是大国争端的集中地，而该地区丰富的自然资源储备，如石油，尤其是天然气，更是极大地吸引了外部世界，尤其是大国的注意力，使其成为全球能源政治的核心。能量地缘政治包含了一个将能量发射到能源丰富地区的综合方法，谁控制了该地区的能源资源，谁就能在心脏地带的中心发挥重大影响力。俄罗斯、中国、美国、欧盟、印度和其他国家都在为获取遥远的中亚地区的油气储备而展开激烈的斗争。

现代能源地缘政治学认为，能源是与地缘政治争夺紧密联系在一起的，比如，美国能源霸权的形成。20 世纪初以来，美国的霸权经历了由崛起到衰落，再到重新走强的过程，美国的能源霸权也可分为形成、重构、发展与强化三个时期。美国主导的国际能源体系的兴衰和美国霸权的兴衰保持同步，两者密切结合、相互促进。从中可以归纳出美国的能源霸权逻辑：国家权力的变迁引发能源战略的变化，能源战略通过影响国际能源体系来对国际能源体系产生影响，经过激烈的国际能源博弈，形成一定的国际能源体系，而在此国际能源体系之下，强国利用外交、军事等手段实现和维持其在国际能源体系中的优势地位，进一步增强其国家权力，从而进一步强化其国际能源战略，经过国际能源博弈，在国际能源体系中占据更加有利的地位。相反，若一个国家的权力削弱了，那么实现其国际能源战略的能力也会相应减弱，经过国际能源博弈，在国际能源体系中的地位也相应下降。

进入21世纪，由于能源资源的相对匮乏，使得世界各国特别是石油消费大国在地缘政治中的角逐核心逐渐转移到对能源资源的争夺，特别是对石油这种具有特殊战略价值的能源的争夺上。传统上，能源问题的焦点是中东地区的政局稳定性，以及包括波斯湾在内的区域石油安全供应。但这些传统关注问题因为伊拉克危机和伊朗核能问题而变得日益复杂。除此之外，目前国际关注的问题还包括极度紧张的能源市场、俄罗斯成为新兴能源大国并试图将本国能源资产控制在政府手中、委内瑞拉和尼日利亚等非中东地区石油供应国的政治不稳定性，以及世界原有大国与新兴强国为确保能源供应安全而展开的地缘政治竞争，等等。无论如何，中东地区地处重要的地缘和能源战略要地，一直是世界主要力量博弈的重点地区。在中东地区的地缘战略格局调整，不同的地缘政治力量（例如美国、欧盟、俄罗斯、土耳其、伊朗等）之间展开了激烈竞争，以便在中东的地缘政治竞争中占领制高点。伊拉克战争之后，世界能源地缘政治格局呈现美国力图确立其主导地位、能源供应"三分天下"、东北亚地区能源需求量明显增加的总态势。从能源地缘政治看，中东地区仍将是世界最主要的油气来源，美国海军也依旧是影响中东地区战略稳定性的最主要因素。美国页岩气的成功开采也已经在国际地缘政治领域引起了一些蝴蝶效应。同时，能源地区在新的世界能源地缘政治图景的演化过程中的作用越来越重要,并导致能源心脏地带和能源战略枢纽国家的出现。当今的世界能源地缘政治版图由能源心脏地带、内需求月型地带、外需求月型地带以及将这些国家联系在一起的能源战略枢纽国家共同构成,在其中,中国扮演着连接能源心脏地带与东亚能源消费市场的能源枢纽国的角色,但是中国能源战略枢纽国的地位还受到中亚里海特别是哈萨克斯坦的油气产能与运输方向、中国与俄罗斯在远东能源运输线上的争夺、石油价格的"亚洲升水"问题以及马六甲困局等诸多因素的挑战。

近年来,能源安全问题已成为全球议程的主要议题,能源所包含的政治意味越来越浓,可以说能源使国际地缘政治出现了新的变革,能源权力在滋长、扩张,大国从能源角度开始了新的地缘战略思考和重新布局,一个国际能源格局已经隐然成型。国际能源格局是国际舞台上各种能源力量之间的一种分布状态和互动关系,是国际能源政治的一个总体概括,具体表现为国际能源格局就是主要能源生产国及主要能源消费国之间的一种均衡或结构。大国间在国际能源格局中的博弈,形成了独具特色的大国能源政治。国际能源格局中的大国政治,也可以称为大国能源政治,是大国从国际能源地缘出发的战略、外交的综合体现,是大国在国际能源格局中的互动。能源大国,包括这样三类国家:一类是能源资源大国,一类是能源需求大国,第三类则是二者兼而有之的大国(主要是俄罗斯)。所谓大国能源政治就是这三类国家之间的一场能源纷争与合作的互动或博弈。世界能源富集地区日益成为地缘政治博弈的重中之重,而每一次能源资源富集地区的转移,都导致世界地缘政治格局的相应变化,形成一幅幅新的世界能源地缘政治版图。

中国是一个天生的大国,随着经济的迅猛发展,必然会引发地缘政治的变化。苏联解体后,中亚国家面临着世界主要大国激烈争夺该地区地缘政治空间和国内经济社会发展坎坷的局面,而以"东突"为典型的"三股势力"一直威胁着中国西部地区的安全与稳定。近年来,作为一个重要的地缘政治概念,"中南亚"引起了越来越多学者的注意和研究。"中南亚"

是美国主导下出现的地缘政治概念，是中东的延伸。从地缘位置来看，中南亚紧邻中国，美国对中南亚的控制和影响对中国能源、社会、国家安全等具有重要影响。当前，美国再提重返亚洲，日本加强军备，澳大利亚加大资源管制，这一系列变化都表明，能源安全问题已经远远不是经济问题这么简单，这其中涉及严重的政治问题。页岩气和致密油的产量大幅增加，美国能源自给率水涨船高，"能源独立"已经成为其热点议题。摆脱石油问题的牵制，其对外政策将变得更加激进。这会给全球能源市场带来不稳定，能源运输通道安全风险上升也成为大概率事件。这对一直在搭国际"能源运输安全便车"的中国带来新挑战，中国将直接地暴露在周边地区、中东和非洲地区的地缘政治风险之中。随着页岩油气的成功开发，美国将成为天然气的潜在出口大国，中国周边地区的能源角力将此消彼长，能源地缘政治将更为复杂。

近几年来，中国对进口能源的依赖程度迅速增大，而且这种趋势在未来几十年的工业化和都市化进程中仍将持续，甚至会进一步强化。中国政府把按照合理价格稳定而有保障地进口能源看作是经济持续发展、社会政治稳定的极为重要的条件，把能源问题由"低"层次（国内能源政策问题）提升到了"高"层次（国家安全问题），因此对国际能源生产和供应不稳定、世界能源地缘政治不正常的状况感到不安。中国作为能源消费量最大的发展中国家，在世界能源地缘政治新形势下，为适应能源资源战略的转变需制定一套中长期的能源安全战略。既然是能源地缘政治战略，当然首先要考虑地缘政治的关系。从中国能源进口来看，能源来源主要从中东、北非、南美以及俄罗斯进口，关注中国与这些国家的地缘政治关系，对中国的能源消费安全有着重要的意义。

中国地缘政治危机由来已久。近年来，中国周边环境并不太平，各种各样的事情、事件、事态不断出现，都对中国造成了不同程度的影响，其中南海局势尤为突出。20世纪70年代之后，因油气资源的发现，周边国家开始抢岛、圈海、盗油，并以不法手段干扰、破坏中国的渔业生产和油气勘探。随着中国综合实力的增强，加大了对南海的主权维护力度和对油气资源勘探力度,不愿意放弃既得利益的周边国家与中国的摩擦增多,特别是近几年来,美国战略东移,插手南海争端,使南海成为当今世界地缘政治的热点地区之一。

中国在南海地区有着重要的地缘战略利益。南海是中国近海防御的战略屏障,是中国"岛屿防御"的重要链条,是重要的国际贸易通道,南海的能源资源有助于缓解中国未来能源供应严重不足的困境。在当今世界地缘政治格局中,南海的战略地位特别重要,主要原因有三:其一是因为南海是世界四大海底石油的富集区之一,有"第二波斯湾"之称,而且还有数量巨大的可燃冰资源。目前,中国已经将南海地区确定为国家十大油气战略选区之一,南海将成为中国能源的接续基地,其蕴藏的丰富的油气资源将为我国经济发展提供强大的动力。其二,南海是太平洋和印度洋之间的海上走廊,也是连接马六甲海峡的重要通道,是世界贸易的"关键十字路口"和世界上最繁忙的水域之一,每年有超过1/4的货船和1/3的海洋运输往来此海域,将近7万艘装载着价值超过5.3万亿美元货物的商船经过南海。据估计,每天都有将近270艘货船通过这片水域,其中,载有世界上1/4的石油和2/3的天然气的全球一半的超级油船都必须经过此地,这是苏伊士运河的三倍及巴拿马运河的五倍。其三,南海是亚洲、非洲、欧洲之间相互往来的海上枢纽,是东亚石油最主要的运输通道。对于世界各国,特别是全球经济大国和美国这种霸权国家来说,它们所依赖石油的80%和大量的原材料都必须通过南海,这凸显了南海的重要地缘战略地位和对于各国的巨大意义。南海在地缘政治和地缘经济中具有重要价值,在相当程度上塑造了南海地区的安全格局,是诸大国全球战略布局中的多重利益交汇点,也正是各大国的不断介入,才导致了南海争端的不断激化。

传统上我们总是关注南海争端背后所谓的"能源因素",然而,南海地理位置极其优越,地缘政治战略意义极为重大。因此,我们要从能源地缘政治的视角来审视南海争端的背后表现。目前,南海能源地缘政治呈现新格局:一是美国战略东移,将南海问题当成遏制中国崛起的切入点,美国依其拥有的价值链、利益链、供应链这"拓展三链"的优势,正在裹挟

87

其团队发力对中国施加巨大影响，以图实现其战略企图；二是四股政治力量参与南海地缘政治角逐（中国，越南、菲律宾、马来西亚、印度尼西亚和文莱等其他主权声索国，东盟及其组织内的缅甸、泰国、柬埔寨、老挝、新加坡和东帝汶等非主权声索国，美国、日本和印度等南海区外势力）；三是中国面对三个层次的矛盾（第一层次的矛盾，即核心矛盾是中国与其他主权声索国之间的"侵略与反侵略"；第二层次的矛盾是中国与非主权声索国之间是"双边和平谈判"还是"东盟化、国际化"解决争端；第三层次的矛盾是中国与美日印之间"介入与反介入"的矛盾）。南海能源地缘政治格局呈现五个特点：一是南海之争，焦点在南沙；二是南沙之争，主要在中国与越南两国；三是岛礁归属争端、海洋划界争端、海洋资源开发争端和海洋战略通道控制保障争端等四大争端，核心在主权，重点在油气；四是周边国家侵占南沙岛礁，盗采油气，呈四周包围中央态势；五是面对南海地区的新形势，中国加强维权执法和油气勘探开发力度。

从地缘政治视角看，南海因其重要的地缘战略地位而成为亚太地区中心力量角力的新地。从本质上讲，南海问题是中国南沙群岛的部分岛礁被侵占所引发的领土主权争议及相关海域海洋权益主张重叠问题。近几年来，美国战略东移，使南海问题复杂化、多边化，成为当今世界能源地缘政治的热点地区之一。正在崛起的中国不但面对越南、菲律宾等国对本国主权的频繁挑衅，而且面对美日等国围堵、遏制中国的挑战。俄罗斯等其他大国则"谋不同"但"利相同"，共同致力于"挖掘南海利益"的利己战略。这使在法律上拥有南海主权的中国，正在被迫耗散巨大财力来维系一个"破碎"的南海局面。当然，中国没有一天不在对外宣称自己对南海的主权。中国对越南、菲律宾、印度尼西亚和马来西亚的态度一直是：坚持南沙群岛是中国不可分割的一部分。2013年中国国防白皮书上，中国政府明确表示，对南沙群岛石油资源构成损害或威胁的活动，中国军队将有权采取行动。这些埋藏在深海中的石油，已经悄无声息地导致了新的敏感区域的形成。对于陆上石油而言，有两个地区正占据着并将在今后几十年里一直占据着极其重要的地缘政治地位,他们就是非洲和中亚。非洲如今掌握着世界 30% 已证实的石油蕴藏,这使得非洲大陆成为新的石油地缘政治的一个重要环节。

21 世纪是海洋世纪,南海对中国经济、政治、军事的重要性日益凸显。巨大利益驱动,不仅扭曲了南海周边国家的正常心态,利用这一复杂趋势,更促使诸大国将南海演变为施展地区战略的重要国际平台。在南海问题上中国受到多方力量的围攻,地缘政治形势处于相对不利的被动局面。围堵与反围堵是世界历史上大国崛起的常态。面对南海能源地缘政治新形势,把南海问题纳入整体的地缘战略中,积极处理与声索国(指声明索取某地区领土主权的国家)以及区域外大国的关系,是中国在解决南海争端中所作出的重要战略选择。中国需要冷静思考、从容应对,应在理性分析围绕南海问题形成的错综复杂的国际关系基础上,从战略指导思想上处理好陆地与海洋关系,全面加强中华民族的海洋主权意识,加强以海权为重点的地缘实力建设;处理好南海与东海的关系,营造两岸联手保卫主权局面;处理好"反侵略"与"反介入"的关系,以维护国家主权为中心;处理好战略上持久与战术上速胜的关系,做好持久斗争的思想准备;处理好维权与维稳的关系,始终把维护国家主权权益作为根本。另外,为适应南海局势发展的要求,中国要设立南海能源开发利用的领导机构,专门研究制定南海能源开发和利用的方针政策,协调处理南海能源开发利用中遇到的重大问题,加大海洋执法力度,加强地缘文化建设,大力扩大中华文化的影响,逐步建立多层次、复合型的东南亚安全合作机制。

能源是地缘政治赖以立足的基础,全球能源版图的变化,正在或将对能源地缘政治产生巨大影响。能源安全不仅事关一个国家的经济发展和社会福祉,而且事关一个国家的政治安全和国际地位。在传统能源地缘政治安全观念中,国家对能源权力的追求或者利用能源权力达到能源安全的目的一直是主流的能源地缘政治观,在这种能源地缘政治观念的指导之下,国家间的能源发展模式基本上是冲突性质的。然而,全球化的发展打破了国家领土与边界的限制,能源技术的迅猛发展成为重要的"中介变量",

89

"钦点"能源（二）

有助于克服传统能源地缘政治的"力量损失梯度"的限制，有助于国家利益范围的拓展，有助于增强国家间的共同利益。因此，在全球化的背景下，通过国家利益的拓展、能源技术的进步以及能源经济全球化的作用，合作性能源地缘政治安全观具有了实现的可能。

中国经济持续高速增长和对国外能源需求的不断增加，对全球能源政治格局产生重要冲击，进而使得构建清晰和有效的中国能源地缘政治战略显得迫切而必要。中国在崛起的过程中，能源安全日益突出。为了积极应对，中国要关注与能源相关的地缘政治因素的变动，在双边乃至多边关系中突出以能源合作为特色的"能源外交"。当然，在全球局势变化多端、世界格局复杂多变的国际形势下，我们要用发展的目光审时度势，随时调整中国的能源战略对策，建立一个适合中国中长期能源消费安全需要的，也适合中国能源地缘政治特点的，内外兼备、多元供给、运输安全、储备保障的能源地缘政治战略体系，以便在世界强烈的能源地缘政治博弈中处于优势地位。具体来说，一是追求持续、安全、高效、低碳的能源供应，建立安全可靠的国内能源供应体系和多元化利用全球资源的国外能源供应体系，增强能源地缘政治优势，在对外交往合作中处于有利地位；二是从国家层面上加强全球能源地缘政治研究和规划工作，制订能源地缘政治战略规划；三是在继续加强国家综合实力的基础上，加强国防建设，突出制海权，加快海军建设；四是加强海峡两岸的能源合作，共同面对外来挑战，促进祖国统一大业早日实现；五是在继续增大石油储备能力的基础上，完善石油储备体系，建设海陆并举、贯穿东西南北的油气安全运输体系；六是加强"走出去"企业的国家支援、服务和监管，建立能源贸易与国际合作体系，实现能源产品的有序进出口。

16 能源储备需加速新陈代谢

能源历来是人类文明的先决条件，人类社会的一切活动都离不开能源。对一个国家来讲，能源是工业的血脉，是经济增长和社会发展的重要物质基础，是发展国民经济和提高人民生活水平的重要保障。因此，国家必须建立自己的造血机制，建立自己的血库，才能保证血脉畅通，才能维持国家实力稳定上升。

在全球能源供求状况日趋紧张的背景下，能源安全成了各国经济发展战略中的重中之重。而一个国家或地区的能源安全程度取决于其经济发展和社会进步对能源的需求以及能源资源的储备情况。因此，能源储备是国家能源安全的重要保障，能源储备制度是国家能源安全制度体系的重要组成部分。

能源储备是一项造血工程，也是一项保险政策，是从当前使用中转移出来某些资源以在将来发生紧急事件的时候使用。有人把能源储备形象地比喻为"能源安全的蓄水池"，相当于在国际能源市场和国内能源市场之间建立一道安全的闸门。能源储备是保障能源安全、解决短期能源供应冲击的重要方法之一。能源储备的意义除了应对短期供应冲击，还能够为能源消费常识的改变争取时间。能源储备还能够起到以下作用：有了储备便可以给调整经济增长方式，特别是能源消费方式争取时间；储备可以起到一种威慑作用，使人为的供应冲击不至于发生或频繁发生。能源储备还可以看成是财政储备的另一种形式，并且是比一般的财政储备更有战略意义的储备。因此，它不是政府的"额外"支出，而是一种特殊的财政储备资产，是一种财政资源，投资在能源储备上的钱，不但不是财政耗费，还会有极大的机会增加财政收入。因为国家能源储备的动用必然是在能源价格高涨的时候，低买高卖，财政亏不了钱。在这一方面，真正意义上的政府财政支出，仅仅是能源储备的日常维护费用，而不是储备本身。

能源储备是为应对能源供应中断和能源价格波动等能源紧急事态，而事先通过各种途径储备能源产品和能源资源的一种制度。根据应急的类型，能源储备可分为国防储备和经济储备。国防储备又称为战略性和关键性储备，是一种由政府控制的资源，库存只对于在延长的军事冲突直接涉及国家占有的储备资源，以及在战争或自然灾难时才投放，用以保障国家能源的不间断供给为目的。经济储备是一种准备应付经济紧急情况的储备，经济储备强调的是物资的民用性，以平抑价格波动为目的。

能源储备是能源战略的重要组成部分。世界众多发达国家都把能源储备特别是石油储备作为一项重要战略加以部署实施。从发达国家的实践来看，能源储备的责任主体一般主要有三类：政府、企业、代理储备机构。由此也就产生了三种不同的储备类型，政府储备、企业储备和代理储备机构的储备。所谓政府储备就是指由政府全额出资、支付管理费用并完全受政府控制的储备形式。所谓企业储备主要是指企业除了商业储备之外，还负有"强制性"的法定储备义务，并将这些储备纳入国家能源储备中的一种储备形式。所谓代理储备机构储备主要是指由法律授权设立的公共储备机构以储备主体的身份来组织储备、确保储备义务的实现。当然不同的国家对能源储备责任主体的选择不尽相同，有的国家是单一的政府储备或代理储备机构储备，有的国家是政府储备与企业储备相结合的储备，而有的兼有政府储备、企业储备和代理机构储备。

能源储备的主要经济作用是通过向市场释放储备能源来减轻市场心理压力，从而降低能源价格不断上涨的可能，达到减轻能源供应对整体经济冲击的程度。有了相当数量的能源储备，就会"家里有粮，心里不慌"。对能源进口国而言，能源储备是对付能源供应短缺而设置的头道防线，但其真正的作用不在于弥补损失的进口量，而在于抑制能源价格的上涨。能源储备是一种国家威慑力，有助于在国际政治、军事、经济、外交斗争中占据主动,有时甚至可以达到"不战而驱人之兵"的效果。

过去小学课本写道:中国地大物博。长大后觉得不是,今天更是感到中国能源储备的短缺。中国人口众多,能源消耗量大,也是生产制造大国,产品的单位消耗更是惊人。我们对能源的一次性消费习惯使得我们不得不想到当能源不再触手可及,我们应该依靠什么来维持现在的生活。随着"盐荒""钱荒""水荒""用工荒"之后,人们陷入了另一个疑虑"能源荒"。在"油荒""煤荒""电荒""气荒"此起彼伏的今天,人们急需寻求的能源保障,破解"能源荒"频发,以避免任何"风吹草动"被群体演绎而引发"蝴蝶效应"。由于需求持续猛增,无论煤电还是油气,中国的能源供应总体呈现平衡偏紧的形势,这直接导致整个能源供应体系比较脆弱,很难或只能勉强保持平衡,因此,一旦能源供应环节或能源需求领域意外受力,能源供应体系很可能陷入瘫痪。

不可否认的是,经济的高速发展和人民生活水平的不断提高,使中国能源需求迅速增长,能源供求关系日益紧张,能源对外依存度不断增高。特别是,未来十年全球能源资源格局将出现三大新趋势:需求增长的趋势性放缓、新供给的结构性变化,以及消费增长重心转移,这些变化将使得未来十年成为中国实施全球能源资源战略的重要战略机遇期。目前,如何有效增加能源储备量、保障能源经济安全已经成为今后能源发展的核心。因此,当务之急是建立中国能源储备制度,规范能源储备建设和管理,提高能源应急处置能力,保障能源供应安全。

影响能源储备建设的因素纷繁复杂,中国已经具备了加强能源储备建设的条件。经过长达十多年的积极努力,中国第一批能源储备特别是石油储备基地部分已经建成完工,从储能设施等硬件上保证了增加能源储备的基本条件。基于中国能源储备建设处于初期阶段,国家和能源企业的经济实力有限,地域辽阔、能源资源分布不均等因素,我们目前应采政府主导,政府和企业共储的能源储备模式。这主要基于以下原因:其一,中国是一个发展中的大国,能源储备对于国家的经济发展十分重要,应当由国家直接掌握一部分储备以保证在紧急情况下应对的及时性和可靠性;其

"钦点"能源(二)

二,中国建设资金比较紧张,不可能像美国那样完全由国家来进行能源储备;其三,无论是政府储备、企业储备,都各具优缺点。就政府储备而言,由政府直接运作,能够在紧急情况下迅速做出反应,可靠性强,但由于完全是政府行为,缺乏市场化运作,投资效率低、成本高。而企业储备由于能够充分利用已有的储备设施,并完全实行市场化运作,加之可以实行储备凭证制度,使得其具有投资节省、储备成本低的长处,但反应慢、可靠性低。由此两种责任主体、两种储备模式并存能够扬长避短、互为补充,以确保能源储备的顺利实施。合适的能源储备模式(包括储备的参与主体、储备种类、数量和布局等)一方面可以提高能源储备运转的效率,另一方面也可以节省政府在能源储备上投入的资金。因此,我们要将中央、地方和企业的储备权利和义务有机地结合起来,在中央统一监管下,实施谁储备谁优先使用的原则。

目前,中国能源储备体系建设刚刚起步,不论从国内市场还是从外部环境来看,完善中国能源储备体系都是迫在眉睫的事情。能源储备体系的建立是一个由小到大、循序渐进的过程,在补充能源储备的过程中要考虑政府和企业的财力、国际能源市场价格变动等因素。中国能源矿产主要分布在北方,而能源进口和消费主要集中在东南沿海和环渤海地区。能源资源的储备当然应当集中在能源产地,山西、东北和新疆应作为主要的能源资源储备基地。能源产品的储备则应当靠近能源消费地,东南沿海省份和环渤海地区应作为能源产品储备基地的所在地。能源储备基地的选址要考虑地质条件、能源基础设施和靠近能源加工中心等因素,采用地面罐储、地下洞储等灵活方式因地制宜地储备能源产品。

未来十年,能源资源价格波动及长期上涨趋势难以改变。能源低价时代真的将一去不复返了,但中国补上能源战略储备这一课是必需的、必要的,也是必然的,中国政府还有很多工作要做,要担当起保障能源安全的重任。能源储备建设是一项关系到国家与产业安全、投资巨大、选址严格、建设周期长的系统工程,法律法规是能源储备建设的重要保障,因此,当务之急是尽快出台能源储备相关法规,使能源储备的建设、管理、运营都可以做到有法可依,明确能源储备制度的架构、内容、方式、资金投入、设施建设、能源企业的责任和义务等内容,明确能源储备主体、管理机制、运行模式、资金筹备方式等,以便今后开展能源储备工作时"有法可依,有章可循"。

从国际经验来看,国家能源储备体系是一个多层次、多元化储备体系,包括政府储备、机构储备和企业储备。从中国的情况来看,民营能源企业确实可以作为这一体系的补充力量,特别是作为政府储备的补充力量,因此,能源储备体系建设需要逐步完善,政府主导、企业参与、市场化运作的原则需要明确,必须在政府、企业、能源消费者各方利益的磨合过程中,找到各方都必须承担的义务,同时保障各方均应该得到的利益,并鼓励社会资金发展能源第三方存储业务,并给民营企业一个制度化出口,让民营企业成为中国未来能源储备事业中一支不可忽视的力量,以推进民间能源储备建设。

能源储备角逐的是国家实力,较量的是国际竞争力。能源储备建设需要投入庞大的资金,资金筹措问题是一个焦点,没有资金的及时和足额到位,能源储备就是一句空话,如何筹集足够的资金可谓是能源储备的关键。各国由于能源储备的模式不同,在资金筹措上也有一定的差异。中国应该避免在能源储备筹资方面由政府大包大揽,而应以财政出资为主,政府和民间多方面多渠道筹集。因此,在融资方式上,我们可以借鉴一些国家开征能源储备税、收取能源资源使用权费、开展储备设备租赁服务、建立能源储备基金、发行特别债券等经验和成熟做法,也可以以适当方式用外汇储备在国际能源期货市场上建立能源仓单,利用国际期货市场到期交割的交易制度,将外汇储备转化为能源储备,多渠道、多市场进口分散风险,现货与期货相结合降低能源收储成本。

另外,能源储备要重视过程。只有决策、工程、释放、资本、收益等过程的透明、市场化,理论上的最优结果才会显现。仅仅定一个储备规模远远不够。事实上,发达国家各国的储备规模几乎都是尽量吸收各个利益相关的群体进行争论和讨价还价的结果。透明化的重要性在于:减轻能源市场对中国在出现能源供应冲击时无所适从的忧虑。也只有透明化才能实现建立能源储备的本原目的。如果能源储备没有对市场炒作的威慑作用，那么它就失去了原本意义。

当然，能源储备不仅仅是能源资源的储存或储备问题，更重要的是能力建设和制度建设。中国能源安全主要面临结构性危机和制度性困境两大挑战。因此，未来中国政府能源储备体系建设的重点领域是更加细腻的体制机制设计，这些制度层面的改革，不仅有利于储备体系建设，也将为其他领域提供经验，并让中国在今后很长时间内分享制度建设红利。

不论是管理制度，还是实际措施，目前中国能源储备能力远远不能适应能源企业和国家应付突发事件的需要，中国能源储备真正要完备还有一个过程。不过，特别值得我们注意的是，随着环境污染、生态退化等一系列环境问题在现代社会的凸显，无论如何，能源储备还需考虑其对环境和生态的影响，人类的经济发展和社会进步不应该建立在生态退化的基础上。

17 合同能源管理纾困前行

在能源消耗日益增加的同时，由此带来的地区环境和全球环境的急剧变化也对人类生存构成了极大的威胁，其中，由温室效应引起的全球气候变暖是国际社会最关注的热点。温室气体的排放主要来源于人类对矿物能源——煤、石油、天然气等的大量消耗。因此，世界各国在大力发展经济的同时，都把节约和充分利用能源当成首先考虑的问题。而对于高耗能的企业来说，能源成本在企业总成本中占有相当大的比重，所以想方设法开源节流，降低能耗费用，也已成为企业积极探索的问题之一。

20世纪70年代世界石油危机爆发后，合同能源管理作为一种全新的节能机制在市场经济国家逐步发展起来。所谓合同能源管理是指节能服务公司通过与客户签订节能服务合同，为客户提供节能改造的相关服务，并从客户节能改造后获得的节能效益中收回投资和取得利润的一种商业运作模式。合同能源管理是能源服务的外购契约安排，是运用市场机制来实现能源节约，其基本运作机制是：通过合同约定节能指标和服务以及投融资和技术保障，整个节能改造过程如项目审计、设计、融资、施工、管理等由节能服务公司统一完成；在合同期内，节能服务公司的投资回收和合理利润由产生的节能效益来支付；在合同期内项目的所有权归节能服务公司所有，并负责管理整个项目工程，如设备保养、维护及节能检测等；合同结束后，节能服务公司要将全部节能设备无偿移交给耗能企业并培养管理人员、编制管理手册等，此后由耗能企业自己负责经营；节能服务公司承担节能改造的全部技术风险和投资风险。相对传统的节能减排模式，合同能源管理是一次革命。节能服务公司为耗能企业量身定做改造方案，提供所需资金及全程技术支持,并从节能效益中回收投资、获得收益;耗能企业则好比免费获得了一只母鸡,只需一段时间内把部分鸡蛋让渡给节能服务企业,此后母鸡及其所产的鸡蛋全都归自己所有。当然,合同能源管理项目看重的,不仅是立竿见影的当下效益,更是长远的经济和社会效益。

合同能源管理是一种符合能源环境成本内部化要求的、能够更灵活高效地实现能源资源有效利用、适应社会经济可持续发展的市场化优选机制。节能成本内部化要求在经济活动中将节能外部成本进行估价,并将它们内化到生产和消费商品与服务的成本当中,从而体现能源的稀缺性,消除其外部性。因为企业作为市场经济的主体,是典型的理性经济人,以追求自身利益最大化为根本目标,它们不会主动接受任何增加自己经营成本或损害自身利益的行为。即使是政府强制企业节能,也仅仅是带来一时的服从和表面的改变,而不会使其产生内在的节能动力。合同能源管理模式作为运用市场手段促进节能的服务机制,具有节能客户零投资零风险、节能服务有节能服务公司专业保障、树立节能客户企业社会责任和环境责任承担的良好形象进而提升企业竞争力等诸多优势和特点,有利于实现合同能源管理项目参与者的多方共赢。

合同能源管理机制的载体是节能服务公司。节能服务公司是一种基于合同能源管理机制运作的、以营利为直接目的的专业化公司。节能服务公司与愿意进行节能改造的用户签订节能服务合同,为用户的节能项目进行自由竞争或融资,向用户提供能源效率审计、节能项目设计、原材料和设备采购、施工、监测、培训、运行管理等一条龙服务,并通过与用户分享项目实施后产生的节能效益来赢利和滚动发展。能源管理合同在实施节能项目的企业(用户)与专门的节能服务公司之间签订,它有助于推动节能项目的实施。

合同能源管理机制的实质是一种以减少的能源费用来支付节能项目全部成本的节能投资方式。这种节能投资方式允许用户使用未来的节能收益为工厂和设备升级,降低目前的运行成本,提高能源利用效率。合同能源管理模式在很大程度上解决了节能推广中的非市场因素障碍,实现了各方参与的多赢格局,是被实践证明行之有效的节能投资新机制。近年来,欧美日等国基于合同能源管理机制的节能服务新产业发展速度惊人,大大提高了能源利用效率,对提高能效具有十分重要的意义。在全球气候变化引发人们对低碳经济发展空前重视的背景下,合同能源管理作为一种全新的商业节能机制,将得到飞速发展。

作为制造业大国与能源消费大国,中国本着积极、负责、主动的态度减少碳排放,节能减排被确定为一项基本国策,并积极努力地提高能源利用效率,建设资源节约型社会。因节能工作涉及面广,技术性强,而且节能减排大多属于投资大、见效慢项目,国家光靠自身的力量,来促进节能降耗的力度是不够的。因此还要积极培育节能服务市场,充分调动市场各方面的力量参与,促进节能降耗,合同能源管理就是调动市场力量参与的节能服务模式之一。合同能源管理是一种能兼顾社会、国家、企业客户、节能服务公司各方利益,能实现双赢甚至多赢的、十分有益的运作模式。

在当前能源价格持续高涨的环境下,中国一再强调"节能减排"的重要性,"能源管理"已经成为企业界关注的主要课题之一。早在2000多年前,中国古代著名思想家荀子就提出:"强本而节用,则天不能贫。"然而,中国资源禀赋的"本"并不"强"。如果不转变"竭林而耕、竭泽而渔、竭矿而采,不顾自然、不计代价、不问未来"的经济增长方式,无论从近期看,还是从长远看;无论从国内资源看,还是从地球资源看;无论从当代人的发展看,还是从后代人的发展看,都是难以为继、不可持续的。

节能减排是中国建设"环境友好型、资源节约型"社会进程中的核心问题之一。相对于"控制、命令"型的政府主导的节能模式,运用市场化机制促进节能的合同能源管理模式具有其独特的资源配置优势。自1998年中国引入合同能源管理机制以来,节能服务产业规模逐渐扩大。中国是世界上能源消费大国,同时也是能源效率较低的国家,目前在能源用户中存在大量的技术上可行、经济上合理的节能技改项目,这些项目完全可以通过商业性的以营利为目的的合同能源管理来实施。近年来,许多用能企业对合同能源管理这种新型节能减排改造机制也逐渐熟悉并接受。中国政府对"合同能源管理"机制给予了高度关注,许多重要的政府文件中明确提出要把推广"合同能源管理"作为推进中国节能的重要措施。

合同能源管理是有强大生命力的,在中国落户短短的十多年的时间,就已经取得了巨大的成就。然而,与巨大的市场空间相比,合同能源管理发展却非一帆风顺,甚至曾经处于一种叫好不叫座的尴尬局面。我们必须要认识到,合同能源管理毕竟是"舶来品",出现"水土不服"的"症状"是必然的,并且合同能源管理的发展问题就算是在欧美发达国家也还没有完全解决。经济上的合理性、巨大的节能潜力、广阔的市场前景再加上政府的政策推动,却并没有催生合同能源管理的迅猛发展。

合同能源管理在中国的发展却因各种宏观与微观上的障碍而困难重重,主要表现为:一是缺乏对合同能源管理的相应的法律法规。合同能源管理运行过程中存在一系列问题,需要通过法律关系的调整予以解决,然而,现有与之相关的《中华人民共和国节约能源法》《合同能源管理项目财政奖励资金管理暂行办法》《合同能源管理技术通则》等法律法规侧重于政策支持,但是对其法律关系缺乏明确的规定。针对节能服务公司资质认证、能源审计、节能改造方案设计、能源管理合同的谈判与签署、节能效益监测和保证等具体工作的标准,由于缺乏明确、系统、标准的法律规定,在实践中很难操作。合同能源管理法律立法滞后,已不适应合同能源管理的快速发展,合同能源管理的法治化已迫在眉睫。二是资金压力巨大。资金问题是节能服务公司是否顺利成长壮大的生命线。合同能源管理项目具有明显的经济外部性。同时,随着中国节能服务行业内部竞争的不断加剧,以及行业内部规则的透明化,合同能源管理项目盈利性普遍下降。合同能源管理以节能项目的节能效益作为参与方的投资回报,但前期的投入成本高,融资渠道也不顺畅,使得融资问题仍是合同能源管理的一大难题。三是信用评价体系不完善,导致诚信障碍和商业风险大。一般来讲,采用合同能源管理模式进行节能技改的项目周期较长,利益分期回报。节能服务公司普遍担心在节能改造项目结束后用能单位是否会有其他的变故影响支付能力。节能服务公司和用能单位之间的信用缺失,信用体系不完善,也是阻碍合同能源管理更加广泛推进的原因。在社会诚信和商业诚信相对缺失、司法成本偏高、体制不够完善的情况下,节能服务公司承担一定的商业风险,如果遭遇恶性恶意毁约不履行承诺的案子就会对节能服务公司尤其是小型的节能服务公司运营造成困扰,影响其运转。四是现有合同能源管理机制第三方节能效益评估认证机制缺乏。目前,中国缺少独立的第三方评估机制对节能效益进行评估,所以节能服务公司和用能单位对节能项目实施后取得的节能效益的认定难以达成一致,缺乏有效的评估结果作为双方分享节能效益的依据,影响合同能源管理的效果认定及节能服务公司和用能单位相互的信任,也对节能服务公司的信用累积产生负面效应,阻碍合同能源管理这种市场机制的有效发展。

无论如何,合同能源管理将为中国节能减排提供持久动力。合同能源管理是一种契约性的未来收益分享模式,必须在一个比较成熟、完善和规范的市场环境下,其效益才能得到充分的发挥。这就需要健全的法律保障、可行的融资体系、独立的第三方监管和审计机构等共同参与。因此,为推动中国合同能源管理的发展,我们需要重点解决好以下几个方面的问题:一是完善相关法律体系和政策规定,形成行业规范。政府应尽快通过完善的相关法律体系和政策规定,制定行业规范,包括服务标准、合同规范、招投标程序、节能减排效益的测试和验证标准等,同时制定行业最高能耗限额或最低能效标准,建立能耗奖惩制度,加强能耗监测,督促企业将节能落实到位,更好地促进双方的节能合作。二是构建规范的合同能源管理项目投融资交易平台。搭建投融资交易平台可以从很大程度上缓解合同能源管理项目的融资难问题,为合同能源管理提供发展平台,并有针对性地帮助节能服务企业建立防范风险的市场机制;鼓励金融机构、风险投资机构、专项基金进入节能服务领域,为合同能源管理搭建更为广阔的融资交易平台。三是构建第三方认证机制以加强节能服务信用体系建设。在合同能源管理的发展进程中,节能服务公司和用能单位关于节能量的冲突是影响合同能源管理推进的关键因素,节能量的确定直接决定了节能服务公司和用能单位分享节能效益的比例。在合同能源管理技术通则中鼓励节能服务公司和用能单位委托双方认可的第三方机构，作为合同的丙方进行监督审核，从合同能源管理的长远发展来看，需要权威的第三方机构对节能量进行最终评估。第三方认证机制的建立，不仅可以解决节能量评估中节能服务公司和用能单位的核心冲突问题，为节能服务公司建立一个真实的业务形象，还对节能服务项目的投融资起到重要作用。四是培养和引进高层次专业性人才。实施合同能源管理项目是系统工程，需要评估审计、设计管理、服务培训、融资洽谈、商务营销策划以及法律咨询等方面的高级专业人才，所以，要更好地实施合同能源管理制度，使节能服务公司能更好地服务于社会，一方面应该大力开展专业培训来培养相关人才，另一方面也可以吸引外资公司的投资，从技术和管理模式上带动国内节能服务公司的发展。五是加强示范城市和示范项目的作用，引导带动全社会节能减排。作为一种新兴的产业，对合同能源管理的核心支持来源于"资金支持"及制度的全面规范，因此，示范效应在推动合同能源管理方面具有重要的作用。将合同能源管理示范城市形成的成功模式逐步推广到更多城市，乃至全社会，是促进合同能源管理发展的一种有效的模式。六是创新商业模式。合同能源管理是整个节能产业最为重要的商业模式。未来合同能源管理亟须基于价值网络的商业模式创新，商业模式的创新除了价值链的分工以外，还包括重组价值链和构造独特的价值活动体系的内容。构造独特价值活动体系的目的是使得合作联盟寻找到竞争优势，获得持续的价值：一方面，客户真正获得节能价值是合同能源管理商业模式设计的关键；另一方面，从全产业链可持续发展的视角设计商业模式是破解难题的可选思路。

18 能源定价市场化"制度性困境"亟须突破

如果地球上的人口达到 90 亿，将如何保障他们的能源供应？这一话题看似遥远，却与我们当前的行为和未来的行动紧密相关。能源不仅决定人类的生存，也影响一个国家或地区的社会经济发展。在国际领域，能源是各国首要关注的战略重点；在一个国家里，能源价格则是普通老百姓密切注意的"生活成本"。中国目前能源的关键性矛盾是价格。中国较长时期奉行的低能源价格政策，导致了价格没有反映出能源使用的真实成本，加剧了能源供需不平衡矛盾，造成了不可再生能源的严重浪费和能源产品的短缺，"油荒""气荒""煤荒""电荒"都曾经在一定程度上成为制约经济发展的瓶颈。价格矛盾直接影响能源供应、社会和谐，能源行业的可持续发展，以及经济发展的可持续性，等等。这个现状需要改变。

一般地，价值理论研究主要包括四个方面：劳动价值论、生产要素价值论、效用价值论和供求决定论。而对于能源资源是否具有价值，国内外学者众说纷纭，长期以来一直是颇有争议的问题，争论的焦点集中于马克思的"劳动价值论"与西方经济学的"效用价值论"。随着社会经济的发展，人们的认识也发生了转变，绝大部分学者达成共识，并提出了能源资源多价值理论或综合价值论，认为能源资源具有存在价值、经济价值和环境价值。由于能源商品不同于普通性的商品，能源价格的形成问题除了反映一般商品的价格形成关系外，还应该反映能源资源的稀缺性特征和垄断性特征，强调能源价格在合理配置资源和促进资源节约的功能。因此，在决定能源价格形成的众多因素中，对能源商品的成本与垄断利润研究就成为影响能源价格形成的关键因素。这是因为能源商品的成本反映了能源商

103

"钦点"能源(二)

品的价值，价值的变化决定着价格的变化，垄断利润反映了能源市场的行业性特征。

能源价格是有效能源市场的最重要的要素。能源价格的调整会对我们的能源技术进步、能源效率提高都有重大推动作用，价格调整好不但会使我们供应方面的结构有更大的优化，而且使我们的需求也会更趋合理，所以能源问题必须从两头来解决。传统经济理论认为，在完全竞争、信息充分和交易成本为零的条件下，商品的均衡价格是该种商品的市场需求量和市场供给量相等时的价格。但能源市场处于寡头垄断和不完全竞争状态，信息不完全、不对称，且交易成本较大。市场中的某一方或者某几方参与者，可以影响交易价格，从而获得高额利润。由此可见，能源定价权的实质是利润分配权。

在市场经济条件下，能源价格直接反映着能源市场供给与需求的变化，并调节着供需双方的资源配置和生产经营活动，它是国家宏观调控和企业进行资源配置及经济决策的重要依据之一。一直以来，中国能源价格无法反映市场供求关系。从在供需基本面上来看，中国能源供需长期处于"制度性失衡"的局面。在供给侧，能源价格长期运行于"制度性压制"的低价区间；在需求侧，能源消费的粗放惯性加速资源浪费和环境污染，显然，在较低估值的定价体系下，能源需求侧的浪费较为明显。根据供给理论，由于能源价格长期处于均衡价格以下，将导致能源供给的不断减少和需求的不断增加，这种持续的低价政策会使得能源供应商缺少动力去增加供应满足需求，企业也会缺乏能源节约的内在动力，而继续走高耗能、高消耗、高污染的发展路径，严重阻碍经济结构的转型升级，严重阻碍能源利用效率和开采效率的技术进步，等等。

长期以来，关于能源定价机制市场化改革方向、路径和方法论的探讨与热烈争鸣，成为能源政策制定的基础性和先行性研究主题之一。2007年，中国能源定价市场化改革经历了复杂的"困境中艰难突围"的过程后，一直在各方关注下曲折前行。然而，能源价格制度改革问题喊了许多年，但只听楼梯响，没见到哪只靴子能最终落到地板上。政府价格管制

"有形的手"与市场力量"无形的手"隔空对擂，使中国能源价格体系陷入扭曲与割裂的奇怪状态中——既不是市场价格也不属于计划控制价格，使能源价格的竞争功能、节能降耗功能根本没能充分释放出来，从而压抑了能源产业的真实价值。

市场定价难在何处？难在制度设计！难在制度不健全！中国有句俗话：没有规矩，不成方圆。其意思就是说，没有规则（即制度）的约束，人类的行为就会陷入混乱。这样一个朴素而重要的思想，可能没有人会认为它不正确，但它却一直在生活中被人们不应该地忽视了。当然，任何一项制度的产生，都是社会成员相互博弈的结果。社会成员的博弈可能存在无数的均衡，一项制度的确立是其多种可能出现的均衡中成为现实的那一个结果。人们的博弈是随时且无限期地在进行，所以制度本身也不断演变，从而可能形成一个制度演化的路径，它代表了人类生活规则的历史。因此，制度的确立必须是得到大多数社会成员的认同，大多数社会成员的认同又进一步使制度得到自我强化。2008年，随着中国经济社会和制度变革进入第30个年头，中国经济社会转型面临着全新的环境变量。就内部"转型经济"而言，此前各个改革时期面临的主要矛盾是对于"由市场配置社会经济基础资源"还是"由政府来决定各项资源在经济社会配置"的问题的争鸣，总体上可归因于在"实践检验下"进行逻辑观和历史观的探讨与修正。

从制度变迁的视角来看，中国能源定价改革的"制度性困境"是"自上而下强制性制度变迁及渐进式改革的路径依赖决定的"，其解决方案也必然从改造制度变迁的机制来解决。从中国能源定价制度变迁的进程来看，它是出于一种帕累托改进的良好愿望，即逐步引入制度增量，逐步积累制度变迁所需要的信息，同时又不损害原有制度的既得利益集团的利益，在新的定价制度成长到一定程度后，再推动旧价格制度改革，从而使能源定价制度变迁的社会成本最小。这种渐进式变迁的特点表现为"先易后难、分步推进"，保持了制度的稳定性和连续性。

尽管中国经过30多年的改革，一般商品价格和服务价格市场化程度已经非常高。但是长期以来，油气、煤炭、电力等能源市场化程度依然偏低，从总体上看，现行能源定价机制仍延续了计划经济和传统工业时代的"制度惯性"。然而，能源价格双轨制与其他产品的价格形成机制不一致，导致能源领域的矛盾日渐突出。中国能源价格调控具有自身的特征，存在价格偏差，能源价格市场化改革滞后，价格杠杆效用较低，价格调控主动性较弱等问题。这样一种格局的形成，与中国所走过的中国特色的社会主义道路是密切相联系的，既有计划经济时期的特点，也有经济体制转轨时期的特征和市场化国家的调控特点。也正是由于能源价格市场化改革滞后，不仅没有反映能源资源的全面成本，更由于能源定价水平长期维持较低水平而导致全社会资源浪费，以及能源类工业污染过度排放严重污染环境等。一个价格扭曲的市场，即便短时间内不出现问题，从长期看，市场中的各方必然会因为违背市场规律而受到惩罚。中国的能源产业正面临价格扭曲后带来的诸多问题。正如人们可能预期的那样，中国由于人口众多、经济发展较快而开始陷入能源困境。因此，对能源价格形成机制进行优化和改革成为价格改革的重点和难点。

从宏观经济形势来看，目前中国经济增速在降低，而通货膨胀的风险却在加大。在人民币升值、中美利率倒挂、国内信贷增速逐步加快、流动性被动增长的大背景下，放开能源价格管制，虽会助涨股市但同时也会推高物价，这无疑会通过成本推动和国际输入形式，进一步加剧通胀风险；而如果继续维持长期以来形成的能源价格管制的局面，又是与时与市都相悖的极不现实的做法。从历史经验来看，在政府定价的情况下能源价格更稳定些。中国能源价格长期维持较低水平和行政定价，管制的低能源价格虽然具有相对的稳定性，但付出的代价也不小。能源价格管制虽然有短期的、宏观的合理性，但是，这种管制是不可能，也不应该是长期的。能源价格管制措施，首先不能保证政策目标的实现，其次带来了高额的社会成本和市场成本，从长远来看其有效性有待进一步验证，且很有可能政策的成本远高于其短期收益。管制的能源价格实际上是一种隐性通货膨胀，其后果表现为供给持续紧张、价格上涨压力不断积蓄，而这种被压抑的涨价压力迟早要释放出来，具有大幅推动能源价格上涨的倾向。因此，放开能源价格管制走向市场化路径面临着走入一种"两难困境"的局面。

目前，中国的经济和社会转型已进入所谓"深水区"，体制改革和转轨的核心聚焦在"政府如何将决定基础资源配置权力还诸市场机制"等方面。这一阶段，中国改革开放策略凸显出全新的演变特征：从除旧到立新，从经验型改革到科学型改革，从局部改革到整体推进，从外围改革到核心改革，从增量改革到存量改革，从技术性改革到结构性改革，从量变型改革到质变型改革，等等。中共十八届三中全会审议通过的《中共中央关于全面深化改革若干重大问题的决定》（以下简称《决定》）提出："经济体制改革是全面深化改革的重点，核心问题是处理好政府和市场的关系，使市场在资源配置中起决定性作用和更好地发挥政府作用。"从"市场在资源配置中起基础性作用"到"使市场在资源配置中起决定性作用"，标志着中国共产党对市场经济的认识更为到位，市场经济说到底是市场在配置资源中起决定性作用的经济体制。

中国的整个改革开放，从计划经济走到市场经济，核心内容之一就是各种价格的改革。价格改革是中国全面深化改革的一个重要组成部分。价格改革牵一发而动全身，是利益格局的大调整，没有足够的改革魄力和意愿是无法真正触动旧的利益格局、无法真正实现改革目标的。能源的重要性决定了其价格改革涉及面广、影响深远，因此国家对能源价格改革极为慎重。作为国民经济的基础性行业，能源定价机制改革具有牵一发而动全身的影响，改革面临的形势更加复杂和困难。由此，《决定》提出，"完善主要由市场决定价格的机制。凡是能由市场形成价格的都交给市场，政府不进行不当干预。推进水、石油、天然气、电力、交通、电信等领域价格改革，放开竞争性环节价格。政府定价范围主要限定在重要公用事业、公益性服务、网络型自然垄断环节，提高透明度，接受社会监督"。其关键点是确定了能源价格改革的基本目标和方向，摆正了政府参与能源市场的位置。

2006年，国家发改委对煤、油两大能源产品价格体系进行重大调整。

"钦点"能源（二）

2007年，国家发改委确定了以"原油加成本"为主要内容的成品油价格形成机制。2008年12月，国家出台成品油价格和税费改革方案，国内成品油价格根据国际市场原油价格变化动态调整，并建立相关行业和低收入群体的利益保障机制。2009年5月7日，国家公布"4%+22天"为规则的成品油定价机制，成品油定价机制相对公开透明。2010年，在深化资源性产品价格改革背景下，中国能源价格改革在各个方面都有所推进，能源价格在"市场化改革"的道路上实现了小步前进。2011年年底，国家发改委打出了"压煤价、提电价"的改革"组合拳"，暂时缓解了长期纠结的煤电矛盾。虽然只是权宜之计，但对久拖不决的能源价格改革而言，仍然传递了较为明确的行动信号。从2012年开始，以阶梯电价、水价为代表的能源定价机制调整拉开了新一轮改革大幕，2013年又对成品油和天然气价格形成机制加大了改革力度。2014年，中国能源领域的改革将以价格改革为突破，油、气、电、水定价机制将向市场化加速推进，备受关注的原油进口权放开也有望取得进展。

能源价格改革直到目前才开始真正触及市场机制层面。价格市场化是提高能源使用效率最有效的手段！今后，中国将进一步完善能源性产品价格机制，统筹兼顾，解决好改革取向、利益协调、改革时机等重要问题，尤其将考虑群众的基本生活承受能力，建立社会救助、社会保障与物价上涨幅度挂钩的机制，不因为价格上涨使低收入群体生活受到影响，在价格体制改革上迈出新的步伐。能源定价改革的最终目标应当是，以能源的价格改革为起点，逐渐推进能源的市场化改革，为相关各方营造出一个公平、公开的市场竞争环境，鼓励民营资本进入到能源领域，激发出行业中各个企业的活力，为能源行业的长期、健康发展营造出一个良好的市场氛围。

不可否认，在能源定价市场化改革中将存在多方面利益的"博弈"。推进能源价格市场化改革还有很大一部分阻力来自于部门之间的利益分配。如何协调部门利益也成为保证改革顺利推进的题中之意。能源定价市场化改革将导致资源和能源价格的上升，从而加大企业生产和经营成本，由于市场需求所限，产品价格不可能同比例上升。资源和能源的价格发现和价值回归，对于那些依靠粗放式经营和能源高消费进行总量式扩张的企业来说，节能减排与经营成本的双重压力，将是一个大浪淘沙的艰苦过程。具有技术创新和战略思考的企业将在最新一轮技术创新、经营、生产和成本管理的竞争中长足发展，跃上更高的台阶；也会有众多的小企业在这场资源高效利用与成本经营中的考试中淘汰。这个兼并重组和行业整合的过程，也正是中国经济结构和工业结构调整优化的必由之路。企业群体的做大做强，行业集中度提高，经济质量才能越来越优化，而资源和能源价格的上升和价值回归有利于并可以加快这一过程。这一过程是一种市场化的改革设计，如果没有相应完善的制度，便难以有效实现。当然，任何一种制度也只有不断调整和完善，才能保持生机和活力，带来社会发展和进步。因此，能源定价改革要敢于破局。

当然，能源定价市场化改革并不意味着政府将完全置身事外，而是要弱化政府的"价控情结"，政府参与能源市场的关键是要建立透明合理的能源定价机制。合理透明的能源定价机制不仅能解决能源产业链矛盾，而且可以为中国能源投资提供一个相对确定的商业环境，从而鼓励民营和外资企业参与能源投资，提高行业市场化程度和整体效率。

总之，形成有效竞争的能源定价体制，建立反映能源真实的综合价值的多能源体系化价格机制是中国能源定价制度改革的出路。能源定价市场化既有利于解决和疏导价格扭曲引发的各种矛盾，也有利于能源的高效利用，通过价格杠杆更好地促进企业和个人的节能行为。但是，能源定价机制的市场化改革不会"一蹴而就"，需充分考虑开放环境的有利因素，以及如何系统地推进、完善与实施。在宏观上，能源定价改革要健全相关法律法规，明确政府与市场的边界，明确价格改革相关利益主体之间的责、权、利边界，明确一般性职能管理和专业性市场监管的边界，要将政策的原则性与措施的灵活性有机结合起来，正确处理完全市场价格和政府指导价格的关系，降低能源价格大幅度波动可能对经济发展带来的负面影响；要注重国内与国际两个市场的有效接轨，只有在国际能源价格较低的时候与国际市场价格接轨,这样改革的成本相对较低,改革通过的阻力也相对较小,而在能源价格波动剧烈的时候,政府应该向弱势群体,向受到冲击过大的领域进行配套补贴,保证市场机制发挥资源配置的效用;要理顺各种能源之间的比价关系,合理制定水、电、天然气、成品油等能源性产品的价格,形成处理自然能源与能源性产品、可再生与不可再生能源以及土地能源、水能源、矿产能源等自然能源价格关系的机制;要根据能源性产品供需关系的空间布局和区域差别,确立能源性产品价格定位区间,并且以自主确立和执行能源性产品价格的法定企业权益,并向能源性产品消费区域辐射以形成终端消费价格;要重点把握好信息沟通与消费引导,在"市场"与"民生"间寻求平衡,防止能源价格改革过程中引发社会矛盾;等等。在微观上,能源定价改革要通过反映能源品位的价格形成,最大程度地实现"量"和"质"匹配,力求能级差最小,从而实现"品位对口,梯级利用"式的能源供应模式,把能源"吃光用尽";要建立市场预警和风险防控机制,对于可能发生的市场价格剧烈波动和能源供应中断等突发事件,要有一整套完整的预警方案和临时干预措施;要能促进提高能源利用效率和节能水平以实现能源的节约;要能促进能源的稳定供应以满足能源需求的合理增长;还要能降低能源对环境造成的污染;等等。

19 能源强度的"存在与超越"

近几十年来，西方主要发达国家在经济发展过程中消耗了大量化石能源，使全球有限的化石能源储量成为各国争夺的焦点，化石能源消费带来的温室效应也成为全球各国谈判的难题。

在经济增长与能源供给矛盾日益凸显的当今，能源使用效率是经济学界普遍关注的问题，它一般用单位能耗表示。特别是从20世纪70年代石油危机以来，能耗作为世界各国关注的共同话题，已经成为国家制定经济政策、产业发展战略和经济发展目标的重要参考。单位能耗又名能源强度，是指能源利用与经济或物力产出之比。能源强度代表单位GDP的能耗，是一个能够很好地反映能源利用效率的指标。在国家层面，能源强度是国内一次能源使用总量或最终能源使用与国内生产总值（GDP）之比，是衡量能源利用效率的指标，可指降低一定GDP产出的能源使用量（节能），或者一定量的能源生产出更多的GDP。能源强度主要反映一个国家经济结构、能源组合情况以及技术水平，是经济增长质量的重要指标。在经济全球化浪潮推动下，能源越来越成为一个国际性问题，能源强度与经济增长的关系也更加敏感。产业结构可以在一定程度上体现国家经济结构，能源组合情况可以由能源结构来表示，能源结构和产业结构是影响能源强度变动的重要因素。能源强度作为反映能源效率水平的一个综合性指标，不仅受经济结构和能源经济效率的变化影响，而且也受到能源结构、资源禀赋、能源价格机制、经济体制及人口等结构因素的影响。同时，能源强度的变化对能源政策的制定及环境质量都将会产生一定的影响。

在日趋严峻的能源供求状态下，通过降低能源强度实现节能目标是中国现代化建设的必然选择。自改革开放以来,中国节能取得了巨大成效。"九五"时期中国已提出经济增长方式转变并为此而努力,然而,检视十多年中国能源强度的变化态势,高速的经济增长不仅拉动了对能源消费的需求,而且使能源强度有上升的趋势,中国经济越来越逼近资源与环境条件的约束边界。在中国能源经济的发展过程中,能源节约对于解决能源供需矛盾起了重要作用。1978~2000年,中国单位GDP能源强度下降了66%,年均降低5.25%,降幅远高于发达国家。1981~2000年的20年间,中国以能源翻一番完成了经济翻两番的发展目标可以说是世界经济发展史上的一个奇迹,在实现这个目标的过程中,能源利用效率提高功不可没。能源强度降低的原因也引起了学界的广泛关注,总体上可以划分为"结构效应"和"生产率效应"两种。所谓"结构效应"是指能耗强度不同的部门之间产值结构的相对变动所产生的对总体能源强度的影响;而"生产率效应"则是指在部门内部由于技术进步、技术效率的提高所引起的能源利用率的提高对于总体能源强度的影响。

然而,自2002年进入新一轮的高速增长周期后,中国能源强度却不断上升,经济发展开始频频受到能源瓶颈问题的困扰。"十五"期间形势逆转使得中国经济对能源的依赖程度明显增强,能源强度从2000年的1.31吨标准煤/万元上升至2004年的1.42吨标准煤/万元(按2000年不变价计算)。单位GDP能源消耗上升,使中国能源消耗增长过快,不仅增加了温室气体的排放,影响了生态环境,而且也使中国能源供应日益紧张,能源安全受到挑战。为此,节能降耗再次成为中国发展关注的重点。中共中央也适时提出了科学发展观的战略思想,力图通过转变经济增长方式实现节能降耗。就节能来说,中国《国民经济和社会发展第十一个五年规划纲要》明确提出严厉的"能源强度"目标:"十一五"期间能源强度降低20%的约束性指标,并且把调整产业结构和提高技术管理水平作为实现这一目标的主要手段。这个目标基本得到实现,为此而付出的艰苦努力使能源强度的上升趋势得以改变。中国《国民经济和社会发展第十二个五年规划纲要》中再次明确提出了"十二五"期间,能源强度下降16%的约束性指标。中国《能源发展"十二五"规划》提出,"十二五"期间将实施能源消费强度和消费总量双控制,能源消费总量40亿吨标煤,用电量6.15万亿千瓦时,单位国内生产总值能耗比2010年下降16%。"推动能源生产和消费方式变革"作为建设生态文明重要内容被写入2014年政府工作报告。除加大节能减排、控制能源消费总量等宏观管理要求外,政府工作报告将能耗、排放、环保改造等目标细化。节能目标的提出,使中国节能有了量化指标,使中国的战略规划、政策制定和政府监管有了落实的标准,节能目标的实现成为保障中国经济和能源可持续发展的核心问题之一。在当前中国能源、环境、经济三者之间的矛盾十分突出且将持续较长时期的背景下,研究中国能源强度演变的影响因素、影响效应及其未来变化趋势显得尤为必要。

很多国家的发展经验已经证实,能源强度都会经历一个先上升后下降的过程,即能源强度曲线呈现出倒U型。既然经济过程存在能源强度和经济增长呈现倒U型的关系,国家宏观经济运行的一个重大问题就是在经济增长中设法降低能源强度以保持增长质量。能源消费和经济增长研究中的一个重要任务是能源的最优控制问题,即在能源约束下,寻求最优的经济增长路径。国际发展经验表明,工业化的一个重要特征是能源高消耗,许多发达国家就是在工业化过程中达到了能源强度的峰值。目前,发达国家的能源强度曲线都处于下降阶段,而发展中国家的能源强度曲线形状差异较大,有的处于下降阶段,而有的还处于上升阶段。研究结果发现,中国存在着能源强度的倒U曲线,并且能源强度已经超过了转折点,这意味着中国经济发展已具有了节能降耗的内在要求。

从中国经济发展的纵向进程来看,随着"节能减排"政策的出台,能耗强度显著下降,能源效率取得了巨大成绩,但距预期的水平还有一段距离,与世界先进水平和同等发展水平的国家相比也还存在着较大差距。21世纪以来,中国能源消费无论在增长速度还是消费结构上一直都是世界能源问题的焦点。毫无疑问,我们希望用较小的能源消耗实现GDP增长,降低能源消耗强度顺理成章地成为我们节能的目标。不过,能源强度下降对经济增长的负向作用不容忽视，如果经济仍保持更高速增长，则进一步降低能源强度将更为困难。许多学者的实证研究表明，能源强度与经济增长存在着双向因果关系。这不仅意味着经济增长引起了能源强度的增长，而且表明经济增长对能源强度存在依赖性。因此，如果节能降耗超过一定界限，继续控制能源强度将损害经济增长。在经济转型的步伐尚未加快、新的增长动力尚未培育出来的背景下，不断提高能源强度的目标，将使钢铁、水泥等传统高耗能产业发展受到限制，使能源行业的发展受到影响，最终影响到宏观经济增长目标的完成。也就是说，如果超越发展阶段，过早地要求能源强度出现大幅度下降，甚至限制高耗能产业的正常发展，那么，这种下降直接会影响到中国当期经济的正常增长、进而影响到资本积累的速度、延缓能源强度进一步下降的到来，从而拉长中国工业化进程的时间。当然如果确实协调处理好，找到了二者的合理平衡点，使之并行不悖、完美结合，那么，节能减排与促进发展就不会完全矛盾，尽管淘汰落后产能，关停高耗能、高排放企业，会对增长带来影响，但其中也蕴含着很大商机，会为新能源、节能环保等新兴产业成长提供广阔空间。

国际经验、历史规律和相关理论分析表明，虽然一国的人均 GDP 水平与其人均能源消费水平之间呈现密切的正相关关系，但在人均能源消费水平的绝对值和变化趋势上，还存在多种可选择的发展"路径"，而产业结构的演进方式将是影响"路径"选择的关键因素之一。根据国际经验和历史规律的启示，今后中国能源强度的上升趋势，能源强度峰值的大小和出现时间，很大程度上取决于今后中国的工业化战略。至于中国经济增长的新动力，有效经济增长从来都是基于资源优化配置的内生性选择结果。中国经济的长期增长取决于以知识、信息、研究开发或创新所引致的规模收益递增、技术进步、人力资本增长等核心内生变量。技术进步的内生化，要求我们必须加大对人力资本的投资。人力资本效率增长依赖于经济增长，加大人力资本投资有助于降低能源强度，但效果不明显，可行的降耗途径在于技术进步。当然，也不能只依靠技术进步来节能，要注意调整产业结构，在不破坏环境的前提下，引导产业结构向低能耗方向调整，要科学发展新能源和可再生能源产业，提高经济发展的质量。也就是说，能源强度下降程度应以技术进步相适应，产业结构调整和市场化有利于促进技术进步。因此，中国一方面应保持较高的资本积累，优化人力资源在各行业间的配置；另一方面，亟须提高投资质量和资本积累的有效性，将经济增长的重心转到更多地依靠技术进步，以给资本寻找新的投资渠道和创造新的需求，实现经济增长方式的根本转变。

众所周知，自1978年中国确立改革开放政策以来，经济体制逐渐由计划经济体制向市场经济体制转变，经济体制的改革极大地提高了生产效率和资源的使用效率，制度变量成为除技术进步以外的另一个影响能源效率的重要变量。研究表明，在转轨经济体制特别是制度发展并不完善的中国，虽然技术进步是节能降耗的重要手段，但是技术进步作为一种降低能耗强度的有效手段往往不是单独起作用的，也就是说技术可以通过作用于别的因素来调节能耗强度的水平。能源结构向高效率能源转移和产业结构的升级对降低能耗强度有积极的影响，但是这种影响受制于技术进步的程度和速度，而且技术进步能够通过改变能源的需求结构和需求量，在很大程度上影响能源价格。在能源市场的价格体系有效的情形下，新技术的出现使得单位产出的能源消耗下降，就能够在经济发展水平一定的情形下降低市场上的能源需求量，进而降低能源价格，同时提高工业企业对高效率能源的使用。所以，能源价格、能源结构和产业结构这三个因素对能源强度的影响程度受技术进步的影响。技术进步越快，能源价格、能源结构和产业结构的变化对降低能耗强度的影响越显著，技术进步对它们的影响具有调节效应。值得注意的是，在能源价格的作用下经济增长与能源强度之间的关系具有不确定性，以资本扩张的方式实现经济增长应以资本投入效率提高为前提。另外，由于存在二元经济结构转换特征，产业结构变动也无法从整体上对能源强度改进产生积极的影响，特别是重工业比重的上升对总能源强度具有很大的负面影响，这也是中国2001~2004年能源强度出现反弹的诱因。因此，节能降耗还同样依赖于并取决于制度发展，制度有效性程度越高，节能降耗的效果越显著。因此，为保证经济长期健康地稳定发展，节约能源，在重视节能的技术因素的同时，必须重视制度因素的影响，应该对工业部门的节能技术进步给予倾斜性的制度安排，应隔断政绩与经济数量型增长之间的联系，弱化政府对经济的直接干预，防止重工业比重再度攀升而阻碍能源强度的改进。

　　面对严峻的能源供需态势，要在经济增长与能源约束中进行任何取舍都很困难，唯有创新是永恒的主题。从几百年经济发展的历程看，每一次创新都加倍地增大了经济能量，使人类的经济活动在更加广阔的领域展开。概括来讲，技术创新是能力储备，制度创新是规则完善，管理创新是外在环境营造，具体来说，技术创新是实现节能减排与降低能源强度的能力保证，制度创新是构建节能减排与降低能源强度的约束系统，管理创新是搭建节能减排与降低能源强度的社会平台，三者联动才能形成和谐增长的社会机制。

　　随着经济的发展，全球能源消费总量仍将大幅增长，控制能源消费总量和降低能源强度必将成为世界各国共同努力的方向。但是，不论从理论上还是从实践上，过分追求能源强度在短期内大幅度下降都不是很科学。因为，每个经济体的能源强度不是外生决定的，而是内生于所处的发展阶段和经济运行状况，其变动趋势要服从经济增长的需要及客观经济规律要求。中国要在保持经济稳定增长的前提下，适当控制能源消费增长速度，促进能源强度降低，走出一条能源、经济相互协调、可持续发展的道路来。在刺激经济走出低谷时，无论是财政政策还是货币政策都应注重投资导向，尤其是大型项目，需采取高效节能的创新技术，否则"锁定效应"将使其在今后很长时间内无法有效实现节能降耗。在经济繁荣时期，需严格控制投资规模及高耗能项目的投资，并合理引导投资流入低能耗产业和领域，并通过自主创新和技术引进，提升国民经济各部门尤其是工业部门的技术水平和组织管理效率，减少能源消耗，而走"新型工业化道路"是促使能源强度持续下降的必要机制。

20 能源金融的深化与发展

能源与金融是现代市场经济最重要的两大领域，能源是经济发展的动力，金融是经济发展的核心。当今是能源时代，大宗商品价格大幅度走高和波动、低碳经济、全球变暖等这些热门的话题都与能源息息相关；更是金融时代，金融产业的触角伸向全球各个角落。在以虚拟经济为主导的经济全球化进程中，能源资源与金融资源之间的联系正变得愈加紧密，尤其是各国能源金融市场不断地围绕能源价格追逐博弈。

作为市场经济的大动脉，金融目前已经全面渗透到经济生活的各个领域，对经济和社会的发展起着至关重要的作用。随着金融市场的发展创新，能源与金融正在逐步由合作走向相互融合，关系日益密切，相互影响加深。一方面，能源产业发展对金融支持的依存度越来越大，另一方面，金融业效益增长对能源产业的依存度也不断上升。金融与实体经济的结合，从某种意义上说，就是通过金融市场的自由买卖发现未来价格趋势，反过来影响实体经济的布局和扩张。在一些能源主产区，能源产业为金融产业提供了广阔的创新和获利空间，金融产业对能源产业的支持力度也不断加大，金融市场面向能源产业的产品创新不断增多，能源金融应运而生。

实际上，能源金融并非新现象。能源产业属于资本密集型产业，从诞生之日起就与金融结下不解之缘。自从世界进入工业时代，能源的开采与使用就成为人类经济生活的主题，为能源工业融资也成为金融部门的主要业务之一。能源金融市场的最早形成可以追溯到1886年在威尔士的卡迪夫就出现了世界上最早的能源交易所——煤炭交易所，它运用金融交易模式对煤炭交易商的交易进行风险管理与市场运作。随后近一个世纪以来，金融市场的期货、期权等工具不断地应用在农产品和贵金属等商品上，直到 20 世纪 70 年代初的石油危机爆发，石油等能源产品价格剧烈波动，引起国际社会的普遍关注，直接导致了石油等能源期货的产生。由于国际石油价格的变动更为频繁和剧烈，市场参与者产生了规避价格风险的强烈需求，对石油期货等金融工具的需求与日俱增。1980 年 11 月伦敦国际石油交易所（International Petroleum Exchange，IPE）以及 1983 年 3 月 30 日纽约商品交易所（New York Mercantile Exchange Inc., NYMEX）引入原油期货交易，从期货市场的第一张合约开始，石油从实体经济（包括实体价值）演变成虚拟的、赤裸裸的金融产品。而后，石油期货市场得到了迅速发展，远期、期权、掉期等其他衍生品，也开始推出和流行。同时，石油市场的参与者，也不再限于石油开采、冶炼、贸易等相关企业。对冲基金、私募基金、养老基金、投资银行、商业银行、保险公司等许多金融机构，也开始涉足石油领域，并且发挥着极为重要的作用。石油期货市场的蓬勃发展，顺应了在全球轰轰烈烈上演的石油期货热，也体现了期货市场巨额资金对石油的追捧。随着各种金融机构的加入和参与，以及石油金融衍生品的开发和交易，国际石油市场的"金融属性"已经越来越明显，大量的石油交易通过金融市场得以完成，石油金融衍生产品已成为石油市场不可或缺的一部分。目前，伦敦国际石油交易所（IPE）和纽约商业交易所（NYMEX）是世界上最具影响力的能源产品交易所。

当然，能源金融也不仅仅局限于石油、煤炭等传统能源领域。20 世纪 70 年代以后，能源定价机制与能源投融资决策以及能源供应引起的汇率变化及其风险等问题越来越引起国际社会的普遍关注。西方国家开始将金融理论的成果应用在能源领域，并且在更深广的范围内深化和发展了能源与金融各自的内涵。随着能源的金融属性不断发展、深化，使能源市场逐步与货币市场、外汇市场、期货市场、衍生品市场等联动成为复合的金融市场体系。随着世界经济持续发展，能源金融市场的产品类别逐步扩大，从传统型能源产品为基本标的迅速向低碳金融、可再生能源的相关领域扩展，能源金融衍生品市场得到快速发展。当前，能源金融一体化逐渐成为全球经济的普遍现象，能源发展的资金需求也带来了能源金融的发展良机。能源金融一体化是正在兴起的国际金融发展趋势。能源金融化发展可以极大地完善能源市场，促使市场主体多元化，为能源产业投融资带来新的机遇。能源市场与金融市场的相互融合，使得"能源—金融"生态成为深刻影响能源市场走向的关键变量。

理论上讲，"能源金融"是一个泛意的概念，是能源和金融两大产业组成的新系统，但对其内涵的意义目前尚未形成统一的认识。事实上，能源金融的出发点在于"能源"，借助于金融系统，最终服务于能源产业发展。从这种层面出发，可以认为：能源金融是金融体系与能源体系相互耦合的系统，其本质是金融系统，但最终的归宿是能源系统。在这个过程中，一方面，从世界范围来看，能源产业融资还存在巨大的资金缺口，金融支持能源可以保障和促进能源产业的发展；另一方面，随着能源和金融的相互渗透和融合，能源市场实质上已成为了金融市场的一部分，因此可以利用能源市场实施金融战略。因此，笔者比较认同，能源金融的本意是指通过能源资源与金融资源的整合，实现能源产业资本与金融资本的不断优化聚合，从而促进能源产业与金融产业良性互动、协调发展的一系列金融活动。也就是说，能源金融是一种能源与金融相互融合、相互促进的金融形态，是传统金融体系与能源系统的相互渗透与融合而形成的新的金融系统。从石油、煤炭等传统能源、新能源和可再生能源的融资到碳交易市场的构建，能源金融与时俱进。由于能源和金融在经济发展中的特殊地位，能源金融不仅是能源和金融发展中的战略问题，而且是经济发展中的核心问题。能源和金融的一体化，对于能源资源的获取与开发、能源价格信号的产生与传递、能源市场风险规避与管理都有着重要的意义。远期、期货、期权、互换等衍生金融产品的发展也为能源领域的投资提供了有效的工具。政府可以通过能源监管机构、金融监管机构、能源企业、银行、投资基金等，构建能源金融体系，鼓励和支持能源企业或金融机构出资建立能源战略储备银行，发行证券，促进能源及资本的流通和增值。

"钦点"能源（二）

能源产业是高投入、高风险行业，投资风险涵盖了能源资源勘探开发的风险、能源市场及能源金融工具的交易风险。仔细地解剖现代能源业，不仅金融化，而且虚拟化了。近70年来，人类能源产业之所以能够取得长足的进步，能够不断地获得创新，最重要的原因之一就是能源与金融的结合。换句话说，能源业被金融化、虚拟化的过程，也就是它被不断地创新的过程。实体经济金融化、虚拟化是现代市场经济的一大奇观或曰大趋势，它在某种程度上改变了经济学的基本逻辑。现代能源业实际有两个市场——表面上看，一个市场在交易现货，一个市场在交易期货，而看本质，却能发现两大若即若离的系统不仅仅是现货和期货的关系。直接为实体经济服务的现货市场在实现着能源业所创造的价值，另一个似乎虚拟的期货市场却在为能源产业挖掘着或曰寻觅着未来的价值。因此，能源产业与金融产业的结合有两个切入点：一是与实体金融的结合，就是指能源产权主体、效率市场和传统金融市场通过有机联络，利用金融市场的融资、监督、价格、退出机制，培育、发展和壮大能源产业。与实体金融相结合，就是显性化的结合。另一个切入点是虚拟的，就是指能源市场主体在能源商品期货、期权市场、国际货币市场以及与能源相关的资本市场上进行能源实物、期货、期权、债券、汇率、利率、股票以及相关衍生品等金融资产的套期保值、组合投资或投机交易。从全球能源产业的发展轨迹看，起初都强调与实体金融相结合，起步阶段都是靠银行业贷款推动。目前，在国际主流能源市场上，由虚拟金融市场所推动的虚拟能源交易量远远超过实体金融与实体能源的交易量。

近十年来，在全球流动性宽松背景下，发达经济体出现能源过度金融化的趋势。目前，中国已成为全球第二大经济体和第一大能源消费国，其能源的对外依存度接近60%，保障能源安全供给，提高能源效率，实现能源和金融一体化，对能源金融的研究意义重大。结构性失衡是中国金融体系存在的严重问题之一，突出表现为融资方式结构性失衡，即直接融资和间接融资发展不协调所形成的失衡；金融业内部结构性失衡，长期将金融业发展的重点放在银行业上，金融业其他行业的发展则严重滞后。金融体系存在的结构性失衡，已极大地制约着中国经济和金融的发展，而构建中国能源金融体系对优化中国金融体系结构具有积极的作用。能源金融的发展要求与之相适应的新的业务运作模式，客观上促进了原有金融机构的自我创新和新机构的加入，市场出现多层次发展。这些新的金融机构和新的市场扩充了中国金融体系的边界，同时，不断创新研发的能源金融衍生品将丰富中国金融体系的内涵，中国金融体系结构由于能源金融业务的开展得以在广度和深度上进一步深化。经济全球化下的竞争已经是实物市场与虚拟市场联动的全方位竞争，借助金融的支持，可以使得能源企业实现产业资本和金融资本的融通，更好地帮助中国能源企业在国际市场上实现套期保值、价格锁定和规避经营风险。随着国际金融市场的迅猛发展，尤其是期货市场诞生后，能源逐渐脱离商品属性，进一步凸显金融属性。能源的金融属性体现在能源现货市场与金融衍生品市场的相互作用、相互影响的演进过程中。鉴于当前能源日益凸显的"金融属性"，能源金融正从能源资源中裂变出来，因此我们需要把能源金融问题提升到国家战略高度来认识。

在中国，对能源金融的研究起步晚、发展慢，与西方发达国家相比还比较落后，能源金融化程度明显不足，中国在国际能源金融市场中缺乏定价和规则制定权，在国际能源博弈中处于不利地位。总体来看，中国能源金融的发展仍存在很多问题。一是中国能源产业市场化程度偏低，能源与金融的联结尚处在比较初级的水平。当前，中国能源产业发展进入了新的战略转型期，煤炭、石油、电力等工业的发展面临着巨大的机遇和挑战；而除传统能源外，中国新能源产业也存在着诸如科技创新水平落后、大型设备制造能力薄弱、激励机制不完善、持续发展的双效机制尚待建立等问题。二是能源宏观经济运行中还存在投资规模过大，部分信贷资金流向低水平重复建设领域，金融机构贷款的行业集中度过高，产业政策与信贷政策不协调等问题。这些问题的存在使得两大产业的相互渗透耦合潜藏着巨大的风险，并可能通过产业关联机制导致风险传染，其直接结果就是导致能源金融抑制，具体表现为：能源融资开放度低，能源发展引导功能缺失，市场产品单一，能源金融创新能力较弱，不能满足能源经济发展的需要。因此，我们有必要推进能源金融深化和发展。在这一过程中，难免会有一段时间处于能源金融约束的政策边界中。在能源金融约束政策框架下，政府的作用既不是"亲善市场论"强调的政府只能促进市场建设，不应干预金融经济；也不是"国家推动发展论"所要求的政府为了弥补市场失灵，必须始终强力干预金融经济；而应是"市场增进论"的观点，即政府的职能是促进民间部门的协调功能，发挥政府进行选择性控制的补充性功能，避免产生不利于社会大众的道德危害，使中国在向市场经济转型过程中稳步实现真正的能源金融深化和发展。

无论如何，中国能源金融深化和发展潜力还是极其巨大的。能源金融是中国产业转型升级中的重要一环。经过多年的发展，能源金融已成为中国能源产业快速发展的重要支撑。随着能源与金融结合的日益紧密，发展能源金融市场是中国如何充分有效地利用金融制度和工具促进能源产业可持续发展的紧迫问题。从能源金融的宏观层面来看，借鉴国外能源金融风险规避的成功经验，结合中国具体国情，在目前全球金融危机的大背景下，厘清中国能源产业与金融产业联系的方方面面，优化能源金融社会信用环境、进行能源金融立法及制定相关的金融支持政策等，将成为能源金融深化和发展的重要方向。

当然，中国能源金融深化和发展的路径选择是一个渐进的、长期的动态过程，我们必须从保证国家能源安全和金融稳定的战略高度出发，并结合当前存在的各种问题以及未来能源金融发展趋势来思考。

第一，从国家的战略高度，制定一系列适合中国国情的能源金融市场发展规划，以前瞻性的战略思维，构筑能源产业与能源金融协调发展的新框架和新格局，并以能源金融为抓手，促进中国在全球进行能源战略布局。

第二，实施全方位的能源金融支持政策，推进能源金融一体化进程。能源金融不是一个单一利润导向的金融，它与社会发展目标、国家发展战略以及经济学上所说的正的外部性相关联，从这种意义上来讲，能源金融的主导因素应该是政策。能源金融的发展离不开国家政策支持，一方面，要进一步优化能源信贷结构，加大资本市场融资力度，完善能源产业发展投融资体系，促使能源投融资多元化；另一方面，要建立能源投资银行、能源储备银行等专业性能源发展金融机构，并逐步引入风险投资基金、产业投资基金、能源信托等金融产品，推进能源资产证券化进程，完善能源类金融服务体系；同时，要深化能源金融市场建设，不断完善能源金融衍生品市场，建立多层次的能源交易市场体系和交易品种体系。

第三，加强能源金融监管力度，实现金融危机和能源危机的双重化解。能源金融监管是指金融监管当局依据国家法律法规对整个能源金融业（包括能源金融机构和能源金融业务）实施的全面性、经常性的检查与监督，以此促进金融机构依法稳健地经营和发展，使之符合能源金融发展的要求。我们一方面要完善交易规则，降低能源金融交易的杠杆率，警惕过度衍生化，建立全方位的能源金融风险监测预警机制和能源金融风险防范体系，更好地检测和控制能源金融风险，特别是防范能源过度金融化风险；另一方面，要运用可持续发展理论、系统协调理论和超双元经济的互动协调理论，建立理性目标、系统拉动、整体协调和谐社会的经济增长模式，走智力—物力经济双重优化的发展道路，从而最大限度地化解金融危机和能源危机。

第四，着力转变能源金融调控方式。改变对宏观形势的判断评价方式，实现由过去定性分析为主，向逐步建立科学的数学模型，实现定性与定量分析相结合转变，以减少主观判断失误和偏差；优化调控政策操作工具，要由过去的数量型操作为主，向数量型和价格型操作并重转变；改进宏观调控手段，由过去较多使用行政的、直接的手段，转向以经济手段为主，辅之以必要的法律手段和行政手段；调整重大能源金融宏观调控政策出台的时机，实现由事中出台向事前预调转变；修正能源宏观调控政策导向，由过去主要进行总量调控，向既重总量又重结构调整转变。

第五，全力优化能源金融发展的社会信用环境。通过建立促进能源产业发展的政府、金融机构、企业协调沟通机制，搭建金融机构与能源企业交流合作平台，宣传宏观调控政策、能源产业政策、能源金融政策和能源金融产品信息，提高能源金融效率。

第六，加快能源金融市场开发进程。一方面，要适当放宽境外资本投资境内能源项目的条件，加强引入外资，提高能源业融资开放度；另一方面，逐步了解开发能源金融衍生产品市场境外投资机构进入境内相关市场参与交易的资格，研究相应的规章制度；同时，充分利用能源金融体系支持能源企业"走出去"，实现海外上市融资。

第七，快速推进新能源开发，把握"新能源金融"发展机遇。新能源产业是未来国际能源产业发展的必然趋势，新能源金融化趋势日趋成熟。因此，中国要以新能源产业链为依托，借助金融手段，从最初的融通资金、中间的整合资源、最终实现价值增值三个方面研究新能源产业与金融产业的互动，深化新能源和金融结合的作用。要积极参与国际规则的制定，加强新能源与互联网金融之间的深度融合，建立一个公开透明，可以让大众参与的新能源虚拟金融体系，抢占新能源金融发展的战略制高点，争取在新一轮能源金融化浪潮中获得主动。

21 能源霸权的终结

能源是现代工业社会的基础物资，能源安全是国家安全的重要组成部分。特别是作为主要能源的石油，已成为世界大国政治、经济、军事斗争的武器。在一定的国际能源体系之下，强国利用其在国际能源体系中的优势地位，进一步增强了其国家权力，从而进一步强化其国际能源战略，经过国际能源博弈，在国际能源体系中占据更加有利的地位。相反，若一个国家的权力削弱了，那么实现其国际能源战略的能力也会相应减弱，经过国际能源博弈，在国际能源体系中的地位也相应下降。

中国有句古语叫"扬汤止沸不如釜底抽薪"。在当今世界，能源正是这样一种有着重要战略意义的"薪"物质，因此围绕着能源，各大国都在进行着激烈的角逐和博弈。大国之间的能源博弈可谓刀光剑影。这里虽然没有震耳欲聋的枪炮声和硝烟弥漫的战场，但暗中却是杀机四伏，危险丛生。各国在能源问题上纵横捭阖，明争暗斗，诡谲多变，政治、经济、外交和军事手段无所不用其极，其争斗的激烈和复杂程度丝毫不亚于军事战场。

工业革命最伟大的成就之一就是建造了以矿物能源为主的人类生产方式和消费方式，其中19世纪以煤炭为动力的革命，造就了英国、德国、法国等欧洲国家称雄的世界；20世纪以油气为主的动力革命，造就了美国、日本和欧盟国家发展的奇迹。特别是在石油王国里，美元与石油直接挂钩是众所周知的，那么毋庸置疑的是拥有美元霸权的美国也就能充分占有石油甚至能源霸权。所谓能源霸权，是指所处的操纵或控制其他国家能源的地位。美国为实现其国际能源战略目标，所采取的主要手段有：能源

"钦点"能源（二）

外交、控制能源产地、控制能源通道、建立石油战略储备、石油美元机制等。美国通过这些手段影响国际能源体系中的供应板块、需求板块、能源运输通道和国际石油价格。

能源霸权与强权政治始终是"同一首歌"。国际政治就是"争夺权力的斗争"。就像我们现如今谈到的美国，它凭借自己的经济、军事实力，向外扩张，推行霸权。支撑美国霸权的支柱主要有三个：美元的霸权地位、无与伦比的军事力量和处于领先水平的高科技。这三个支柱中，美元霸权又是首当其冲。美元霸权地位的稳固又必须以石油贸易确保以美元结算为前提，因为一旦石油输出组织（OPEC）国家的石油贸易转为使用欧元，就会带动世界其他大宗贸易转为用欧元结算，形成"石油欧元"体制。那么，世界各国就会把外汇储备换成欧元，抛售美国企业债券、股票……造成连锁式的动荡反应，美元就会大幅度贬值。所以保证在OPEC国家的"石油美元"垄断地位，是建立美元霸权的基础。在美国实现和维护其能源霸权的过程中，美国强大的军事实力一直扮演着重要的角色。从第一次世界大战、第二次世界大战到冷战，美国通过其遍布全球的军事基地和军事网络，控制国际能源战略通道。美国通过这些军事行动，牢牢控制着石油供应板块、石油运输战略要道，捍卫石油美元，推动美国国际石油体系的产生、发展、完善的全过程。美国的军事力量对美国走上能源霸权的宝座，可谓是功不可没。

作为全球第一大经济体和能源消耗"巨无霸"，一直以来，美国的中东能源战略很大程度上影响全球能源格局。在2001年年初布什上台的时候，布什总统的对外政策的中心任务不是避免恐怖主义，或者阻止大规模杀伤性武器的扩散；也不是在那年9月11日世界贸易中心和五角大楼遭到袭击以后推动的其他目标。布什的能源战略是攫取全世界的石油，唯一的方向是实现在21世纪美国对世界的统治。"我是老大，我怕谁？"是美国全球能源战略的真实写照。曾记否？一代霸权，横行霸道。古巴西北海岸之下，埋藏着丰富的石油资源，多年无人问津，美国更是不准自己的石油公司去开采。可是，当中国的石油公司中标获得开采权后，麻烦就来了，美国的国会议员认为："我们家门口的资源怎么能让中国来开采？"他们的抱怨很快被《纽约时报》、CNN 等媒体报道，成了美国政坛的一个热点话题。美国所拥有的页岩油储存量非常高，美国过去这一段时间里，其实它本来就有很多的石油储藏，但是它不愿意开发自己的石油储藏。从国家的战略来说，这些石油有一天是会用尽的，那个时候美国会比其他的国家拥有更多的石油。这段时期，美国能源霸权主要体现在石油霸权上。

20 世纪 90 年代，石油的供应重心在前苏联和中东，需求重心则在环太平洋地区和欧洲大陆。始于 20 世纪 90 年代末的美国页岩气革命经过十多年的发展，已经开始改变美国乃至世界的能源市场格局。页岩气开发所引领的能源革命使美国的能源独立性逐步上升，其经济效益非常明显。美国正在大规模地从分布广泛的页岩层中提取原油和天然气，其能源产量大幅跃升，对国际能源价格的影响增加，OPEC 对石油生产和定价的主动权减弱。页岩气的成功，不仅使美国相信"能源独立"并非只是一个梦想，还正推动世界能源格局深刻转型。页岩气等非常规油气重塑了国际能源格局，以油气为中心的地缘政治面貌正在经历快速的变化。如果算上重油，委内瑞拉已经超过沙特成为世界上石油储量最丰富的国家。再加上加拿大的油砂，美洲大陆重新焕发出油气生产的活力。世界能源生产重心西移的趋势已然显现，而随着中国、印度等亚洲新兴经济体的崛起，全球能源消费重心东倾的态势也已清晰。中东地区在美国整体外交中的角色将由此发生变化，由原来举足轻重的能源供应保障转变为可以进退自如，美国对中东地区能源的需求已经从自身需要转变为对其他国家的控制工具。生产中心和消费中心在地理上的分离促使各大能源消费国和生产国重新寻找自己的战略目标。美国锁定了美洲大陆，欧洲在不得不继续依赖俄罗斯的情况下搞定了北非，中国正在更加积极地对接中东和中亚。在全球化的背景下，能源区域化的势头似乎越来越盛。不过，美国非常规油气行业的繁荣只是全世界地缘政治版图变化的一部分，虽然存在很多不确定性，但是伊拉克、东非将来都会发挥更重要的作用。世界能源的供应将越来越多元化，而需求的中心将持续向东移动，其中世界能源需求的增量将主要来自

"钦点"能源（二）

中国。

2012年国际能源署（IEA）给予了美国足够乐观的预期，其预测2020年美国将取代沙特成为世界第一大石油生产国，并预计2030年左右整个北美按照净值计算可以实现"能源独立"，甚至可以成为油气净出口地。如果从字面上理解，能源独立意味着美国将不再需要从其他国家进口石油，通常来说这些国家对美国的印象都不太好。更深层次的意义在于，美国石油产量的增加将导致全球石油价格下降，而且，将削弱欧佩克（OPEC）对石油价格的控制权，包括主要石油生产国如沙特阿拉伯、伊朗和委内瑞拉等。其实，从美国油气行业的发展史可以看出，美国"能源独立"的本质含义，并不是指能源供应只靠自己，完全独立自主，形成封闭的自我循环经济圈，而是一个战略目标，其核心就是要充分利用国内外有利条件，建设一套有利于美国的能源安全保障体系。美国未来如果页岩气真的像他们所说的，是如此大的能源突破，那美国在2020年仍将主导全球的国际政治跟国际经济。"能源独立"将使美国摆脱对中东石油的依赖，并将大幅减少美国的能源赤字，增强其国际部署能力。毫无疑问，"能源独立"对受困于经济危机长达数年的美国经济而言，不但是一抹亮色，更是复苏的希望。

尽管美国在页岩气革命方面取得了一些成果，但要全面推广和应用页岩气技术还面临很大阻力。目前开采页岩气的方法仍处于初级阶段，开采过程会对环境构成巨大破坏，甚至污染人们的饮用水源。而且，页岩气终究不是可再生能源，仍是一种有限的资源，总有用尽的一日。另外，即使页岩气能实现美国的能源独立，最终也会在新能源革命中被替代。再就是，由于页岩气大量增产，天然气价格迅速走低，严重影响到美国其他能源产业的切身利益。自2006年页岩气革命爆发以来，美国增加了1574亿立方米的天然气产量，替代了1.11亿吨原油消费，2.56亿吨原煤消费。受其影响的煤炭开采、运输、燃煤火电、煤化工、石油开采、输油、炼厂、石油进口商、石油化工等诸多行业困难重重。不仅美国的天然气上游生产商迫切希望将天然气销往国际市场以获得更高的利润，其他行业也希望将页岩气这个"祸水"引向国外。可见,美国在能源的后续道路上走偏了,这或许是因为美国仍然迷信石油霸权,不希望在可预期的时间内接受能源民主化带来的国家权力扁平化的全球关系。

目前,全世界每年需要消耗100亿~110亿吨油当量的能量,倘若以这个体量的传统能源消耗持续运转,综合性的气候和环境危机将进一步恶化。它表明依靠传统能源拉动世界经济增长的模式已经走到尽头,新能源和可再生能源的变革将不可避免地发生。仅仅依靠化石能源无法持续推动美国经济长期增长,必须继续努力促进美国能源组合的多样化和低碳化。2009年9月,奥巴马当选美国总统之初,其便将"新能源战略"提升至了美国国策的高度。奥巴马上任后,在国会发表首次演讲时,就呼吁加强对新能源和可再生能源的投资,并重申将在3年内使美国的新能源产量翻一番。2011年3月30日,美国政府发布《能源安全未来蓝图》,全面勾画了国家能源政策,提出确保美国未来能源供应和安全的三大战略。同一天,总统奥巴马在位于华盛顿特区的乔治城大学发表演讲,提出实现能源目标的具体措施,要求在2025年前将美国的进口石油量削减1/3。他说:"减少对石油的依赖主要取决于两件事情:第一,在我们自己的国土上寻找和生产更多的石油;第二,通过更清洁的替代燃料和更高的能源效率,全面减少我们对石油的依赖。"奥巴马称,要想使美国的经济真正转型、维护美国的国家安全并使地球免遭气候变化之苦,生产清洁的可再生能源势在必行,掌握新能源的国家将领导21世纪。奥巴马总统上台以来,把能源问题放在政策的优先位置上,通过能源独立计划,大力发展新能源和可再生能源,大规模开发页岩气。美国在加强控制中东石油的同时,力图开辟更多的油源,实现能源来源多元化,加强了与拉美、北非和中亚产油国的联系。

奥巴马的最终的目标就是通过能源改造、转型,使得美国大幅减少对中东、委内瑞拉等国的石油依赖,较少依赖化石能源,进而实现国际秩序的重建,促使全球经济转型。然而,原油作为大宗商品中战略属性最强的品种,与政治的高关联性是其与生俱来的属性。原油在过去50年里位列

"钦点"能源（二）

美国国策中的重中之重，即便奥巴马强力推进新能源和可再生能源，外交和军事上也一直以收缩为主，其政策中对原油同样不敢掉以轻心。因此，美国短期内无法完全摆脱对外国石油的依赖，但其新能源和可再生能源的蓬勃发展、非常规能源的安全开发以及对能源价格的强大控制力，不能不说是其能源战略的成功。不管奥巴马如何承诺，考虑到美国人的消费习惯和技术的发展，未来美国削减原油进口依靠"节流"来实现的可能性并不大，在目前化石能源仍将是全球主流能源的背景之下，"开源"是美国在未来 15～20 年内实现能源独立所能依靠的主要路径。

俄罗斯为了应对美国页岩气革命的影响，可能一方面会将目光投向东方，加强同亚洲国家的能源合作；另一方面尽量稳定欧洲市场，比如向欧盟各国提供更优惠的价格折扣，与欧洲国家共同投资在欧洲建设由俄罗斯供气的燃气电站等。能源是俄罗斯的国民经济命脉、教训乌克兰和欧洲的武器，在亚太方面，也以其作为外交筹码游走于中日韩等国之间。能源出口及相关行业是俄罗斯近 1/3 财政收入的来源，俄国近 20% 的国民从事与能源相关的行业。乌克兰冲突将促使欧盟成员国减少对俄能源依赖，其能源供应更加多元化，包括与美国的能源合作和自己的油气发展（页岩气发展）计划。页岩油气过去五年仅惠及美国自身，但对美国出口以及页岩革命向全球蔓延的预期仍使油价连续三年回落，欧洲经济也随之逐步恢复实力；欧洲进口来源增加，对俄罗斯油气的依赖度也开始下滑，面对俄罗斯的能源威胁也有了更多回旋余地，这才有了乌克兰危机中欧盟与俄罗斯的直接角力，成为近五年以来对俄罗斯最强硬的对抗。曾经油渴的美国一跃成为举足轻重的能源大国，在这一过程中，不可避免将撼动能源帝国俄罗斯的利益，而同样作为能源消费大国的欧洲和中国则有了更多运作空间。

近十年来，中国一直努力寻求更适合人类开发利用的新能源，并取得了斐然成绩。中国的经济发展速度及能源消费模式改变了国际利益分配格局，引起了各国的关注，对美国的新能源产业产生了一定的冲击，美国贸易保护主义有所抬头，制定了一些针对中国企业的制裁措施，对中国的新能源企业形成巨大的挑战。2012年，悬在中国新能源企业头上的"达摩克利斯之剑"又多了一柄，继欧美对华新能源产品进行"双反"调查等国际贸易保护手段之后，"危害国家安全"又成为阻碍中国新能源企业进入欧美市场的新的莫须有理由。所谓危害国家安全等理由只是幌子，中资企业频繁在美国受阻，这是中美贸易迈入新阶段的必然结果。过去的中美贸易中，中国一直处在下游地位，而现在很多中国企业有能力进入高端产业了，美国的地位受到挑战，这是他们不能接受的。我们仍需要清醒地认识到，随着美国政府把中国看成最强劲的经济竞争对手，随着中国在新能源领域日益领跑世界，中美新能源领域的合作潜力可能有限，新能源可能成为未来双方竞争和冲突的新领域。新能源技术是美国继续保持其全球霸主地位的重要保障，美国不会容忍中国在新能源革命中领跑世界，它势必从战略、贸易和技术标准等方面对中国的新能源发展进行遏制。目前在美国页岩气革命和奥巴马新能源战略提出的背景下，在美国能源霸权体系下，我们需要警惕美国的这种新能源霸权主义。当然，我们更需要特别警惕的是，争夺到世界能源市场绝不是美国唯一的目的。对于美国而言，美元是核心利益的核心。重新恢复美国在全球金融的霸主地位，这才美国能源霸权的真正目的所在。

我们不难看出，能源霸权时代，未来全球经济的带动必然要求新能源发展跟上，而除了几个石油大国和美国霸权国家外，如何开发高效可行的石油替代品是每个有危机感国家的必经之路。2011年冬日本大地震半年后，日本放送协会（NHK）播放了一部纪录片《世界新能源霸权争夺战》，影片以日本灾后重建为切入点，展示了世界新能源领域竞争的新格局。人们对于新能源的期待不断升温，世界性的潮流推动着企业，面向未来的变革，正拉开序幕。全世界的能源公司将目光聚焦于震后的日本。

世界能源需求未来将不断增长，而能源资源的多元化趋势将不可避免，特别是新能源和可再生能源将发挥越来越重要的作用。今后几十年，世界能源格局将发生深刻变化，以化石燃料为代表的传统能源虽仍将占主导地位，但包括新能源和可再生能源将会快速增长。发达经济体由于能源利用效率提高，对能源的需求变化将不大，但新兴经济体对能源的需求将会大幅增长。发展新能源和可再生能源有助于解决能源不足的问题，有利于培育新的经济增长点，有利于缓解环境保护压力。面对迟早到来的新能源革命，各国现在就需要未雨绸缪。

三十多年来不断增加的燃煤使用总量支撑了中国制造经济奇迹，避免了全球范围内因争夺石油而引致较大的国际政治较量甚或战争，它推动了中国商品的全球化，实现了中国现代化的主要积累，改变了国际分工的结构、体系和秩序，降低了世界范围内的通货膨胀，是20世纪末21世纪之初大国出奇制胜的成长机会和国际权力转移的特例。从新能源来看，在一二十年之内，我们应该以世界上最小的代价、最大的效率创建震撼世界的能源系统。而这个能源系统的更新会拉动国家许多产业走向创新化，所具备的巨大产业能力也可走向世界。

世界上独握通货、能量、和谐生存之道三大资源和能力的国家才有资格介入下一代新能源革命的领航之列，可惜这样的国家并不多，而且集中在主要经济体的国家之内，它包括中、美、欧、日、俄、巴西、印度等少数国家。在这些国家之中既会有我们的对手，也会有我们的竞争者，更会有我们的朋友，决定未来大国之间互动水平的就是能源、环境和气候的管理和消费方式，如何立身其间发挥创新的作用，就取决于中国对能源权力的正确把握。可以预见的是，一个把持住能源利用的国家，才可有稳定的后方环境发展经济。随着中国在国际能源市场上扮演着越来越重要的角色，中国有必要加入国际能源署（IEA）或者其他类似的全球能源治理机制，并审时度势，敢于创新，迅速抓住机遇，占领全球新能源产业制高点。

美国霸权主义的战略文化根植于美国历史上的不断扩张和对自身文明的优越感，是一种美国人高度理想化的民族主义，也就是美国的"原教旨主义"。1895年，美国的GDP是全世界第一名，现在远远超过100年，他们做过一个统计，所有的帝国100年以后就会垮了。所以，美国人现在每天都在担心自己帝国可能垮掉的梦魇里头，一直这样活着，然后进行他

21 能源霸权的终结

们的国际战略，包括现在重返亚洲，然后介入整个太平洋，某个程度间接地挑起钓鱼岛的争端，这基本上都是美国的战略。美国人早已经看到了大英帝国的例子，希腊的例子，罗马帝国的例子，美国一直在研究美国还能够维持霸权多久。

当今世界正处在大变动的历史时期，两极格局结束，各种力量正在分化组合，国际局势呈现缓和与紧张、和平与动荡并存的局面。大国兴衰及其霸权更替或转移一直是西方国际政治的中心课题。历史始终是会重演的，历史也一直在重演。美国将在"去单极霸权"，进而"去霸权化"的过程中成为一个普通世界大国，欧洲将继续内部的"非霸权化"与对外被迫率先开始的"去霸权化"，最关键的是中国、印度为代表的"非霸权化"大国群体的和平崛起，而将成为不可阻挡的历史潮流。也许，今天世界政治经济的格局和未来世界政治经济的变局，正是或将是能源格局和变局力量综合作用的结果。

进入21世纪，随着全球化步伐的加快，以中国为代表的一批新兴国家发展迅速，在世界经济中的比重逐渐上升，在世界政治的话语权有很大程度地增加。江泽民同志在中共十五大上的报告中指出："和平与发展已成为当今时代的主题，世界格局正走向多极化，争取较长时期的国际和平环境是可能的。"基于"和平"的和谐思维，可是与基于"利益"的霸权思维"颜色"完全不同的两个思想体系，而且得到了越来越多地球人的赞同。在和谐思维越来越得人心，霸权思维越来越不得人心的当今世界，21世纪将既没有长盛不衰的美国和西方霸权，也不会出现新的霸权挑战、更替与转移，将是一个霸权终结的世纪。

"钦点"能源(二)

22 国际能源合作的制度变迁

制度是一个社会的游戏规则,是构建人类相互行为的人为设定的约束,是在资源稀缺的环境中为了节约交易费用从而更有效地利用资源,是人与人之间长期博弈的结果。制度是在组织的相互作用中逐渐演进的,具有最大化行为的组织;既可以在现有的制度约束下实现其目标,也可以通过改变其现有制度约束实现其目标。组织的优势在于弥补社会成员与内部规则互动过程中可能出现的一系列失误。正如奥地利裔英国经济学家弗里德里希·哈耶克(Friedrich Hayek)所言:"在大多数场合,为了确使那些规则得到遵守,我们称之为政府的那种组织却是不可或缺的。政府的这一特殊功能有点像工厂维修队的功能,因为它的目的并不在于提供任何特定的服务项目或公民消费的产品,而毋宁在于确使那个调整产品生产和服务提供的机制得以正常运转。"

国际社会并非有人评价的那种自然状态,在英国政治家托马斯·霍布斯(Thomas Hobbes)所描绘的自然状态之中,丛林法则起着重要作用,各个主体处于弱肉强食的生存环境。但是我们所处的国际社会有其潜在的规则,如国际法、国际条约、国际准则等,还有一些国际机制和机构,这些都在维护国际秩序中起到重要作用,只不过其作用有限,因此国际社会并不是完全的无政府。政府行为主体在无政府状态下进行的互动,尽管会呈现权力政治,但只要在一定的领域形成秩序,彼此形成共存的关系,就会出现某种制度化的安排。由于行为主体在实施对外政策中会谋求与他者相关联的利益,因此会形成相互依赖的结构。在这种结构中,如果形成共同利益,行为主体之间则可能开展合作。若这种合作关系得到持续发展,在行为主体之间就会出现国际制度。在国际关系中,行为主体之间之所以会形成相互依赖,是因为其生存与发展都需要与外部世界打交道。由于行为主体的合作涉及许多领域的问题,因此它们的互动会形成不同的国际制度和复杂的网络。

目前,国际制度已经成为现代国际关系的重要特征,广泛存在于国际贸易、金融、环境、能源及国际安全等领域。国际能源制度是指在能源这一特定领域,国际角色在认识上趋于一致的原则、规范、规则和决策程序。用理性主义的理论解释,国际能源制度可以帮助国家交流能源信息,减少谈判成本和交易成本,从而增加能源合作的可能性。用建构主义解释,国际能源制度可以塑造国家对能源发展的认同,并进而影响国家的行为,从而能够增进国际能源合作。国际能源合作是指能源资源国与能源消费国以及能源中转国之间进行的能源交往。加强国际合作,增加国内能源政策和市场信息的稳定性和透明度,可以消除其他国家的猜疑和担心,促进国际市场稳定。对于能源出口国而言,能源合作的目的在于保证本国的能源商品以合理而稳定的价格出售。对于中国这样的能源进口国而言,国际能源合作的目标在于在合理的价格水平下保障稳定的能源供应。

国际能源合作在当代经济生活中发挥着重要的作用,只有相互的合作,遵循共同认可的规则,这样才能够在国际能源合作中达成共识。国际社会围绕能源合作这一主题形成了形式多样的正式和非正式的制度安排,对国际能源发展格局发挥着日益重要的影响。自20世纪70年代欧佩克(OPEC)诞生以来,尽管目前在全球、地区、国家和公司等层面已经形成了不同层次的世界能源机制,各种国际能源合作的组织和法律也在逐步建立,但是,总体而言,当前不存在一个强有力的能够对国家间能源利益冲突进行协调、裁决并强制执行的国际组织,国际能源合作呈现复杂多变的局面。除了欧佩克(OPEC)之外,还有就是八国集团(G8)、国际能源署(IEA)和能源宪章条约(ECT)等在国际能源合作领域起到了非常重要的作用。八国集团(G8)是西方世界的领袖,主导着西方乃至整个世界的政策走向。作为八国集团的前身,最初形成的七国集团合作模式,也是西方主要能源消费国为应对20世纪70年代的石油危机而进行的政策协调。目前，在世界能源领域，原有七国仍旧是主要的能源消费国，且七国在其他能源国际组织当中也居于核心地位，因此，八国集团目前在世界能源制度领域中充当着最终决策机制的角色。国际能源署（IEA）的宗旨是各成员国间在能源问题上开展合作，包括：调整各成员国对石油危机的政策，发展石油供应方面的自给能力，共同采取缩减石油需求的措施，加强长期合作以减少对石油进口的依赖，建立在石油供应危机时分享石油消费的制度，提供市场情报，以及促进它与石油生产国和其他石油消费国的关系，联合开展能源研究和开发活动。国际能源署（IEA）的主要功能围绕其宗旨展开，意在建立完善的能源应急机制、能源情报系统、与能源企业的能源协商机制以及长期新能源开发机制。国际能源署在推动成员国之间的政策协调，尤其是在紧急状态下的能源应急机制建立方面发挥了重大作用。产生于20世纪90年代的《能源宪章条约》（Energy Charter Treaty，ECT），作为第一个具有法律约束力的、覆盖投资保护和贸易的多边协定，该条约首次将过境运输条例应用于能源网络。该条约的最终目标是"在它的成员国间建立一个真正开放的、非歧视性的能源市场"，以便成员国之间在能源投资、能源贸易、能源环境、能源供应安全和过境运输等方面形成一个规范的合作环境。《能源宪章条约》（ECT）自成立以来，一直在不断扩大其成员国范围，并致力于改善同石油生产国及石油输出国组织的关系。鉴于跨国能源公司在国际能源格局中扮演的特殊角色，《能源宪章条约》（ECT）也努力吸引这类非国家行为主体参与其活动。能源条约组织尤其注重能源过境运输领域的制度化。

不过，国际能源合作的制度依然存在一些局限性，比如，主要生产国欧佩克（OPEC）的运作方式及运行规则，都是为了自己成员单方的利益服务，无法保证主要国际能源合作的稳定进行。在全球能源合作不断加强的情形下，欧佩克（OPEC）是否能够继续保持，以及如何使它能够克服自身的法律局限性，这是国际能源合作以后需要深入研究的法律问题。还有八国集团机制，一方面，代表性不足，八国集团的消费国成员为世界上最发达的经济体，其发展模式与新兴发展中国家存在差别，不能有效反映这些国家的能源诉求；另一方面，各国之间围绕能源分配问题的政策立场存在分歧，降低了机制的决策效率；另外，八国集团仍旧是论坛性质的制度，在此框架内形成的决策缺乏有效的能源决策执行程序；更为重要的是，八国集团还存在一些法律问题，它既不是一个机构，也没有签订任何共同的法律条约，更不是一个国际能源正式组织，它不是国际法的合法主体，它不能制定出能够统一能源法律规则，它对国际能源社会的成员主体没有法律约束力。再比如，国际能源署（IEA）在成员发展机制上也存在缺陷，国际能源署成员资格与经济合作与发展组织（OECD）的挂靠，则凸显了该组织的非独立性和意识形态色彩。至于《能源宪章条约》（ECT），它在能源过境、投资保护、争端阶段等制度建设方面是明显倾向于能源消费国的，能源宪章的作用能否充分实现，仍旧存在疑问：首先，欧佩克（OPEC）始终认为，能源宪章的宗旨和原则与能源输出国的利益是对立的，二者没有形成有效的互动机制；2009年，俄罗斯再次重申了不批准"欧洲能源宪章"的立场，主张用新的能源安全协议取代现行协议，在这种条件下，《能源宪章条约》的设计也就不可能得到充分实现。

  正式的国际制度都是一种有边界的存在。加入制度的成员，是在制度的边界之内，需要遵守相关的规则。它们享有相关的权利，也要承担相关的义务。未加入制度的行为主体，则不需要遵守相关的规则，也没有相关的权利与义务。尽管从机制上来讲，制度内外行为主体的利益与意愿决定着制度的变迁，但由于制度本身的独立存在，并具有惯性和行为个体所不具有的属性，因而决定制度演进的因素未必就能立即推动制度的变迁，这也是许多令人不满意的制度能够长期存在的原因。当然，当今国际能源合作制度发育不完全的原因是多方面的。从制度理论解释，国际能源领域的问题与安全、贸易等议题的性质是不同的。安全与贸易议题属于协作型博弈，需要解决的问题是国际合作中出现的背叛，制度主要用于增进信息沟通，防止背叛；出现背叛之后，对背叛进行惩罚。能源议题属于协调型博弈，需要解决的问题是国际合作中能源资源的分配问题，此类问题对制度的需求较弱，从本质上限制了制度的发展。除内在原因之外，国际社会中存在的能源消费国之间的矛盾以及能源消费国与生产国之间的矛盾在实践中阻碍了制度的建设与发展。

国际能源制度作为国际能源合作体系的一种结构是一种稳定的存在，但它的具体构成却始终会伴随着国际能源合作关系的变化而变化。进入21世纪以来，国际恐怖活动猖獗，全球地缘政治形势不稳，国际油价持续飙升，使能源安全问题再次升温。由于对能源安全特别是石油安全的影响因素越来越多，尽管现行的能源安全体系在目前形势下依然发挥着应有的作用，但越来越不能有效保证市场的稳定。特别是在经济全球化和地区经济集团化的大背景下，一国很难用自助式实现自身的能源安全。国际社会要呼吁能源生产国、中转国和消费国建立伙伴关系，采取措施确保全球能源市场的透明度、可预见性和稳定性，改善能源领域的投资环境，提高能源利用效率，促进能源消费结构的多元化，维护重要能源基础设施的安全运行，帮助发展中国家改善能源供应状况。同时呼吁发展新的国际能源安全机制，通过国际社会的广泛合作和交流，促进共同发展，最终实现人类社会共同的安全。

随着国际社会对能源安全的迫切需要，特别是对石油安全的呼吁，使得现行的能源安全机制受到挑战，促使它不得不进行新的发展。以推动能源对话与合作、缓解能源矛盾和解决能源争端等为重点的多边能源外交日趋活跃，在此背景下，国际能源合作变得愈来愈重要。通过与利益相关的国家构建合作机制，弱化风险，维护共同利益是中国进行国际能源合作的基本思路。具体来说，中国开展国际能源合作要达到的目标有三个：第一，要保证足够的支付能力，在可接受的价格水平下维持能源进口，并尽可能通过国际能源合作参与和影响价格制定；第二，要确保拥有稳定的能源供应来源，防止供应中断；第三，要确保中国能源进口的运输通道安全。

目前，中国已经参与到了许多国际能源合作事务中，以中国参与国际能源机构的各项事务深化的程度来划分，可以分为一般型合作、对话型合作与实质型合作三类。其中属于一般型合作的对象主要包括有国际能源署（IEA）、欧佩克（OPEC）和八国集团（G8），因为中国都不是这些机构的成员方，因此其合作的方式仅限于参与、观察等主要形式。属于对话型合作的机构主要包括独立石油输出国集团、国际能源会议、世界能源理事会、世界能源大会、能源宪章、经济合作与发展组织等，中国已经加入这些机构，成为成员方，因此参与的程度大大加深，其活动主要表现为积极参加相关论坛，定期进行对话，商议有关的合作事项。属于实质型合作的对象主要包括联合国贸发会（UNCTAD）、欧盟（EU）、亚太经合组织（APEC）、海合会（GCC）、东盟（ASEAN）、上合组织（SCO）等，中国与这些机构的合作，已经深入到了具体的环境与能源各方面的事务中，制定了具体的能源合作计划，签订了相关协议。中国作为最大的能源消费国之一，拥有庞大的现实和潜在的购买力，是任何国家或国际能源组织都无法忽视的。但是中国在国际组织的状况与中国能源大国的角色和地位并不匹配，尽管中国与全球和区域层面的国际组织都有合作关系，但局限于一般性和对话性，实质性合作并不多，这很大程度限制了中国在国际能源领域进行国际能源合作的能力。

国际能源合作是保障全球安全的重要举措，也是维护中国能源安全的必然选择，中国应从战略高度把国际能源合作纳入国际经济合作的大框架中，取得包括能源合作在内的国际经济合作的更大飞跃。然而，中国如何有效地利用现有的能源组织或参与到新的能源机制的构建，走出国际能源合作中的"囚徒困境"？这似乎是一个不可能完成的任务。当然，世界多边能源制度的建立需要各国的共同参与，但如果国际上不合作的声音太多的话，中国就不要急于全面参与西方主导的多边能源合作制度，也不要去谋求建立中国主导的多边能源合作制度。因为中国尚不具备建立新的国际组织的能力，即使区域性的多边能源合作制度得以建立，也有可能会遭到某些国家的投机性破坏。面对这种局势中国要依据自身的国力行事，要理清自身的诉求，明确不同层次诉求实现的时间表，分步骤、分阶段地实施，而不应盲目地追求制度的形式；同时，中国还要针对不同的国家，确定不同的能源策略，做到合作与竞争并行，既要维护能源安全，又要确保主权独立。进而沿着上述两条主线，形成涵盖空间和时间的战略体系，逐步提升中国在国际能源制度体系中的地位。

目前，中国当务之急就是，第一，要重视多边国际能源合作条约的重要作用。多边国际能源合作条约为中国参与国际能源合作搭建了基础性的框架，构成开展经贸合作的基础性法律文件，因其在缔约国所具有的法律效力的制约，成为双方能源合作的法律基础。第二，要加强与国际能源署（IEA）的合作。国际能源署（IEA）保障能源安全的各项法律制度，如石油安全应急制度、石油市场信息制度、能源合作与研发制度、能源争端解决制度等，对于中国构建能源安全框架、深化国际能源合作、完善能源法制建设具有重要的借鉴意义。在条件成熟时，中国可以考虑加入国际能源署（IEA）组织，参与国际能源规则的制定，与发达能源消费国一起协调利益分歧，通过合作实现共赢。中国如果加入国际能源署（IEA），不仅可以提升中国对国际能源市场的影响力，在国际能源问题上争取到更大的发言权和决策权；还有利于增强国际能源署（IEA）组织的代表性，提高其集体能源安全机制的权威性和有效性。为了加入国际能源署（IEA），中国政府一方面应尽快增加战略石油储备；另一方面可以与国际能源署（IEA）重要成员国协商，采取特别协定的方式，建立特定的"中国—国际能源机构合作协调机制"，并给予中国以特定待遇，如成为"联系国"，享受准成员国待遇等。这种做法与国际能源机构的一些成员国希望中国加入该机构的愿望是一致的。第三，应积极参与欧佩克（OPEC）、海湾合作组织（GCC）、东盟（ASEAN）等机构的能源协作，协调各国石油储备政策，共同应对区域石油危机。与这些组织的多边合作法律制度，可以借鉴国际能源机构的运作机制，对解决石油储备建设过程中出现的一系列法律问题作出具体的规定。第四，要加强上海合作组织（SCO）框架下的能源合作机制。上海合作组织是目前唯一一个由中国推动发展的多边国际组织。从组织内部结构看，上合组织近期在能源合作领域取得巨大进展的可能性较小。但是该组织的优势在于，未来美国和西方直接介入的可能性小。因此，中国可以在此组织上投入较高的资本，尤其是加强培养能源合作，只要中国经济能保持目前的发展水平，在可以预见的时期内，中国将有能力赋予该合作更多的可操作性。第五，中国要以区域合作为基础，借鉴欧盟能源法律政策的成功经验，积极推动建立"东北亚能源共同体"，从竞争走向合作，以合作代替竞争，共同维护能源安全。东北亚能源共同体合作的内容可以包括：区域石油储备和应急反应机制、石油期货、石油过境运输、共同研究制定税收以及节能和提高效率的措施、区域天然气贸易和发展液化天然气计划、合作开发利用可再生能源资源、保护国际海洋航线策略以及环境领域的合作、建立"东北亚能源合作论坛"和东北亚石油信息共享网络等。

在全球化时代，国家已经自觉或不自觉地卷入了世界能源市场，其命运与市场整体的情况息息相关，没有全球的能源安全就没有国家的能源安全。结果，能源合作也就成为一个理性的选项，成为各国共同应对能源风险、维护能源安全的重要途径。在经济学分析中，稀缺生产要素的重新配置可能产生配置效率，即要素比以前得到了更有效的利用；与此相类似，制度的替代、转换过程和交易过程使组织具有了适应效率，或者说，制度变迁使组织更具有了创新的能力和愿望。

国际能源制度的形成是在能源这一特定领域中行为主体在互动中达成共识的产物。然而，任何一项制度的存在总会有不适应环境与问题的方面，总有成员存在各种不满。当这些来自外部的压力和内部的不满达到一定程度的时候，制度就会发生变革。这种变革可能导致制度的完善和影响范围的扩大，也可能导致旧制度被新制度所取代。制度变迁是制度的替代、转换与交易过程。制度变迁可以被理解为一种效益更高的制度（即所谓"目标模式"）对另一种制度（即所谓"起点模式"）的替代过程。在这个过程中，实际制度需求的约束条件是制度的边际替代成本（即机会成本）。由于在现有的国际政治经济领域内，尚无一个超越主权国家的国际组织来管理和监督在有关国家之间开展的国际合作，更没有一个机构来强迫一国必须参加某项国际合作或惩罚那些不履行合作义务的国家的行为。

因此，国际能源合作只能建立在各国自愿的基础上，根据市场经济的运行规律"自我执行"。

制度变迁从本质上说其实都是需求诱致性的，可能表象上是以政府强制性的变迁方式存在。一个完整的制度变迁过程必然采取政府主导的需求诱致性的制度变迁方式进行。虽然说国际能源制度供给要有需求才能供给，但是并不等于需求出现后再来安排，更不能需求出现很久后，迟迟不安排。等到需求出现后再安排时就会出现制度断层，影响能源经济发展的速度，当然无法实现制度效率的最大化。因此，我们的国际能源制度供给也要适当超前，进行前瞻性的、有需求的制度安排。目前国际能源合作中真正缺少的是一个适合能源生产国、能源消费和能源中转国都能参加和适用的一个真正的全球能源合作组织，有学者称之为世界能源组织（WEA）。国际社会需要共同努力，清除新制度进一步完善的障碍，适时建立全球性的国际能源组织。该组织应该是保持石油应急共享机制，将该组织的重点拓展到所有的能源来源、能源消费的全世界为基础的全球国际能源合作机构；将成员拓展到所有希望加入的国家，并更加注重节能、发展能源的环境问题以及与能源相关的技术援助合作；未来的全球性的国际能源组织应该在新出现的很多环境条约、节能条约、新能源开发等议定书及其指南中，起到重要的作用。

23 能源结构要实现动态优化调整

在迄今人类所利用的能源中,一般分为可再生能源和不可再生能源,前者指能够重复产生的天然能源,如太阳能、风能、水能、生物质能等,这些能源均来自太阳,可以重复产生;后者用一点少一点,主要是各类化石燃料、核燃料。能源是现代化的基础和动力。当今世界政治、经济格局深刻调整,能源供求关系深刻变化,能源仍是国际政治、金融、安全博弈的焦点。能源结构的转型是国家经济转型的关键环节,也是社会进步的重要标志。随着经济增长对能源需求的增加,能源结构越来越受到重视。

能源结构指一定时期、一定空间内各种能源之间的比例关系和相互联系。能源结构分为能源供给结构和能源消费结构。能源消费结构是指各种能源消费量占能源消费总量的比例。影响能源供给结构的主要因素有:资源的品种、储量的丰度、空间的分布及地域组合特点,可开发程度,能源开发及利用的技术水平等。在能源生产基本稳定,能源供应基本自给的基础上,能源供给结构决定着能源消费结构。也就是说,能源消费结构在很大程度上受制于能源供给结构,因此,要优化能源消费结构,还得从源头,从改善和优化能源供给结构做起。

虽然一个国家的能源供给结构和消费结构与该国所拥有的地理分布、能源总量及其各种能源在其中所占的比重存在很大的相关性。但在对于能源消费结构的分析中,还应更多关注市场失灵导致的外部不经济、制度设计导致的产权模糊和弱化,以及由于人类的知识有限所引起的技术上的不确定性等问题。还有就是,能源结构问题是一个复杂的系统问题,应将能源与经济发展、资源基础、科技创新、生态平衡、社会进步等方面联系在一起进行整体分析，研究相互影响与互动关系。

中国既是能源消费大国，也是能源生产大国。近几年，中国经济活力得到不断释放，能源供给能力也大幅提高。按照能源弹性系数，或能源密度的演变规律，经过产业结构的不断优化，能源供应压力应逐渐降低。但是，中国又开始明显出现能源紧张状态，而且这种趋势还在延续。特别是随着中国城镇化进程不断推进，能源需求持续增加，能源供需矛盾更加凸显。如何解决能源的可持续发展问题，是实现经济与社会的可持续发展、全面建成小康社会、加快建设现代化强国的一个重要任务。

能源结构作为一个世界性的问题，在中国则显得尤为突出。中国是个发展中国家，由于历史的原因，人口多，底子薄，中国石油、天然气资源相对不足，石油探明可采储量只占世界的2.4%，天然气占1.2%；而煤炭却占世界探明储量的14%左右。"富煤、少气、缺油"的资源条件，决定了中国能源结构是以煤为主以及"新型能源短缺"的结构特征。中国的能源结构经历曲折的变化过程。新中国成立初期，由于资源勘探技术落后，加之西方国家对我国实行石油能源禁运，中国煤炭消费占能源总量的90%以上，而石油、天然气在能源结构中的比重不到5%，使中国工业化进程遇到极大的障碍。随着石油勘探技术水平的提高，中国能源结构中石油、天然气所占比例逐步上升，煤炭的比重下降到80%左右。改革开放以来，中国经济快速增长使得能源消费总量急剧提升。受油气资源储量制约，中国在20世纪90年代对石油进口的依赖逐步加强。在此阶段，国家大力发展水电、核能的新型能源。但由于技术条件以及经济成本的限制，不得不加强煤炭资源的开采以弥补能源消费总量的缺口，在1998年以前，中国煤炭消费占能源消费总量的75%左右。2008年席卷全球的金融危机，对能源经济造成了很大的冲击，能源产业由于资源和金融产业的特点受到的影响更加明显，同时能源供需紧张状况的缓解也为我们推进能源产业的结构调整、加快能源发展方向的转变和增强可持续发展能力提供了难得的机遇。而且国家采取了一系列推进发展方式转变，调整能源结构的政策。但目前中国煤炭消费在一次能源消费总量中比重依然约为70%，远远超出发达国家，甚至高出部分发展中国家如巴西、印度的平均水平。

能源犹如一把双刃剑，其作为经济增长的重要组成部分可以促进经济发展，但其无法满足经济增长要求的时候，又会阻碍经济增长。能源供需结构均衡的本质是指一个国家、地区的国民经济及人民生活不只依赖一种能源的消费，其消费结构至少包括两种（含）以上能源，确保当一种能源在供给上因故产生严重短缺时，不至于危害到该国或地区的国民经济及人民生活。因此，我们着力防止能源供需结构失衡。综合考虑未来一段时期内中国能源的供给能力和需求前景，中国能源供需结构将存在以下两方面的潜在问题：一方面，在能源供需总量和增速上，供应侧的能源生产能力将保持稳定较快增长，但受制于资源禀赋，产量增速不会太高；需求侧则将出现工业化和城镇化强力拉动能源消费的情况，能源消费总量将大幅上升，消费增速将持续高出生产增速。随着国内能源生产与消费的剪刀差越来越大，中国能源供给的对外依存度将越来越高，能源安全问题将愈发突出。另一方面，在能源供给和消费结构上，如果没有新的技术突破、大的结构变动和有力的政策支持，化石能源为主的供需格局在中长期内难以改变，特别是煤炭在中国能源供需结构中将长久保持主力军地位，若无碳捕捉等环保技术的研发及大范围推广应用，能源消费的最终产物，如远超过环境容量的碳排放和酸性物质，将对生态环境及气候变化产生难以估量的负面影响。从战略上看，中国面临的能源挑战不外乎涉及两个方面的矛盾：一是能源的有限供给与经济发展日益扩大的能源需求之间的矛盾。这是一个经济问题，要求我们必须思考如何进行制度设计并有效实施，"以有限的能源满足经济的持续快速增长"。二是能源的大量使用与环境形势日益加剧之间的矛盾。这是一个社会问题，要求我们如何平衡经济需求及选择社会目标的组合，我们应"尽可能地降低甚至避免能源使用过程中造成的环境损失和社会福利损失"。

归纳起来，中国能源结构不合理性存在的主要成因表现在以下几个方面：资源禀赋结构是中国能源结构刚性的基础条件；中国实施的工业化赶超战略是产业结构对化石能源高度依赖的根本原因；压低扭曲的能源价格体系是形成高度依赖化石能源的内部因素；可再生能源的实施障碍是中国能源结构持续刚性的重要瓶颈；还表现在能源发展规划执行力度较差，包括石油对外依存度较高导致能源安全存在隐患、能源效率较低、能源供需失衡、新能源和可再生能源发展较慢等。还有就是，从历史上来看，中国一度实行自给自足的内向型能源发展战略，从现实来说，中国工业化建设处于中期阶段，能源结构受制于现有的经济发展水平和发展方式，发展步伐缓慢；另外，受制于政策以及相应的基础设施限制，优质能源的开发利用也十分有限，先进能源技术的基础性研发投入不足，新能源技术的政策实施力度不够，缺乏有效的激励政策，在实际应用中没有真正的发展动力和商业化市场。可以说，距离一个多元化的、开放的、竞争有序的现代能源市场，我们还有很长的路要走。能源结构的调整和优化势在必行，虽然不能一蹴而就，但要关注当前、立足长远。

能源结构的调整涉及社会经济生活的方方面面，合理的能源结构既要满足社会经济发展的需求，也要有利于改善日益恶化的生态环境。能源结构的合理与否，直接关系到能源产业本身的发展，并对经济的发展有着巨大的制约作用。当然，能源结构是由经济、社会发展程度与一定科技水平下可利用的能源资源状况所决定的。产业革命以来，能源发展反映了两大趋势：一是随着经济的发展，人均能源消耗量在增长；二是能源构成不断在变化，总体趋势是从含碳量高向含碳量低转变，即从传统的化石能源逐步向优质能源和清洁能源转变。能源结构向多元化和均衡的方向发展，既是能源战略转型的核心问题，更是国民经济宏观战略朝向可持续发展方向的理性选择。

实现低碳化的、有序的能源结构是中国能源战略定位的根本。国内外实践经验表明，能源结构不断优化是经济发展的加速器，建立清洁高效的能源结构是实现能源可持续发展的基础。因此，中国应该在未来进一步调整能源结构，使其优质化、合理化。具体来说，要把大力调整能源消费结构作为转变能源发展方式的主攻方向，科学制定节能和提高能效规划；要改变以往能源战略规划主要从能源储备和能源生产，即能源供给侧来考虑

23 能源结构要实现动态优化调整

满足能源需求问题的不足，要从供给和需求双侧管理来考虑满足能源需求问题；要加强能源管理体制改革，引入市场机制，要放开竞争性业务，鼓励各类投资主体有序进入能源开发领域公平竞争，促进各种能源的合理配置；要强化能源监管，研究拟订全面深化能源领域改革方案，推进能源领域体制机制创新，鼓励和引导民间资本进一步扩大能源领域投资，进一步深化电力改革，稳步推进石油天然气改革，加快煤炭改革，加强能源市场监管和能源安全监管；要加强能源立法，健全相关法律法规，要高度重视并积极推进能源法律制度建设，为增加能源供应、规范能源市场、优化能源结构、维护能源安全提供法律保障；应根据中国能源分布不均匀，用能不平衡的特点，加强能源基地的建设，并着手区域能源结构的调整和优化，最终实现全国能源结构的优化；要建立完善科学的能源成本核算体系，使得能源成本完全反映资源、环境、安全等因素，合理确定能源定价基础，坚持能源价格市场化改革方向，调整扭曲的能源要素价格，提高能源使用效率，并以提高能源效率为主线，保障合理用能，鼓励节约用能，控制过度用能，限制粗放用能；进一步拓宽石油勘探开发领域，加强天然气的开发利用，特别是大力开发利用煤层气、页岩气、煤制气等非常规天然气产业发展，合理适度开发水电，大力发展核电，有序发展风电，并积极推进风电就地转化，加快开发太阳能、生物质能、地热能等清洁能源，提高能源绿色、低碳、智能发展水平，着力构建安全、稳定、经济、清洁的现代能源产业体系。在能源结构调整和优化中，我们还要多渠道、多方式开展国际合作、参与国际能源市场，调整中国能源的内外结构。在全球经济一体化、资源共享的国际背景下，若"立足自身"解决能源问题则无疑是一种"自我封闭"。因此，我们要充分利用多种方式、多种渠道，广泛开展能源国际合作，把国内市场、国外市场和国内资源、国际资源等"两个市场""两种资源"有效结合，在充分参与国际能源市场，借鉴国际上能源结构调整、优化经验的基础上才能更好地改善中国的能源结构，走一条清洁、高效、安全、可持续的能源发展之路，为中国经济稳定增长提供有力支撑。

24 能源产权制度的优化路径

产权是人与人之间由于稀缺物品的存在而引起的与其使用相关的关系。这种关系具体规定了与经济物品有关的行为准则，所有人在与其他人相互作用过程中必须遵守这些准则，否则要受到相应的惩罚。产权本质上是一种基于财产之上的责、权、利内在统一的关系体系，其主要功能是促使经济当事人进行经济活动产生的成本和收益都由自己承担和享有，从而形成对当事人行为的激励和约束，引导资源的有效配置。经济学中所讨论的产权概念指的绝不仅仅是一般物质实体的归属，更涉及人们在对各类资源的使用中所产生的相互影响的行为关系。

产权制度不是从人类社会一开始就有的，只有当社会经济资源的稀缺程度达到了必须由社会的强制力量来组织和规范其财产关系的时候，产权制度才有了产生的经济根源。同时由于社会分工的存在，就产生了一个如何协调他们的行动和对他们生产出的产品如何分配的问题，现代社会的产权制度就此产生了。所谓产权制度就是制度化的产权关系或对产权的制度化，是划分、确定、界定、保护和行使产权的一系列规则。"制度化"的含义就是使既有的产权关系明确化，依靠规则使人们承认和尊重，并合理行使产权，如果违背或侵犯它，就要受到相应的制约或制裁。

根据产权经济学理论，产权安排是决定资源配置效率的决定因素。根据产权的定义，能源产权是指所有和使用能源的权利。能源产权是随着能源资源的稀缺性而出现的，是行为主体对能源资源拥有的各种权利的集合。能源产权包括一系列影响能源资源使用的权利，包括能源资源的所有权、使用权、转让权和收益权等。能源产权作为一种特殊的资源产权，其基本特征主要有以下几个：一是能源产权的排他性。排他性是产权最基本的特征之一，能源产权也不例外。能源产权的排他性是指能源产权主体在行使对能源的权利时，排除了其他主体对同一能源资源行使相同的权利。从整体上看，能源产权属于全体人类所有（包括尚未出生的人），但在实际操作中，能源产权也被分配给某一特定区域甚至微观市场主体，从而能源产权表现为公有产权与私有产权相结合的特征。无论是公有或私有的能源产权，都具有排他性的特征。公有产权的排他性主要是除了共同体内部任何人对共同体的产权行使权利外，其他行为主体就被排除在外。而且任何对能源产权的行使必须以不侵害其他成员的权利为前提，只有这样才能保证人人享有能源保障的基本需求。从现代产权经济学角度来看，不同的能源产权制度决定着各类能源资源分配的公平性、配置的有效性、监管的适度性和发展的可持续性等，尤其从根本上影响了能源开发利用、收益分配的效率与公平。

一般就产权制度效率而言，私有产权比公有产权更有效率。因为，在公有产权下，由于共同体内的每一成员都有权享有共同体所具有的权利，如果对他使用共有权利的监察和谈判成本不为零，他在最大化地追求个人价值时就有可能将由此带来的成本部分地让共同体内的其他成员来承担。因而在共同体内"搭便车"的行为将不能得到有效的制止，其结果是共同体成员行为有很大的外部性，以及由此带来的资源的过度使用和效率损失。但这并不意味着公有产权就一定是低效的制度安排。只要与公有产权相配套的制度基础比较完备，公有产权的制度设计也可以达到高效率目标。因此，公有产权是否有效取决于与之相配套的制度基础完备与否。

产权制度是现代经济制度中的核心制度，是影响资源配置的重要内生变量。从理论上分析，能源产权制度是整个现代产权制度体系的重要组成部分。长期以来，由于受"狭隘产权观"的影响，不少人把"现代产权制度"等同于"现代企业产权制度"，忽略能源领域的产权问题。能源资源在过去一直被认为是取之不尽、用之不竭的公共物品，于是人们采取各种手段攫取能源资源，致使在长期开发和利用过程中造成了能源资源的严重短缺和退化。产权理论认为，由于在能源资源利用过程中，对能源资源保护和利用的权利、义务关系不对称，即产权失灵，从而导致能源资源无效率利用，使能源环境状况不断恶化。面对此种危机，人们意识到有效产权制度的重要性。能源资源稀缺程度的不断提高，以及由此产生的能源资源的分配与利用问题，需要利用产权理论去解决这些现实问题。产权制度对能源资源利用具有极其深远的影响，合理的产权制度不仅可以提高能源的利用效率，促进国民经济的快速健康发展，而且对于生态环境保护、协调经济与环境的关系产生积极的影响。

中国法律规定，中国的能源资源所有权归国家和集体所有，开发利用能源资源所获得的收益由国家或集体在全体所有者之间根据各自的贡献大小进行分配，能源资源均不能随意买卖。中国能源资源公有产权的国家管理模式，决定了中国公有产权的能源资源的管理、开发、利用中存在多层委托代理关系。对社会来说，社会与国家之间的委托是一种法定和全权委托，国家所有权和社会或全民所有权基本上是等价的，国家是一个产权代理机构。中国的能源资源属于全民所有，由国家代为管理，但国家是个抽象的、不清晰的集合体，所有者缺乏明确的人格化。能源资源的国家管理实际是由国务院的政府职能部门管理。国务院职能部门与地方各级政府职能部门之间的对口垂直管理关系，使国务院将有关能源资源管理权分解，委托中央政府各职能部门和各级地方政府管理自然资源，中央政府各部门和各级地方政府不可能完全控制和直接管理这些能源资源，必须将一些管理权限委托给下级政府来对能源资源进行直接管理。各级政府通过授权给相应的国有资源资产管理公司，由其代为管理。通过纵向上各级政府之间对能源资源管理权的层层委托代理，与横向上地方政府对能源资源管理权的"分摊"，导致表面上能源资源有明确的产权主体，但实质上国有产权被虚置或弱化了；表面上人人都拥有能源资源的所有权，实际上人人都不拥有其所有权。这样，一方面，国家所有的能源资源就会变公共资源，不可避免地产生"公地悲剧"；另一方面，在能源资源的具体管理制度设计上没能明确规定中央政府、地方政府、管理部门、能源企业以及能源资源所在地居民的权利和义务，使得在能源开发利用的过程中产权不明晰，使用权与所有权不分。还有就是，能源资源所有权的层层委托代理行使，造成能源资源的所有权被层层分割为各级政府所拥有，而层级复杂的委托代理制度不仅有可能出现"代理失灵"，加大了能源资源管理的行政成本和低效率，而且也直接导致了能源资源开发利用中各种各样寻租现象的产生。

这样的产权制度安排难免导致能源资源使用的低效率。因为这样，能源资源的经营者无权处理能源资源，只能通过这项能源资源获取短期的收益。能源资源的使用者不承担能源资源或贬值的质量的下降相应的后果，但却有权使用这些能源资源，这种制度让投资者认为在这些相较而言比较廉价的能源资源上实施科学和技术创新，提高能源资源的开发力度会增加成本。除此之外，由于能源资源自身的特点，中央政府不可能十分有效地对地方的能源资源使用进行控制，而且即使进行控制也会导致高昂的成本，而地方政府以其自身的利益为出发点，并不注重能源资源的市场化配置与能源资源开发的监管，虽然出现了能源资源的浪费，但是地方经济却得以提高。同时，能源资源的缺乏与浪费已经成为中国经济体制转型过程中的一个突出问题。随着经济增长速度的加快，能源资源消耗同经济增长之间的矛盾越来越明显，中国在处理能源资源和自然环境问题的过程中，已经慢慢地开始关注到了能源产权的重要性。但在保护环境和节约资源的进程中还是有很多问题随之出现，这些问题有很多都是因资源所有权和使用权分离所造成的。因此，经营能源资源的个人或者企业只能获得短期的利润而无法得到最终的处置能源资源的权利。

资源节约、环境友好、生态保护与可持续发展是生态文明的核心内容。但能源资源利用率低、能源耗竭速度过快、环境破坏严重等中国能源资源产权制度的实践却与此背道而驰。能源资源开发利用过程中产权市场化程度低、有偿取得比例小、资源浪费、环境恶化、生态补偿效果微弱等现象，表明中国能源资源产权制度运行结果对最优状态的偏离。能源资源产权残缺致使大量的能源资源价值和收益被置于公共域，转化为资源租值，进而导致相关利益主体的寻租行为及资源开发中的租值耗散，表明中国能源资源产权还处于一种不完整状态。能源资源法规体系运行实践中存在的无法可依、有法难依、有法乱依等现实问题，揭示出中国能源资源产权制度法规体系一系列非效率的特征，即普遍存在的单一法规在确定性、开放性方面的缺陷，以及法规体系完备性、耦合性的不足。产权制度结构中国家要素有限的治理水平，即有限的理性认知、权力迷信的文化、次优的目标选择以及相应的国家意志、分权型的立法权力结构、制度变迁的政府主导特征等国家层面的非正式、正式规则是中国能源资源产权制度运行结果和法律法规体系非效率的根本原因。

政府和市场的双重失灵严重困扰着中国能源资源的有效保护和利用，现行的能源资源产权制度已明显不适应当前市场经济发展需要。这样，就需要作为制度供给者的政府，按照市场经济的要求，从能源资源产权的界定、配置、流转和保护等方面展开进一步改革。能源资源产权制度改革应该实现国家政策目标与微观经济主体行为目标的激励相容，即这种激励必须同时实现两个目标：一是维护国家能源资源的所有权权益，同时提高能源管理效率减少"政府失灵"；二是维护直接从事能源资源开发的能源权人的权益，促使能源产业可持续发展，尽可能避免"市场失灵"。在改革的路径选择上，既不能采取完全的公有产权形式，也不能采取完全的私有产权形式，而应该坚持折中的公、私产权相结合的混合产权制度，只是在混合的"比例"和具体的产权安排上要根据能源资源的自然及经济属性进行综合运用，既保证公权的控制力，又赋予私权自主性，以使产权制度与市场经济体制以及能源资源的可持续利用相协调。

具体来说，我们要着力做好以下几个方面的工作。第一，建立宪政秩序，彰显出能源产权"多元和宽容的"秩序理性。社会呼唤着秩序，国家需要法治。宪政秩序是根本性的制度环境。构建公平、合理、科学的能源产权制度，离不开宪政思维。宪政是人类法治进化和政治文明发展的必然趋势和高级样态。从某种意义上说，能源资源公有产权的失效就是约束政府规则的失效。要保证能源资源公有产权的有效性，需要通过制度途径制约政府在能源资源公有产权的委托代理过程中的自利行为。宪政要求限制政府的权力，界定政府权力边界，防止政府利用行政权力为政府或私人牟利，建立并维护一个正义的秩序。宪政理念决定了能源产权制度设计必须遵循民主，反对歧视。在产权领域，宪政秩序的缺乏最严重的可能后果是私有产权受到歧视而得不到应有的保护，政府随意将私有产权转为公有产权；甚至在公有产权的外衣下，公有产权最后演变为特权阶层所有，形成强政府弱社会的格局。总之，建构宪政秩序是保障中国能源资源公有产权制度有效运行不可缺乏的重要制度条件。

第二，要重视能源产权制度相关法律制度建设。法规制度是制约人们行为、调节人与人之间利益矛盾的一些社会承认的规则。要确立合理、清晰的产权制度，必须通过立法来明确界定能源产权，使自然资源的产权有明确的归属，同时允许能源产权在市场上进行自由交易。另外，还要通过立法保护能源产权所有者或能源产权交易各方的权益，形成合理的能源价格机制和有效的激励机制。为此，国家要完善能源产权的法律法规制度建设，使能源产权制度的深化改革有法可依。在法律上明确规定能源资源的产权边界，如立法、授权、配额使用等，使能源资源的产权量化到特定组织或个人，以及能源资源的产权交易主体、产权交易规则和产权招标、拍卖等制度，从而使侵权行为产生的纠纷，无论发生在国家与个人之间，还是组织与个人之间，都能有法可依。

第三，要改革能源资源国家所有权的实现方式，探索能源资源管理新模式。能源资源产权制度改革的目标应当是在维护能源资源国家所有权基础上，激励从事能源资源开发利用的经济当事人，从而促进能源产业的可持续发展。虽然能源资源国家所有权不会改变，但国家所有权实现形式可以多元化。应当明晰围绕能源资源产权而存在的经济主体与政治主体之间的责、权、利关系，以充分发挥产权制度的激励与约束功能，强化其资源配置功能，促使能源资源能够高效、可持续利用。

第四，明晰能源资源产权关系，公平调整和确保不同产权主体的权益。建立和完善能源资源产权制度，需要理顺各种经济关系，明晰各权力主体的权、责、利关系。其中最重要的是理顺国家与能源权人的关系，使能源资源的所有权与使用权相分离。应当界定清楚围绕能源资源产权而存在的政府及其相关管理机构与不同所有制类型的能源开发利用者之间的责、权、利关系。国家以及代理国家的各级政府享有能源资源的所有权权益、管理权权益，以及国有企业的投资权权益，应通过各种法律法规保障国家的租金收益、税费收益和资产收益。同时，在打破国家行政垄断的条件下，使政府拥有的行政权与能源产权置于不同的制度安排中，减少政府设租与寻租的机会，避免出现"国家悖论"和"代理失效"。能源权人可通过市场机制获得能源资源的占有、处分、收益权利，并由国家法律保护其合法权益。

第五，将市场竞争机制引入能源开发利用环节。引入竞争机制，打破原有能源资源完全按行政隶属关系接受委托使用的格局，允许委托单位在所在区域内自主择优选择代理人，实现能源权人之间的良性竞争。通过竞标程序设立多个代理人，使他们通过市场竞争来调配能源资源开发利用的各种权利，达到防止能源资源与权力高度集中而产生的腐败现象，在委任单位与能源权人之间，务必严格通过契约或合同约定产权界限、分享收益的比例、违约责任等，赋予能源权人以物权性效力，从而充分保障其市场竞争力，促使其对能源资源的经营采取市场化模式，确保能源资源利用效率的最大化和产权主体收益的最大化。

第六，建立公平合理的收益分配机制。产权收益归属明确是现代产权制度的基础，在能源资源产权权利束中，所有权、使用权、转让权等权利都是和收益权相联系的，即存在所有权收益、使用权收益、转让权收益等。目前在中国，大量的能源资源被免费或低偿使用，全体人民或集体所有的收益，成为少数企业、特权部门的利润或者某些利益集团的收益。因此，需要改革现行的利益分配机制，按照不同的产权主体在能源资源开发利用中所占的地位、所起的作用、实际贡献而做出相对公平的收益安排。其中重点是理顺中央政府与地方政府的能源资源收益分配关系，给予地方政府一定的收益权。

第七，要规范能源产权交易市场运行。市场是一种经济关系，能源产权的交易不能离开市场。建立完善的能源产权制度，就必须建立规范的能源产权交易市场。因此，建立适合中国国情并适应市场经济体制要求的能源产权交易市场迫在眉睫。能源产权交易市场化的实质应当是在坚持能源资源国家所有制的基础上，对能源资源使用权制度和流转体系进行改革与创新，在能源产权交易方式、交易程序、交易内容、交易中介等方面逐步形成一套适合规范化要求的制度，并严格按照制度规定来操作执行，增加能源产权交易市场的透明度，降低产权交易成本，促进各种资本在能源产业市场上有序地运行。通过能源产权一级、二级市场公开交易，一方面有利于在明晰产权的基础之上，可以利用交易市场改善资源管理秩序，进一步实现能源资源的经济、环境与生态价值，提高能源资源的综合利用效率；另一方面，可以通过能源产权交易，发挥市场机制的作用，淘汰落后的生产工艺，减少资源浪费、环境污染和生态破坏，最终实现资源开发、经济效益、生态环境的可持续发展。

第八，加强能源产权市场中介机构建设。能源投资专业性很强，能源产权交易涉及的问题比较复杂，为此，需要借助专业中介机构的有效服务，才能顺利进行交易。政府应当积极培育能源产权市场各类中介机构，健全诸如法律、经济服务类中介机构。一是培育能源产权市场需要的各个专业中介组织。这类组织在政府主导下，能服务于能源产权市场的各个环节。二是整合现有专业中介机构的技术力量，成立综合性的能源产权中介服务机构；或者是专业性的中介机构，服务于其中的一个或几个环节。三是引入市场准入制度，使能源产权国内评估与国际惯例接轨。加强诸如能源产权评估、信息服务、代理、法律咨询、经纪等单一或综合性的中介机构的标准化建设，合理设置门槛准入制度，使其不受外界干扰，从而独立公正地开展服务，使其中介服务触及能源产权市场的各个角落。四是加强能源产权中介结构人才队伍建设，建立一支专业知识性强、服务意识和服务水平高、年龄结构层次合理的评估师队伍至关重要。

"钦点"能源（二）

25 能源规划的法律规制

"规划"的词义古已有之，简而言之，就是人们对未来长远的筹划和安排。"凡事预则立，不预则废。"《中庸》如是说道。古人所谓"宜未雨而绸缪，毋临渴而掘井"的训诫，更表达了对未来进行规划的重要性。规划，一般指比较全面的长远的发展计划。规划与计划基本相似，不同之处在于：规划具有长远性、全局性、战略性、方向性、概括性和鼓动性。

规划行政是现代政府活动的重要内容。行政规划就是为了实现特定的制度设计而协调各种不同的，甚至是相互冲突的利益的过程。规划确定过程的所有层次，几乎都是由政治过程、行政过程、经济过程乃至法规范统制过程混合组成的。规划确定过程是诸种利益的调整均衡过程，既是政治性决断和国家、社会公共利益的调整均衡过程，亦是个别利益的调整均衡过程。每一个利益调整均衡过程都关乎该规划实施的实效性，关乎该规划的持续性和可接受性。

依法行政是政府一切行为的基本原则，这同样适用于政府行政规划。现代法治理念之一就是要求行政规划的行使与运用要受到行政程序的规范与制约。行政规划必须要依据法律并旨在真正执行法律。一方面，行政规划必须要坚持法律优先与法律保留的行政法治原则，法律优先意味着法律对行政决策的支配性，它要求行政机关做出行政规划应以法律规范为依据，不能凭长官意志办事。另一方面，法律保留原则要求行政机关只有在得到法律允许的情况下才能作出行政规划决策行为，即"无法律无行政"。没有法律根据，行政机关不得作出影响公民合法权益或者增加公民义务的决定。否则，就将构成行政违法。

自新中国成立以来，中国的行政规划经历了一个逐步发展完善的过程，由单纯的计划经济发展到综合的发展规划，由简单的短期目标发展到中长期的发展蓝图，由静止的、单方面的、封闭的计划向动态的、全面的、多层次的、开放的规划发展。但是，由于中国的国情、立法状况以及规划本身的复杂性，随之产生诸多矛盾和问题，亟待解决。目前中国没有行政规划法典，也没有通过行政程序法，行政规划没有统一的规定，关于行政规划的立法规定都散见于一些单行法及法规、规章中，且规范形态多种多样，各种规划及各级规划之间缺乏协调、衔接，甚至有的规划之间相互矛盾、冲突，不考虑其他部门利益的情况较为普遍。

在实行市场经济的工业发达国家，能源规划已经成为促进能源发展、解决能源问题的重要手段。能源规划是依据一定时期的国民经济和社会发展规划，预测相应的能源需求，从而对能源的结构、开发、生产、转换、使用和分配等各个环节作出的统筹安排。在能源行业管理中，规划既是对能源行业宏观调控的手段，也往往是核准建设项目的依据。能源规划作为发展规划，无疑是本行业宏观调控的手段。但能源规划不能仅仅是一个部门规划或是一个行业规划，而应该作为综合性的能源战略规划，纳入到国民经济规划的编制范畴。

一个国家或地区的能源规划最重要的是要加强能源需求预测和能源开发供应预测，做好能源统计和分析工作，对能源开发和节约的规划工作应加强可行性研究和技术经济论证，为正确做出决策提供科学依据。能源规划的主要内容包括：能源供需现状调查分析、能源需求预测、能源供应方案的设计、评价与优化以及方案检验与决策等。在能源规划中，要正确处理能源与经济、能源与环境、局部与整体、近期与远期、需求与可能的关系，统筹兼顾，合理布置，保证能源建设有秩序、有步骤地同国民经济发展相协调，保证各种能源在数量上和构成上同国民经济和社会发展的需要相适应。

能源规划是政府能源战略的行动纲领或行政过程，是国家权力政治在政府工作中的集中体现。能源规划作为行政规划的一种，适用一般行政规划的法律规制手段。能源规划具有的特殊属性，必然带来其协调利益的特殊性，分析其需要协调的利益关系，将有助于对能源规划进行有针对性的法律规制。当然，由于能源规划的特殊属性决定了其需要协调的利益关系的特殊性，正是能源规划自身的特殊性造就了能源规划涉及的特殊利益关系，进而造就了对其特殊的法律规制问题。因此，对能源规划除适用一般行政规划的法律规制外，更重要的在于对规划制定主体、各类能源规划以及能源规划与其他行政规划的整合。通过整合，协调能源规划涉及的特殊利益关系，最终达到制定和实施能源规划的共同目标。

能源规划是国民经济规划的重要组成部分，其基本任务是提出能源的综合平衡规划，包括能源的需求、生产、加工、转换、输送、储存和利用等各方面的规划。基于能源对社会经济发展的整体支撑作用，能源工作是国家实施宏观调控、调整经济结构、转变经济发展方式的重要组成部分，能源规划对国民经济和社会发展全局同样具有宏观调控功能。在国民经济总体规划中，能源的发展既由国民经济发展所决定，同时对国民经济的发展也有促进和制约作用。

从理论上讲，在一个严谨的政策结构中，能源政策不可能离开能源规划，否则能源政策就没有存在的根据。可以说，能源规划是能源政策的前提，是能源政策有效的依据。一个成熟的能源规划往往会使能源政策得以长效实施，一般而言，能源规划的科学与合理直接决定了能源政策的科学性和合理性。当然，能源规划必须有能源法的根据与规则，在根本上依然要受到法律的统制，这是现代民主法治国家的必然要求。

既然能源规划是行政行为，制定能源规划的主体之间的整合，是保证能源规划整合的一部分。能源规划与其他行政规划之间内容互相包含实际上是能源利益与经济利益的互相包含与协调，是能源安全与经济社会发展这两大政府管理目标的协调与整合。规划之间内容的互相包含说明，能源利益与经济利益、能源安全与经济社会发展不是有你无我、相互制约的关系，而是相辅相成、相互促进的关系。

合理行政和依法行政成为能源规划生命力的源泉。法律作为现代社会最权威、最有效的社会调整方式，在能源规划上理应发挥重要作用。因为能源规划的法律安排既可使其制定科学合理、公开公正，也可使其法律效力得到保证。就能源规划的职能或功能而言，应关注如下两个方面：一是规划权力来源的合法性；二是规划权力的范围。为此，需考察相关法律、行政法规的规定加以确定。只有明确了权力的来源和界限之后，方才涉及组织问题，即应由哪一机构或组织主导规划权力。对于这一问题，我们认为应符合规划立法原则之法治原则的要求：一是合法性要求。即法律、行政法规有明确规定的，按照法律和行政法规的规定处理。二是合理性要求。法律、行政法规没有明确规定的，按照行政合理的原则配置规划权力。

近年来，国际上能源战略从权力政治走向权力合作，从政治博弈走向经济博弈，各国经常制定相互依存关系中的交易规则，极力利用国际制度来制定规则，影响牌桌之间筹码的转让。这从某种意义上来说，加强了国内能源制度的安排，特别是能源规划与能源法律的制定与完善。无论是国外经验总结，还是本国成功能源政策效力的提升，以及政府部门的权力博弈和利益博弈都可能因能源规划及其决定的能源政策的灵活性而更容易实现。

作为国家权力政治的能源战略从理论到实践，既需要政府的组织指挥协调与监管，也需要法律制度安排出长期稳定的制度空间。如此，能源战略实施必须以能源规划为路径，以能源法为空间。能源规划应配套以强有力的政策与制度保障，能源规划实施既需要各项能源政策得到实施，也必须有能源法各项制度的保障。无能源法规范，能源规划则会无拘无束，且无效力保证，甚至有无一样。而有效能源规划可以提供更多有效的能源政策，不仅保证能源法的实施，而且能为其提供规范来源，为能源法及其制度的构建，特别是政府规章制度的构建奠定基础。能源法为能源规划提供依据。能源法律必须保证政府能源规划都纳入法律制度的边界内，这既是政府合理行政和依法行政的要求，也是保证行政程序公正和行政效力的要求。能源规划本身可以有简繁之分，却难有层级之分，无论涉及哪种经济政治手段，还是关乎哪个领域都必须在能源法律中有所体现。

在中国，政府进行能源规划管理应该是轻车熟路。然而，作为对资源能源环境管理的重要手段的能源规划在中国没有受到应有的重视，规划经常流于形式，或者成为人们对政府行为的戏言，甚至可以随意变更。一直以来，由于国家能源主管部门所处的尴尬地位，各大能源央企曾经各自为营的混乱局面依然存在，能源企业发展规划时常代替国家能源规划，因此，多年来，公众已快要分不清国家规划与国企、央企规划的区别了。一段时间以来，中国的能源规划似乎是在一个法治的"真空"内运行，能源规划的变更表现得尤为明显，完全不顾及行政行为的信赖保护，也不对合法权益受到损害的利益相关人予以补偿。从理论上看，能源规划变更的理由只能是公共利益的需要。而公共利益是一个抽象的概念，如果不加以明确，在实践中可能会被滥用。

能源规划的法律规制是一个能源法与行政法相互衔接和协调的问题，而中国在这方面还做得远远不够，其根源在于中国能源立法的极度弱化。在中国的能源规划制度实践中，目前存在的主要问题有：一是在能源规划的立法上，以分散立法为主，缺少统一的规划基本法的指引，规划的程序、基准等繁多而且不一致，使利害关系人及实务部门难以把握。二是在能源规划的程序上，规划的拟定、确定过程的民主性、公开性不足，忽视利害关系人的参与作用，民意吸纳和公益协调机制不完善，缺乏有效的协商机制。三是在能源规划的内容、手段和进度上，由于缺乏有效、完整的规划拟定、确定程序的法律规制和内容可行性的论证机制，规划的科学性、合理性比较差。四是能源规划制定和实施的制度化不够，制定规划的主观随意性和实施规划的虎头蛇尾等现象比较普遍，而随意变更规划的管理机关却难以被追究法律责任。五是能源规划的法律责任和政策责任尚不够明确，纠错性和救济性较差。

中国由于缺少统一的能源规划，导致全国很多能源得不到合理的分布，能源结构没有得到优化，能源资源的开发利用没有取得良好的效率。因此，我们一定要清楚地认识到，国家能源主管部门是国家的，而不是从属于某一个企业、某一个部门。在能源规划制定过程中,应当充分考虑全国能源资源的分布情况,充分认识到能源管理部门和能源企业之间的特殊关系,最大限度地发挥能源管理部门之间以及管理部门与企业之间的协同合作,实现国家能源规划和能源企业发展规划的融合,实现能源规划的科学性和协调性。在能源规划执行过程中,要严格能源规划变更的条件和流程,尽快出台有关能源规划违法违纪行为处分的行政法规或部门规章,强化国家能源规划的法律地位,实现规划的稳定性。特别是即将出台的《能源法》对能源规划制度要作出专门制度安排,这显得尤为重要。将能源规划上升为法律制度,确立其法律地位和权威性,这将有利于我们从战略上保障能源安全。

发挥市场的决定性作用,就必须排除政府对市场的过度干扰,同时又需要政府做好服务工作和保障工作,创造良好的市场环境并提供有效的社会保障。因此,以法律的形式界定政府与市场的边界,并用法律程序、法律规则矫正政府随时可能出现的越位、缺位和错位,就显得至为重要。能源规划的法律规制包括不同的调整对象和方法,需要综合经济法与行政法来实现。体现并保障能源规划的宏观调控地位,属于经济法的任务。明确能源规划的法律性质、地位与效力,属于行政法的调整范围。特别是在《能源法》中,应当明确能源规划的功能定位,首先要充分发挥市场在资源配置中的决定性作用;对市场失灵的特定领域、行业或特殊时期,方可采取必要的行政手段直接调整。《能源法》安排的能源规划法律制度要确定能源规划的内容、法律效力和编制程序。关于能源规划制定主体权限法定,能源规划制定主体应当取得组织法或者单行法的授权,授权应当尽可能具体明确。而规划的权力架构主要涉及两个层面:一是纵向层面。中央政府和地方政府的权限划分,在单一制政府体制之下,地方政府的权力主要来源于法律规定和上级政府授权这两个途径。二是横向层面。就是政府机构之间的权限划分。因此,国家能源主管部门制定能源规划要体现宏观调控和行业管理职能;省级能源主管部门制定能源规划时,重点在统筹本省落实国家能源主管部门制定的规划;省级以下的能源规划,则不具有宏观调控的职责。关于不同层级能源规划的效力，我们可以参照《宪法》与《立法法》关于立法体系与权限的规定，根据立法主体的法律地位确定其制定的规划的法律效力。《宪法》赋予地方各级人民政府对地方事务广泛的行政管理权，探其立法意旨，地方性规划的行政管理亦涵盖其内。从《立法法》的相关规定考察，地方政府有权以地方政府规章形式对其职能范围内行政管理事项作出规定，即地方政府规章制定权。因此，对于其范围内行政规划事项（包括规划主体的职权、行使规划权的条件、程序和责任等）亦可以制定地方政府规章进行管理。但应强调的是，国家能源主管部门制定的涉及宏观调控、产业政策方面的规划，在不违反法律、行政法规的前提下，应当具有较高效力等级，地方不得制定与之相抵触的地方性法。另外，我们要依据《行政法》，建立严格有效的问责机制，切实追究违背能源规划或违法变更能源规划的法律责任，才能改变违法者的心理预期，从根本上扭转这种扭曲的权力意志。如果违背能源规划或违法变更能源规划需要付出降级、撤职的高昂代价，规划的公信力才能真正树立。

  我们还应当确信这样一个事实，即能源规划的法治建设是一个相关制度彼此关照和磨合的过程。历史昭示着我们，无论对一项制度进行怎样的精心雕琢，但如果相关制度和其不兼容，这精心雕琢的在理论上看似完美的制度则有可能因为缺乏整体协调而大打折扣。当下能源规划的制定、执行及其变更中诸多问题的解决都依赖于制度创新者站在更高的层面——站在法治的高度对能源规划的相关法律制度通过整合进行重构，从而在理想的不能实现和现实的不甘妥协的两难困境中，找到一种使能源规划的制定、执行及其变更的法律制度能够达到丝丝入扣之和谐统一的最优路径。

26 能源预警要有心有力有为

预警，顾名思义，就是预先警告。从经济学意义上讲，预警是对于某一系统未来的演化趋势进行预期性评价，以提前发现特定系统未来运行可能出现的问题及成因，为危机的防范和化解提供依据。需要指出，预警和预测有联系，也有显著区别。预警不是一般情况的预测，而是特殊情况的预测；不是一般的预报，而是带有参与性的预报；不是从正面分析，而是从反面解剖。可以说，预警是更高层次的预测。

最早提出预警思想的是法国经济学家福利里（Alfred fourille），他在1888年巴黎统计学会的会议上发表了《社会和经济的气象研究》一文，阐述了监测预警的思想。作为反映宏观经济动向的"晴雨计"，西方经济学界公认还是从美国开始的。1909年，由美国经济统计学家巴布森（Babson）创办的巴布森统计公司（Babson Statistical Organization），就在其刊物上发表了关于美国宏观经济状态的第一个指示器——巴布森"经济活动指数"。1911年美国布鲁克迈尔经济研究所，编制并发布了涉及股票市场、商品市场和货币市场等的景气指标。1917年哈佛大学编制"经济晴雨表"和"哈佛指数"，1919年开始定期发布"美国一般商情指数"（哈佛指数）。但是，从严格系统意义上讲，经济预警的正式产生应该定在20世纪30年代所发生的资本主义第一次全面深刻的经济危机之后。因为也只是从这个时候起，西方经济学家才开始普遍承认资本主义也有大危机，资本主义经济也会产生警情。随后，经济预警理论在宏观经济预警中得到了充分发展。到20世纪40年代，随着雷达、计算机的出现和战争的需要，雷达预警系统应运而生，并正式提出了预警系统的科学概念，随后，

"钦点"能源（二）

预警思想和理论方法迅速渗透到粮食安全、环境安全和水资源安全、能源安全等研究中。

西方国家对能源预警的重视始于20世纪70年代爆发的第一次石油危机。阿拉伯石油输出国家将石油禁运作为政治武器，致使西方各国经济陷入严重衰退，这使得西方国家开始重视能源安全，与能源系统相关的监测、预警和分析逐渐成为人们关注的焦点。国际能源署（IEA）就是在这种背景下建立起来的，其主要职责包括：维护和改进应对石油供应中断问题的系统，运营国际石油市场的长期信息系统，促进成员国能源和环境政策的统一，通过与非成员国、各国际组织建立合作关系而倡导全球化背景下合理的能源政策，探求改善能源供应结构和提高能源使用效率的方法，等等。国际能源署（IEA）成立之后，在能源预警方面做了大量工作，其建立的世界能源预警系统对于帮助成员国应对能源危机发挥了重大作用。

能源是现代社会最集成的综合领域，是人类社会最尖端的前沿，对这个领域的预警几乎等于对人类主要生产、生存、生活之未来的把握。能源预警是指对能源系统的未来形势发展进行预料、估计、分析、判断和推测，发现可能危害能源安全的危险因素，进而采取措施、消除危险。通过能源预警工作可以对能源运行和发展的演化趋势进行预期性评价，提前发现可能出现的问题和成因，为预先防范和及时采取化解措施提供更有针对性的依据，促进能源与经济社会协调发展。加强能源预警，能够使决策部门正确把握经济发展阶段和运行周期对能源供应的影响，合理安排能源建设规模和节奏。随着全球化石能源耗竭及由于能源使用造成的环境问题日趋严重，各国对于能源预警问题的关注度持续上升，许多国家已将能源预警制定为国家安全战略的一个重要内容。

能源安全是国家安全的重要内容，是保证中国可持续发展的先决条件。中国的能源安全绝不仅仅表现在石油供给安全，它涉及包括石油天然气、煤炭在内的传统能源，以及二次能源电力等多个能源种类的稳定充足供应，也就是说，应当建立能够深刻体现中国资源禀赋特征的能源预警管理体系和机制。然而，冷静地看，当代中国是在一个沉疴严重的传统机制上建立起能源生存方式和生产方式的，引进和吸收成为发展的主要策略，这个机制使我们失去了在能源方面的巨大开创力。在能源预警方面，中国尚处于起步阶段，虽然石油、煤炭、电力等行业内部已有一定的研究成果，但是由于历史原因，中国还没有一个站在全局层面上的、为国家制定综合能源战略和政策提供支持的综合性能源预警信息决策系统，各类能源信息分散、数据不完整，有的数据数出多门，有的数据无处统计，如缺乏全面的能源分布结构和使用结构、节能降耗、能源市场、地区能源核算等数据，难以适应国家宏观管理和社会对能源信息不断增长的需要。同时，日渐频发的能源安全事件正在成为影响中国经济社会运行乃至国家安全的突出因素。只有对能源安全保持高度的警戒，认真研究有关对策并付诸实施，才能防患于未然。然而，传统的能源预警体制与机制极不适应中国能源安全事件的未来发展形势。

值得庆幸的是，近年来，中国政府部门开始高度重视能源预警工作。在2003年11月27日召开的中央经济工作会议上，时任中共中央总书记、国家主席胡锦涛郑重地提出能源安全这个重大战略问题。2004年6月30日召开的国务院常务会议上，时任国务院总理温家宝明确提出要建立健全能源安全预警应急体系。2006年2月，成立不久的国家能源领导小组办公室启动中国能源预测预警系统方案研究工作，在中国首个石油战略储备基地建成并交付使用的同时，中国能源预测预警体系更是进入了紧锣密鼓的建设中。2008年1月，国务院办公厅发出《关于加强能源预测预警工作的意见》，明确提出抓紧建立健全统计制度、稳步推进能源预测预警信息系统建设、着力提高能源预测预警能力和水平、建立能源预测预警信息发布制度。2009年10月26日，国家能源局第一次就中国能源经济运行情况进行发布，并从此建立了能源经济部门的运行会商机制，并将定期发布每季度能源经济形势分析。这一机制将为中国能源预测预警机制的建立和完善提供支持。2009年12月27日，全国能源工作会议在北京召开，时任国家发改委副主任、国家能源局局长张国宝在会上做了题为《转变发展方式　调整能源结构　为促进经济平稳较快发展提供能源保障》的工作报告，在部署"加强能源预测预警和应急保障能力建设"这一任务时，张国宝在报告中强调，要"加强能源预测预警工作。建立完善能源经济运行信息系统，加强日常监测和旬度、月度、季度分析。紧密跟踪世界能源发展动态，加强对国际能源形势的分析预测。建立健全能源预测预警机制，发现苗头性和倾向性问题，及时提出对策建议，为科学决策提供准确依据"。2010年4月22日，时任国务院总理、国家能源委员会主任温家宝主持召开国家能源委员会第一次全体会议，提出"要加强能源运行的预测预警，完善能源安全应急预案，加强安全生产监管"。2013年3月，《国务院关于提请审议国务院机构改革和职能转变方案》将现国家能源局、国家电力监管委员会的职责整合，重新组建国家能源局。2013年6月19日，国务院办公厅公布了《关于印发国家能源局主要职责内设机构和人员编制规定的通知》。根据《国家能源局主要职责内设机构和人员编制规定》，国家能源局将强化能源发展战略、规划和政策的拟订及组织实施，加强能源预测预警，提高国家能源安全保障能力。可见，重视和研究能源预警，绝非杞人忧天，而是摆在我们面前的非常现实的突出问题，必须给予高度重视。

凡事预则立，不预则废。当前，中国能源供需总体上处于脆弱平衡状态，且不确定因素不断增多，能源瓶颈对经济社会发展的影响越来越突出，能源预警的任务非常紧迫。对危机缺乏敏锐察觉和有效防范，比危机本身更可怕。未雨绸缪，及早筹划，在事态发展中占据主动位置，是成败的关键。建立符合中国国情的能源预测预警体系，对于中国应对复杂能源局势，在未来世界能源格局中占据有利位置，至关重要。从某种意义而言，能源预警工作是建立现代中国预警体系的重中之重。加强能源预警建设，做好能源预警工作，有利于及时应对国际能源形势变化，增强中国能源供应的可靠性和安全性，为全面建成小康社会提供能源保障。

有效解决能源短缺的瓶颈约束，实现能源和经济社会的协调发展，我们必须立足当前，着眼长远，借鉴国际能源署（IEA）和发达国家的有益经验，在完善能源战略规划的同时，强化能源运行的预警，加快建立中国能源预警系统，及时发现和正确应对能源发展中的苗头性、倾向性问题，更好地为能源决策服务。能源预警系统是宏观经济管理的重要内容，涉及政府、能源企业等众多方面，建立中国能源预警系统需要各个政府部门、能源企业以及行业协会的共同努力。因此，我们要着力做好以下几方面的工作：一是要完善相关法律法规。完善的法律法规体系是做好各项能源预警管理工作的前提保障。面对能源安全突发事件的日益复杂化和频繁化的局面，我们需要加强能源预警法制建设，面对已有能源预警法律规范的不足，我们需要完善已有的能源预警法律规范，健全能源预警法制体系，加强能源预警法制中的具体制度建设，提高能源预警法制的执行力。二是建立科学完善的能源统计体系。应全面整合能源信息渠道，完善能源统计内容，改革与完善能源统计制度，着力研究建立符合中国发展实际的，具有专业性、权威性、国际性和可操作性的能源统计指标体系，改进能源统计办法，加强能源信息分析，定期发布国家能源安全指数。三是高度重视能源应急处理机制建设。加快制定完备的能源应急预案，建立和完善能源储备特别是石油储备体系，组建强有力的应急指挥机构，加强能源突发事件的应急管理，建立系统化、规范化、制度化的能源应急管理体系。四是建立健全能源预警工作制度。加强预测预警方法研究，切实推进能源预测预警系统工作进度，就要建立良好的工作机制，发挥不同部门及单位最佳合力。五是建立完善国家能源安全风险防范技术体系和对策库。要能够运用能源预警指标体系和方法进行趋势预测，分析相关因素的影响，能源安全突发事件发生的概率、程度、预测结果等，针对不同的预警区间和风险因素建立对应的对策库，为规避能源安全风险提供对策储备，包括能源处于安全区间、基本安全区间、警戒区间和危险区间各自状态的应对对策。六是积极开展国际交流与合作，实现共赢。中国能源预警系统建设要加强与国际组织和国外机构的交流：加强与国际能源署（IEA）等国际组织的数据交换机制；充分借鉴国际管理经验，在管理体制和机制上逐步科学化；积极吸收各国的先进研究成果，构建符合中国国情的能源预测预警系统。

"钦点"能源(二)

27 能源与现代化的合理耦合

现代化是一个世界性的历史概念。它是伴随工业化而来的一种社会变迁，是传统文明向现代文明的演进。当今世界，全球经济一体化正在加速，整个世界的联系越来越紧密，一国的现代化实际上是与整个世界联系在一起。现代化是一个涉及经济、社会、政治、环境、文化的复杂系统，是一个具有时空约束和时代内涵的动态过程，在不同的时期和阶段，其内涵和主题是不同的。现代化，没有一个固定的模式，更没有一成不变的标尺，应该是一个不断发展、前进的目标。现代化是近代以来人类社会发展的趋势，也是中华民族近百年来的不懈追求。建设现代化，实现民富国强是近代中国的历史使命，一百多年来几代中国人为探索适合中国国情的现代化道路经历了无数曲折，付出了沉重代价。对于中国这样的历经艰辛的后起的发展中国家，现代化已经成为一种激励，是民族国家凝聚力的体现。

改革开放以来，中国自主探索，取得了过去一个多世纪都未实现的成就，谱写了中国现代化的伟大篇章，其发展道路被称为中国模式。中国模式的实质是在全球化背景下形成的后发展国家既主动融入现代化进程，又能在其中保持独立自主性的发展模式。目前，中国初级阶段的基本国情决定未来的基本走向和主题仍然是现代化。但是中国的现代化不能复制西方模式。中国正反两方面的实践要求变革发展观，而发展观变革的背后是对现代性理解体认上的变革。而今，世界历史已进入新全球化时代，"经典现代性""后现代性""二次现代性"甚至是"半现代性"在同一时空境遇中出现，构建中国新现代性成为当前发展实践的需要。在这一特殊语境中重新打开马克思对以资本全球化为主体的现代性分析,并与西方后现代性、反思(二次)现代性展开对话,最后得出:中国的现代性是既不同于马克斯·韦伯(Max Webe)时期的经典现代性,也不同于后现代,甚至不是安东尼·吉登斯(Anthony Giddens)等人的"反思(二次)现代性"而是"一种以后现代引导的,多元之间统筹的,全面协调的"新现代性,这正是科学发展观的内在本质,而以新现代性为基础的现代化也是一种新型现代化。

众所周知,人类社会建筑在巨大的能源消耗之上。一个国家的发展离不开能源,而合理地利用能源,是提高现代化建设的重要组成部分。人类文明发展的历史经历了原始文明、农业文明和工业文明,目前正在从工业文明向生态文明转变,可以说,人类的每一次进步都与能源息息相关。能源是国民经济发展的重要物质基础,并与现代化休戚相关。能源作为现代工业和现代城市的血液,是推动现代化建设须臾不可少的动力。在现代工业生产中,任何生产机器和运输工具的运转,都需要有足够的机械动力来保证,没有能量(动力),任何先进的生产设备或运输工具都将成为一堆废铁。一个国家的工农业生产越发达,生产出的产品越多,它所消耗的能源也就越多,所以能源工业的发展水平与速度是衡量一个国家经济实力的十分重要的标志,特别是对一些消耗大量一次能源的部门,如冶金、化工、电力等,影响尤其显著。现代化生产是建立在机械化、电气化、自动化基础上的高效生产,所有这些过程都要消耗大量能源,而且现代化程度越高,对能源质量和数量的要求也就越高。在现代交通运输中,如果离开了煤炭、石油、电力,则无论是火车、轮船、汽车,还是飞机、电车等,都不可能行驶,何以谈得上运输物资和人员,如果没有能源工业的发展,交通运输事业也不可能发展。在现代国防中,其动力来源,除核能外,当前还没有其他能源能替代石油,现代国防中所使用的运输工具和武器,如汽车、坦克、摩托车等,都需要石油,就是现代化的喷气式飞机、火箭、导弹等,也都要耗费大量的石油资源,所以要实现国防现代化,也必须首先发展能源工业。现代农业的机械化、水利化、化学化和电气化,也要消耗大量能源。没有能源工业的发展来加以保证，实现农业现代化就是一句空话。从某种意义上说，人们的一切生活和生产活动都是用能源换取来的。能源是一个国家、区域、城市发展中不可或缺的物质力量，这种力量在现代化推进中显得愈发的重要，在日益竞争激烈的经济环境中，更是发挥着举足轻重的作用。

20世纪初以来，美国一直是全球最大的整体能源消费国。国际能源署（IEA）2010年8月宣布了一个略带爆炸性的结论，中国在2009年已超过美国成为全球最大的能源消费国。根据IEA的数据，2009年中国消费了22.52亿吨油当量，较美国高出约4%。在中国能源需求快速增加的背景下，"中国能耗全球第一"的象征将有一系列重大的地缘政治意义。中国将寻求各种方式满足能源需求和能源安全，中国在中东、非洲、中亚、南美等地区，将会扩大以能源为核心的双方合作。尽管中国已经后来居上了，但是与美国不同，中国的能源需求不是主要由消费者需求带动，而是由能源密集型的重工业和基础建设来推动。

"中国式现代化"模式的逻辑定位是按照现代化规律要求而渐次展开的一个逻辑结构，模式定位的基点是发展生产力。生产力是历史最活跃的因素，也是现代化最核心的内容。而能源是现代生产力的重要要素。能源利用的每一次重大进步都推动了社会经济的巨大进步，近代发达国家通过大规模开发和利用能源，在短短几十年的时间里实现了高度现代化。当今中国社会经济的持续快速发展，工业、农业等生产体系以及人们的生活设施和服务体系的现代化，也都伴随着能源需求的不断增长。由于传统现代化路径对能源资源的高度依赖，每有一个或一批国家实现现代化，就会给地球生态环境增加新的压力。中国作为世界上最大的发展中国家，同样面临人口、资源和环境的巨大压力。能源和这三个制约因素密切相关。因此，在国际能源供需矛盾不断加剧的情形下，需要明确以下两点：一是能源紧缺从一开始就是制约中国现代化建设的瓶颈，那种认为中国现代化建设已突破能源供应紧缺制约的看法是不对的；二是面对"制约"这个"常态"，节约能源资源是解决中国能源供需矛盾最有效的途径之一。从某种

27 能源与现代化的合理耦合

意义上讲，节约能源就是生产能源。

从总体上看，当代中国能源问题的产生和演进是与经济全球化背景下中国现代化进程是一致的。1982年中国共产党在十二大报告中提出的总任务中就是逐步实现工业、农业、国防和科学技术四个现代化，重点要解决好农业问题，能源、交通问题和教育、科学问题。中国共产党的十二大报告还提出加强能源开发和大力节约能源消耗两重任务，报告说："当前能源和交通紧张是制约我国经济发展的一个重要因素。这几年，我国能源生产的发展放慢了一些，而能源的浪费仍然十分严重。交通运输能力同运输量增长的需要很不适应。邮电通讯设施也很落后。要保证国民经济以一定的速度向前发展，必须加强能源开发，大力节约能源消耗，同时大力加强交通运输和邮电通讯设施的建设。"尽管改革开放30多年来，中国经济现代化取得了举世瞩目的伟大成就，综合国力显著增强，被誉为"中国模式"或"中国奇迹"。但是，中国经济的高速发展让人又喜又忧。喜的是，经济实力增长可以带来更多的国民福祉，在国际话语权上也会更为主动；忧的是，高速增长伴随的能源大量消耗，已经让国内资源不堪重负。特别是号称"经济血液"的石油，这一经济建设的必需品持续紧张和短缺，会使中国的GDP被动减速。而这，正是让中国担忧的头等事情。

随着中国今后向消费型社会转型，中国还会面临更大的能源消费需求增长，面临更大的能源安全压力。特别是随着中国工业化、城镇化和现代化进程的加速推进，能源消费的持续增长在所难免。因此，在相当长的时期内，中国现代化所面临的整体能源环境是相当严峻的。中国现代化下一步最大的"硬障碍"，就是能源问题！因此，如何解决能源消费较快增长的需求与能源供应相对短缺的矛盾，将是贯穿中国现代化建设过程始终并事关现代化命运的一个基本的、重大的问题。

有鉴于此，中共中央政治局常委、国务院总理李克强2014年4月18日主持召开的新一届国家能源委员会首次会议上强调说，能源是现代化的基础和动力。当今世界政治、经济格局深刻调整，能源供求关系深刻变化，能源仍是国际政治、金融、安全博弈的焦点。能源供应和安全事关中

"钦点"能源(二)

国现代化建设全局。因此，在中国全面建成小康社会、加快现代化建设的进程中，必须高度重视和妥善解决能源问题。

中国作为发展中大国，随着"新四化"(新型工业化、信息化、城镇化、农业现代化)深入推进和人民生活改善，未来一个时期能源需求还会增长。尤其是中国能源的保有储量、能源结构、较落后的能源转换方式和运行机制与开发技术等，使中国经济现代化面对重大挑战。从可持续发展的观点看，能源是中国实现现代化的一个长期制约因素。世界现代化的发展规律和中国经济的发展态势，都要求中国改变传统的发展路径，努力走出一条符合国情的可持续的现代化新路。所谓可持续的现代化，就是以健康、可持续、提高经济增长质量和效益为核心理念，以减少能源资源消耗为主要指向，以集约节约、优质高效、清洁绿色、人本和谐为主要特征的现代化。可持续的现代化，要求信息化和工业化深度融合、工业化和城镇化良性互动、城镇化和农业现代化相互协调，工业化、信息化、城镇化、农业现代化同步发展。

中国现代化的国家目标是，在2050年前后，达到世界中等发达国家水平，基本实现现代化；在21世纪末，达到世界发达国家水平，全面实现现代化。而能源在中国现代化建设中具有举足轻重的地位。基于中国的国情，面对难于把握的国际能源市场和能源战略，中国现代化必须遵循的途径是建立资源节约型，特别是能源节约型的社会。资源节约型社会是中国现代化模式的核心内容。因此，未来中国的现代化，虽然依然离不开与时俱进的能源战略的支撑，但是我们必须高度关注中国的能源趋势，科学制定符合中国现代化的能源战略。在制定能源战略时，必须认真剖析发达国家的经验和中国国情，关注深层次影响中国能源发展的四大要素：智力与文化(包括人的理念、训练有素的人力资源、科技与创新)；信息(包括信息技术、网络与信息平台)；金融(包括资本运作、汇率、货币流与经验)；体制与管理(包括市场机制、各种配套的政策、监督调控体系与效率)。

一直以来，能源是经济发展的主要动力来源，它推动着经济的发展，

27 能源与现代化的合理耦合

并对经济发展的规模和速度起到举足轻重的作用。经济和能源发展之间相互依赖、相互依存。一方面，经济发展是以能源为基础的，能源促进了国民经济的发展；另一方面，能源发展是以经济发展为前提的，能源特别是新能源和可再生能源的大规模开发和利用要依靠经济的有力支持。而能源经济的发展，核心内容是能源效率的提高、能源结构、能源制度和能源消费理念等的变化。能源建设不仅涉及经济社会发展周期特征，而且涉及土地、环保、技术、资源、运输及其供应安全等诸多因素。能源在现代化过程中起着决定性的作用，社会愈发达，现代化的程度愈高，能源消费就愈大。没有能源的发展，没有能源作为强大的物质基础，经济社会的可持续和稳定发展是不可能实现的。有鉴于此，在现代化建设进程中，能源发展不能总是慢半拍，当然也不能盲目无序发展。

中国要用有限的能源资源和环境条件支撑经济持续发展和生活质量提高，让能源高效支撑现代化建设，就必须坚持节约优先、立足国内、多元发展、保护环境，加强国际互利合作，调整优化能源结构，构建安全、稳定、经济、清洁的现代能源产业体系。当然，"现代能源"是适应现代社会需要的能源，"现代能源"的概念是不断演进的。现代能源是有时间上的变化的，现在是现代的，不等于未来是现代的；过去是现代的，不等于现在是现代的。现代能源能否支撑未来现代化发展，要认真加以考虑，如果现代能源发展没有一个科学的、长期的战略发展规划，将来会制约现代化发展。因此，要把现代能源产业发展规划提高到现代化建设的战略高度来加以重视。当然，现代能源产业体系一定是诞生和运行在现代化的体制和机制环境中，"皮之不存，毛将焉附"，这些年，能源技术突飞猛进，装备水平日新月异，但能源领域始终没有理清楚政府与市场的关系，始终没有解决好垄断与竞争的问题。著名经济学家杨小凯曾指出，以技术模仿代替制度改革，会给长期的发展留下许多隐患，产生很高的长期代价。没有先进的制度保障，其结果往往是掉到"后发优势"的陷阱，发展最终也难逃"其兴也勃也，其亡也忽焉"的宿命。一百多年前，康有为曾云"天下变法之事，未有全利而无弊者"。利弊相伴相生，本来就是事物发展的客观规律,关键是要"两利相权取其重,两害相权取其轻",以"天变不足畏,祖宗不足法,人言不足恤"的巨大勇气来推动改革。唯有如此,能源行业才有光明的未来,构建现代能源产业体系的目标才能实现。因此,加快建设现代能源体系,要把加快改革和制度建设放在更加突出的位置,要加大引导与政策扶持力度,在研发投入、基地建设、政策扶持、资源配套、体制管理、创新体系等方面下功夫。

随着世界范围内对能源的需求和争夺态势的加强,世界各国都根据各自的国情,综合考虑本国的经济发展状况和能源储备、能耗效率、未来能源需求预测、环境条件制约等因素,采取相应的政策和策略,以保证本国能源供应的稳定,力求缓和能源问题。毛泽东同志曾经说过:"政策和策略是党的生命。"由此可见政策的重要性。对于以能源为基础的现代化建设来说,政策和策略不但决定了现代化建设的方式和路径,而且决定了现代化建设的速度和质量。要实现中国现代化的目标,我们就要正确估计世界能源形势,彻底改变现代化建设中有关能源的价值观基础,高度关注中国在现代化进程中所产生与面对的能源态势,从发生学而不是现象学出发,唯物辩证地、系统地分析能源与经济、国家安全、社会发展、人们健康与文明等诸多方面的相互关系,制定科学的、与时俱进的、富有远见卓识和有胆略的能源战略,制定符合市场经济规律与规则的配套的能源政策与运行监管体系;要把实现可持续发展作为一个重大战略,全面贯彻科学发展观,落实节约能源资源基本国策,以提高能源利用效率为核心,建立严格的能源管理制度,实行有效的能源产业发展激励政策,逐步形成具有中国特色的节能长效机制和管理体制;要坚持能源开发与节约并举,节能优先的方针,通过调整能源产业结构、产品结构和消费结构,用高新技术和先进适用技术改造提升传统能源产业,促进能源产业结构优化升级,淘汰落后能源技术和装备,提高能源产业的整体技术设备水平和能源利用效率;要坚持节能与发展相互促进,把节能作为转变经济增长方式的主攻方向,从根本上改变高耗能、高污染的粗放型经济增长方式;要坚持发挥市场机制作用与政府宏观调控相结合,努力营造有利于能源开发利用和能源节约的体制环境、政策环境和市场环境；要坚持国内国外齐头并进，不断创新体制机制，加强交流与合作，了解掌握世界能源产业发展新趋势，学习借鉴能源发展的新技术新理念，进一步扩大能源领域的国际合作，共同促进能源产业发展和节能减排工作，走可持续的现代化新路。

也就是说，中国现代化不能再走过去"只要金山银山，不要青山绿水"的老路，必须寻求一种与大多数国家先污染后治理所不同的、非传统的现代化发展模式，也就是可持续发展模式。与传统现代化相比，可持续的现代化新路主要新在以提高经济发展质量和效益为中心，新在强调创新驱动，新在倡导新型工业化、城镇化，新在坚持以人为本、协调推进。走可持续的现代化道路，需要我们从世情、国情出发，围绕"可持续"这一核心，从发展模式、空间载体、生态保障、文化支撑、社会动力、体制机制等方面进行探索。

可持续发展是现代化的永恒主题，人类文明进步呼唤着可持续发展和新能源革命。可持续发展对现代化进行了生态学革命。未来 50 年，人类社会发展将面临地球的有限能源资源和能源生态环境带来的新的挑战，需要寻找新的发展模式，才能使人类能够公平分亨现代文明成果。这就要求我们要面向中国现代化建设进程，前瞻式地思考能源发展大趋势，前瞻式地思考现代化对能源的新要求，厘清其中的关键问题和核心问题及其实现路径，为国家能源战略提供科学依据，为建设生态文明的现代化中国提供支撑力量。

28 能源文化激发无限潜能

人类文明的进步和文化的发展在满足自身物质生活需要的同时,最离不开的还是对能源的追求。能源存在于自然界并随着人类智力的发展而不断地被发现,被开发利用。能源发展的历史表明,能源开发利用的每一次飞跃,都引起了生产技术的变革,大大推动了生产力的发展,都曾使几近停滞的文明开始新的发展。可见能源对人类的物质文明有着巨大的影响。在某种意义上讲,人类社会的发展离不开优质能源的出现和先进能源技术的使用。

迄今为止,世界上没有一个民族不曾使用这样或那样的能源,而每个民族所使用的能源及其种类不仅与其生存的地理生态环境有直接的关系,也与其特殊的民族文化传统密切相关。文化是一个群体(可以是国家,也可以是社区、机构、企业和家庭)在一定时期内形成的思想、理论、行为、风俗、习惯、代表人物及由这个群体整体意识所辐射出来的一切活动。社会的发展与进步,依靠的是精神与物质的二元一体,而文化既是精神的源头,又是物质的动力。能源文化是指大到一个国家甚至整个国际社会,小到一个城市、一个企业、一个机构、一个社区或一个家庭的所有成员与能源有关的所有观念和行为方式的总和。能源文化,包括有关能源本身的自然属性的文化,以及人类应用能源的社会属性的文化。

人类的生存与发展是在同大自然相互作用的过程中实现的。在人类同大自然的相互作用中,人类能够有意识、有目的地利用各种能源供自己使用,这是人与动物最根本的区别之一。在某种意义上,人类的发展,文化的创造,就是不断发现新的能源并在更高的层面科学应用能源的过程。恩格斯说："文化上的每一个进步，都是迈向自由的一步。在人类历史的初期，发现了从机械运动到热的转化，即摩擦生火……摩擦生火第一次使人支配了一种自然力，从而最终把人同动物界分开。"如果说摩擦生火主要反映的是一种自然现象，那么由此把人同动物界分开则是具有了更多的文化内涵。自从人类掌握了用火的技术以后，燃料便成为人类生活中最重要的能源之一。甚至可以说，世界各民族的传统意义上的能源基本上是围绕用火而形成的。由于人类对各种能源特别是燃料能源的不断索取，使人与自然形成了一种特殊的相互依存关系。这种关系随着人类认识能力和支配自然能力的不断发展而变化。

文化发展与能源发展绝不矛盾，而是相得益彰。文化不仅是能源发展和社会进步的精神动力，也越来越成为能源发展的直接参与者和有力支撑者。人们根据能源在使用中对环境污染的程度分成清洁能源和非清洁能源。把无污染或污染小的能源称为清洁能源，如太阳能、风能、水能、海洋能、氢能、气体燃料等；污染大的能源称为非清洁能源，如煤炭、石油等。由于能源利用中对环境的污染十分严重，因此人们对发展清洁能源及降低非清洁能源对环境的污染十分重视。当今，人们根据能源的形成及利用，习惯将其分为可再生和不可再生能源，顾名思义，可再生能源就是可再生的，如风能、太阳能等；不可再生能源则有如石油、天然气、煤炭等。我们"给能源赋予文化内涵"，不只是给煤炭、石油、天然气等不可再生能源赋予商品交换的文化内涵，而更重要的是给太阳能、风能等可再生并循环往复的能源资源赋予生态文明的文化内涵，促进人与自然和谐相处。

资源和环境代价过重、结构不良、效率偏低和能源安全是中国能源存在的主要问题。能源问题在中国绝不是一个单纯的问题。这样来看待能源问题是非常重要的。因为，能源问题总是与政治、经济、社会、文化以及国际问题有着千丝万缕的密不可分的联系。能源问题涉及科学发展观是否被各级政府以及部门自觉贯彻落实的问题，也反映出执政党是否有管理国家和社会的能力，所以说是一个政治问题。能源问题涉及大众生活所必需的物质产品和精神产品的生产、消费和流通的各个环节，与投入和产出以及分配等都有着紧密的联系，所以说也是一个经济问题。能源问题作用于人的思想，从而形成不同的价值观、审美观、伦理观、哲学观，而这个观那个观又会反过来作用于能源问题，所以说又是一个文化问题。能源问题与人口的增减关系特别相关，能源问题关系到人的生存和发展，也必然要涉及教育、医疗、就业和社会保障等，所以说还是一个社会问题。历史上几乎所有的战争，都与能源有关，都是为了占有更多的适合居住的地域和占有更多的用于发展生产、加强军力的资源和能源，所以能源问题必然会是一个国际问题。所以，我们说能源问题是人类面临的所有重大问题的"叠加点"和"汇聚点"。

能源文化就像节约资源、保护环境的灵魂，是经济社会发展的内在要求，也是世界各国发展的共同趋势。在2011年欧洲举办的能源文化研讨会上，与会的专家们就提出了"大力培育和推广优秀的能源文化是全世界解决能源问题、实现节能减排重要措施之一"的观点，第一次把能源文化提升到了一个崭新的研讨领域。面对全球能源危机、环境恶化的世界性难题，发展低碳经济，注重节能减排，创造能源与环境的和谐发展是当今社会各行各业能源发展的主题。如何紧跟绿色能源潮流，主动承担起环境保护的责任，能源文化的提出和实践运用正是确保能源可持续发展的不二选择。

文化最大的特质，就是具有极强的渗透性、持久性，像空气一样无时不在、无处不在，能够以无形的意识、无形的观念，深刻影响着有形的存在、有形的现实，深刻作用于经济社会发展和人们生产生活。文化也是生产力，构成文化力、竞争力。先进的能源文化对于应对能源危机和环境危机、促进经济发展和社会进步至关重要。先进的能源文化应包括能源为本、科技引领、人人共享、节能减排的基本理念。能源为本，是指要认识到能源对于经济增长、社会进步、保护环境的根本意义；科技引领，即依靠科技创新彻底解决能源危机；人人共享，指努力实现联合国"人人享有可持续能源"计划的目标：到2030年确保全球普及现代能源服务，将提高能效的速度加快一倍，将可再生能源在全球能源消耗中的比例提高一倍；节能减排，需要每个人以实际行动落实，戒除所有的不良能源消费习惯。

能源文化在中国不是一个已有而成熟的概念，也未有系统和准确的表述。它的产生应该是伴随着中国现代化进程的推进，市场经济的发展，城市化进程的加快以及能源在推进国家政治稳定、国家经济发展、国家安全、社会、城市中的作用愈来愈凸显出来的情况下产生的。一般来讲，任何一个国家或地区都有物质资源和精神资源，物质资源的积累在很大程度上有时候依赖于天时与地利；而精神资源积累更大程度上是以物质资源为基础来充分发挥人的主观能动性，两者有相互作用的互通性。文化偏重于精神层面的意识，而能源偏重于物质层面的基础，将两者结合起来的能源文化，应该就是建立一种意识：实现能源在推进国家发展中的可持续性；在能源使用过程中，怎样实现能源在经济发展过程中的可持续转型；树立文化的意识形态，让能源在推进国家、区域、城市中的作用持续而凸显出来。

西方人总是企图以高度发展的科学技术征服自然、掠夺自然，而东方先哲却告诫我们，人类只是天地万物中的一个部分，人与自然是息息相通的一体。人与自然的关系，是中国传统文化的一个基本问题，"天人合一"是其核心思想。"天人合一"就是人与大自然要合一，要和平共处，不要讲征服与被征服。能源文化的发展是可以从中国传统文化"天人合一"思想中汲取智慧的。中国传统文化占主导地位的思维方式是追求"天"与"人"之间的和谐均衡、统一的"天人合一"思想，这一思想中蕴含着深邃的生态伦理观，与当代可持续发展的要求相吻合，对保护人类生存环境具有重大指导意义。

人类总是要发展的，但人类不应该只顾自己的发展。自然作为化育万物的"母体"，是呵护众生的资源宝库。然而，它并不是取之不尽、用之不竭的。建立在向自然资源的无情掠夺基础上的发展，明摆着是阻碍了自然的"演化"。这种发展的"分裂"和"二元"，既不符合"天人合一"所需的德行，也不符合"自然演化"的客观规律。"天人合一"思想的核心在于"人与自然和谐共处"，深入研究和探讨"天人合一"思想的生态伦理意义，从中寻求对可持续发展的启示，是构建中国乃至整个世界现代文明的新模式。发展是硬道理，但这个发展是指全面可持续的发展，如果可以将"天人合一"的思想融汇于能源文化的概念中，或许能更好地处理能源利用与文化发展的关系。能源文化战略发展的实质应该就是重视文化和生态在未来发展中的作用，实现人与自然和谐、融合、可持续地发展。

经济高速发展过程中的曲折我们必须面对，而这些曲折或许会让我们更冷静地面对未来。走得太快未必就是好事，我们时常为了达到自己的目标而一路急驰，却忘记了欣赏路边美丽的风景。对我们现在还不知道的"极大的能量来源"，老子在两千多年前就意识到了。"道冲，而用之或不盈"，即道无形虚空却有巨大能量，然而对它认识不足、应用不够；"绵绵若存，用之不勤"，即绵绵不断若有若无地在无限时空中存在着，它的能量和作用无穷无尽。我们探讨能源，特别是研究开发可再生能源、清洁型能源、新型能源等，更应该注重"绵绵若存，用之不勤"的能源。以可持续方式加速能源发展，要重视开发、利用、保护和适应自然的发展要求，重视技术上可行、经济上合理、社会接受、环境友好的发展要求；还要重视国家利益、集体利益，要考虑到受影响人利益的补偿。既要开发能源，又要保护生态环境，正确处理"人能关系"，是当前十分迫切的任务。

我们对自己使用能源需要了解和关心，如果无限制地浪费能源，并且对能源依赖性越来越强，这是一种很糟糕的情况。进入21世纪，能源文化远比人们通常认为的要重要。实现节能减排当然需要大力研发和使用新能源技术，提高能效，充分利用可再生能源。面向21世纪，知能源者知未来。无节制的消耗之后，人类终于有所醒悟：化石能源的数量是有限的，并不会取之不竭，而且它们也是诸如全球变暖等一些令人担忧的效应的元凶，因此，对化石能源的青睐和执着是靠不住的。凭借科技的进步、社会的发展，人类最终要依靠自己的智慧和汗水破解未来能源之所需这一难题，以太阳能为主力的新能源的发展将被人们广泛接受。中国能源必须改变粗放的发展方式,开创一条科学的、可持续发展的新型道路,必须"坚持以科学发展为主题、以加快转变经济发展方式为主线"谋划今后的发展。而促进能源科学发展的当务之急就是要培育和推广优秀的能源文化。

能源文化是一项系统工程,不是一朝一夕就能够办好的。能源文化的培育和推广是全社会共同参与、共同建设、共同享有的崇高事业。因此,我们要加强能源文化的宣传培训,提高能源文化的推广普及,重视能源文化的舆论监督,增强我们的文化自觉。文化自觉首先是一种觉醒,文化具备物质与意识的"双重属性";文化自觉也是一种理性,文化具备推动和主导的"双重角色";文化自觉还是一种责任,文化具备传承和弘扬的"双重功能"。现时代的能源文化自觉,要回应全球性课题时面临双重任务:一方面要通过借鉴世界能源革命的经验与教训来反思中国能源变革的得与失,另一方面要解决中国经济社会发展所面临的一系列现实的能源问题。

能源文化贵在执行,重在落实。如果说技术创新是"星星之火",制度变革则是其得以"燎原"之"势"。只有建立完善的能源文化制度体系,才能保障能源文化的推进和落实。中国各级政府针对能源高效利用陆续出台了一系列法律、法规、规章、规范、意见、细则等,制度体系不断完善,但中国能源利用效率依然不高。这里面既有制度体系仍需进一步健全的原因,也有政府执行力弱的痼疾,也即无法可依、有法不依。针对无法可依的情况,政府应进一步完善促进能源高效利用的制度体系,有针对性、系统性地出台新制度、修订老制度,从法律、法规层面使能源文化有法可依,进而有法必依,用制度和法律手段维护能源文化建设。"天下难事,必作于易;天下大事,必作于细",把小事做好、把手头的事做好、把人民群众关心的事做好,不断打造能源文化执行力建设新形象。

能源文化的推广和落实,不得不考虑每个公民的个体行为。公民参与其实不是一个孤立的个体行为,他们的能量聚集不可忽视。全社会公民的广泛参与是能源文化建设的强大动力和可靠保障。国家政策要引导人们的行为方式转变,将节能减排提升为人们的行为习惯,促进个人加强对能源发展及格局的认识和深入了解，加强对能源消费有关的观念和行为方式的正确认识和掌握，做具有优秀能源文化的人。"孤雁难飞，孤掌难鸣"，只有将能源文化理念全面体现到国民经济体系的各个领域和社会组织体系的各个方面，才能让能源文化成为全体公民的自觉行动，才能进一步营造能源文化的良好社会氛围。

　　文化的终极价值是一种真、善、美的崇高境界，也是一定主体对文化终极价值即崇高境界的追寻。人类认识自然规律，才能更好地顺应自然规律，进而做到与自然"同生同息"。但所谓的规律也不是永远不变的。正如老子在《道德经》的开篇中说："道可道，非常道。"能源发展的未来路无人知道真面目，需要我们用心探索领悟。无论如何，中国未来的能源文化将以和谐的普遍性的原则被人们予以全新的诠释。站在新的时代起点上，我们不能失去文化的自信，要从中央和地方各级政府机构带头，到全民素质的提高，倡导适合中国国情的"健康的能源消费、丰富的精神追求"的能源消费方式、生活方式，在探索能源文化的道路上高歌猛进，寻找解决能源环境和气候变化之困，迅速走上和谐发展的未来生态文明之路。

29 能源外部性的内部化

外部性的概念是由英国著名经济学家阿尔弗雷德·马歇尔（Alfred Marshall）和亚瑟·庇古（Arthur Cecil Pigou）在20世纪初作为"市场失灵"的重要表现之一而提出来的。从经济学的角度来看，外部性是指一个经济主体（生产者或消费者）在自己的活动中对旁观者的福利产生了一种有利影响或不利影响，这种有利影响带来的利益（或者说收益）或不利影响带来的损失（或者说成本），都不是生产者或消费者本人所获得或承担的，是一种经济力量对另一种经济力量"非市场性"的附带影响。其中，有利影响亦称正外部性或外部经济性，不利影响亦称负外部性或外部不经济性。外部不经济也可以视经济活动主体的不同而分为"生产的外部不经济"和"消费的外部不经济"。外部性存在时，仅靠市场机制往往不能促使资源的最优配置和社会福利的最大化，政府应该适当干预。不管是正外部性还是负外部性，其结果都会导致资源配置远离最优状态。关于外部的经济性和不经济性，人们重点关注的是外部不经济性。因为外部不经济性产生了经济纠纷，容易引起社会关注。

能源的生产和消费也是一种经济活动，也会产生外部性。能源是人类生存和发展的基础，给人们带来便利的同时也带来了问题：一是石化燃料大量使用造成了气候和生态环境的损害，二是传统石化能源包括石油、煤炭、天然气等正在消耗殆尽且不可再生。可见，能源外部不经济性主要体现为环境污染和资源耗竭。能源在生产、运输、消费各个环节会不同程度地损害环境，产生外部环境费用，这些费用常常不能完全进入企业成本。污染和稀缺有很强的经济外部性，但它们的外部性影响往往被低估。污染制造者受到的惩罚与治理成本通常不成比例，能源资源耗竭的成本更是常常被忽略。事实上，伴随着经济社会的快速发展和居民生活水平的极大提高，人类社会在创造巨大物质财富和精神财富的同时，也付出了能源资源短缺和能源环境污染等方面的沉重代价。正是这种外部性以及对它的漠视才在一定程度上加剧了当今的能源问题。

人类对能源资源的开发利用过程会产生能源外部性、特别是能源环境污染会造成外部不经济性，这是基本的经济学问题。一般经济学虽然承认外部性的存在，但却认为在经济系统中，外部性的作用是有限的，影响是次要的，因此在对经济系统运行的分析时，往往会将能源外部性的作用抽象掉。实际上，能源外部性是经济系统运行中正常的、无处不在的和不可避免的组成部分，对现代经济系统能否顺利运转有着十分重要的影响。

能源生产和消费的外部不经济性在现实中的危害巨大且广泛，能源经济现实中外部不经济性的影响无处不在，这些影响导致了能源利用效率的缺失、能源经济秩序的紊乱、能源行业与区域发展的失衡，进而引致社会的理性偏差与信用危机，加剧了人与人、人与自然之间的矛盾，令经济社会不能健康、有序地发展，造成相当巨大且广泛的危害，主要体现在对能源资源利用造成的负面影响、对能源公共物品利用的负面影响、对能源生态环境的负面影响、对能源产业发展的负面影响、对能源区域平衡和发展的负面影响、对经济社会的伤害等方面。

能源生产和消费引发的外部性问题是有其存在的历史原因的：一方面，从宏观的经济发展角度分析，在植物能源时代，人类对能源的需求总量少，能源的生产和消费对环境的影响控制在自然生态系统内自我修复和平衡的范围内，但是随着经济的发展，人类经济的需求对能源的总量需求剧增，能源生产和消费对自然环境污染与破坏的历史累积远远超过其自净的能力，能源的外部性问题凸显出来。另一方面，从微观主体的经济利益角度分析，能源外部性问题的产生，是能源生产和消费主体为追求自身的经济利益，掠夺式地破坏不需要支付任何成本的能源资源，长期将能源作为经济增长的外在因素，排除在经济发展的生产要素体系之外，最终导致

29 能源外部性的内部化

人类排放的废弃物已突破地域的局限，成为全球性的能源问题。

人类开发和利用能源的活动产生外部不经济，根本原因是人类的经济行为所致，市场失灵是破坏性经济行为存在的前提，政府失灵是破坏性经济行为存在的条件，法律空白是破坏性经济行为存在的温床。能源产权的模糊与缺失、能源价格扭曲、能源市场信号失灵、能源交易规则的欠缺，使得市场失灵成为产生能源外部性的内在原因。市场失灵在现实世界里经常发生，其结果有时候也非常可怕。政府失灵是一种由政府干预而引发的一系列非效率性资源分配的公共状态，其作用往往会恶化其市场失灵的结果。在许多情况下，政府失灵往往与市场失灵相互发生作用，形成一种被动政府失灵。经济学者们通常识别市场过程中存在着的外部性并且要求政府精确地纠正这些外部性，但是他们很少认识到政府行为本身带来的外部性。政府行为外部性是政治过程的一种结果，是指政府通过确定或改变交易规则、产权控制等方式所引发的成本或收益的转移现象。与市场外部性比较，政府行为外部性通常具有更少的可预测性和更大的作用范围。法律空白是指在社会经济各领域中出现的法律所没有或无法涉及的领域，在这些领域中出现了需要且必须由法律法规出面予以解决的情况或问题，通常情况下，也被称为法律漏洞。从源头上解决能源外部不经济问题，需要市场机制引导、政府管制和法律规制三者统一协调，即通过宪法明确界定能源资源的权利，通过税收制度将能源成本内部化，通过能源政策法引导能源法律体系的构建，以推动绿色能源经济的实现。

在现代社会里能源的普遍大量使用，使能源外部性的外延进一步拓宽，由代内外部性进一步延伸到代际外部性。代内外部性主要是从即期考虑能源资源是否合理配置，即主要是指代内的外部性问题；而代际外部性问题主要是要解决人类代际之间行为的相互影响，尤其是要消除前代对后代、当代对后代的不利影响。可以把这种外部性称为"当前向未来延伸的外部性"。代际外部性的特殊性在于，外部性产生的时间滞后比较长，所以其中的干扰因素比较多，很难追根溯源到真正的实施者。有些问题即使能明确地追查到外部性的实施者，但可能因为主体已经消亡，而变得没有

"钦点"能源（二）

任何实际意义。代际外部性所造成的行为主体的缺失，是另一个根本性的问题，它使产权在代际的界定和交易变得事实上是不可能进行的。能源资源所具有的代际公共品属性，使其为多代人所共同拥有，当代人对能源资源的消耗必然会影响后代人使用能源资源的数量，当代人对能源资源的过度使用更无异于剥夺后代人发展的权利而产生了能源资源消耗的代际外部性。代际外部性的存在造成了在能源资源代际配置过程中代际之间"交易内部人"或"交易外部人"的其中一方享有了额外的收益却并不承担其相应的成本；而且这种现象的客观存在又是以很隐蔽的方式影响能源资源的有效利用，使得在考虑代际范畴时，能源资源的价格偏离了能源资源的实际供求关系。这一方面会造成能源资源消费的低效率，偏离可持续发展对能源效率方面的要求，造成了代际能源资源消费的不可持续性，危及社会的可持续发展；另一方面也会使能源资源消费的减少速度快于或慢于社会技术水平进步的速度，使得可持续发展所需的效用维持条件也无法得到有效满足。

随着中国经济的快速发展和国际地位的提升，中国的能源生产和消费问题日益引起世界各国的重视。作为世界第一大温室气体排放国，中国能源生产和消费过程中所产生的外部不经济问题也成为举足轻重的问题，并且在全球气候变化的背景下，中国承受着来自国际社会的减排压力、能源生产和消费格局，以及能源生产与消费过程中所产生的负外部性问题，是关乎中国能源安全、环境容量、经济发展和国际地位的重要问题。目前，"惟江上之清风，与山间之明月，耳得之而为声，目遇之而成色。取之无禁，用之不竭"的情景，也许只能在古诗赋中才可寻找到。因此，我们要努力寻找针对能源外部不经济性的治理对策，将能源经济行为带来的外部影响变为内部影响，从而消除外部影响，使能源经济运行在帕累托最优状态。

在现行能源价格和税收体制下，中国大多数能源产品的成本不完全，只反映了能源的开发成本。为此，我们要加快推进能源资源价格、能源税费和能源市场的改革，其总方向之一应该是以内部化"外部能源资源成本"促进能源资源价格的市场化，形成能够反映能源资源稀缺程度和市场供求关系的价格调节机制，构建合理能源资源税费体系，建立公平合理的能源产品比价关系。

根据中国目前的能源生产和消费状况，能源生产和消费产生的外部不经济性，单靠市场机制是无法纠正和补偿的，政府要承担起保护能源环境、市场监管的职责；通过严格执法、征税或补贴等形式，使产生外部不经济性的经济主体足额付费，使能源外部不经济性内部化。

由于外部性的存在无法通过单纯市场机制来加以解决，因此对于能源的外部性大多数国家的政府都通过直接的管制来限制其外部性的产出。直接管制就是政府以命令和控制等方式将能源的外部性内在化，主要的管制手段有行政手段、经济手段和法律手段。一般认为能源外部性问题有市场手段和政府手段两种解决手段，市场手段在内在能源外部性上的无效使人们把目光投向政府。然而，政府的直接干预并没能取得应有的效果。政府直接管制的失败也意味着在能源外部性问题上不能单纯依靠市场或政府的作用。在一个没有恰当政府管制的市场经济中，"好"的公共物品通常会太少，而"坏"的公共物品又会太多。但是，如果过度强调政府管制而忽略市场会使外部性后果更严重。因此，政府应尽量使用经济手段来解决能源外部性问题。

一般地说，能源外部性内部化无非两种手段：一是生产和消费中对外部社会所产生的效应纳入生产者和消费的经济行为当中，利用经济杠杆或市场机制有效控制外部不经济性。二是通过政府行为或法律手段，控制外部不经济性的发生和鼓励对社会产生额外效应（正效应）的生产行为。由于能源外部性不经济性广泛存在于现代能源经济生活的各个角落，能源外部不经济性的影响无处不在、无时不在，单一的政府或市场都无法有效地应对。在一个简单的信息充分的社会中，政府方式和市场方式都有效，都能降低外部性所导致的社会福利净损失。在复杂的外部性问题上，市场方式并不一定比政府方式优越，反之亦然。而现代社会能源生产和消费的外部性是一个比较复杂的课题。因此，政府与市场应当相互配合、优势互补这样才能有效地解决外部性问题。市场和政府两者的有机结合将为能源外部性的解决提供一种更为有效的途径。

市场手段与政府手段的有机结合最首要的问题就是要界定两者的作用边界。这就需要我们注重政府和市场在能源活动行为中的法律规制。我们以法治规则界定政府职能边界，从宪法的层次上约束政府的行为，建立受法律和社会严格限制和有效制约的有限政府，规避能源发展过程中出现政府行为外部不经济性。法律是以权利和义务为内容的具有强制性、普遍约束力的社会行为规范，通过权利和义务规则的设定来预防和解决外部性。虽然近年来中国有关能源立法大量增多，能源法治建设也有一定改善，但能源环境污染问题日趋严重，能源突发事件危机频发。因此，通过加强能源立法，重视能源开发利用与环境保护相协调，并注重将传统的命令控制手段同市场手段结合起来。法律规范能源活动主体的行为是解决能源不经济性问题的一个重要手段，但是必须是在政府的政策正确引导下。

由于外部性的存在，政府在能源管理方面的职能也必须发生根本的转变。当务之急，就是要加快能源体制改革，健全和理顺能源监管机制，主要包括机构改革、权责划分、内部监督三个主要方面。能源主管部门要从过去的直接干预转变为能源产权的界定者、产权市场交易的监督者和保护者，制定规范的产权交易行为的法规，创建良好的产权交易环境，确保产权交易在能源外部性治理中的有效性，在政府管制的保障下充分发挥市场的资源配置作用，通过明晰产权，完善能源补偿机制，将能源生产和消费的外部不经济性内部化。

代际公平是能源可持续发展不可或缺的内容，在人类社会的能源资源代际配置与消费过程中存在着大量的代际外部性现象，代际外部性问题造成了代际之间成本收益的不对称，影响了能源资源代际配置的代际公平，进而影响了能源可持续发展所要求的能源资源在代际间的可持续配置与消费。因此，我们必须着力解决代际外部性问题。一方面，我们可以让政府作为代际集体产权的代表人，通过对能源资源的供给实行控制，以保证能源资源合理定价的，通过对能源资源实施按照与社会生产力发展水平相匹配的资源定价的方法，从而有效解决能源资源代际配置过程中的代际外部性问题，保障能源可持续发展的实现。另一方面，我们还可以发挥公益性的民间组织或国际组织的作用，由公益性组织对能源资源的供给实行控制。公益性组织出于其公益性质或共同利益而存在并运作，可以有效避免政府作为"经济人"存在的道德风险、逆向选择以及"寻租"的问题。同时，让公益性组织作为代际集体产权的代表人，同样可以克服代际产权缺失或产权虚置问题，并且具有降低实施成本的优点。

还有就是，在能源问题日益严重的现代社会，法律在强调能源消费者自由与权利的同时，还应当注重能源消费者的社会责任和义务。所谓能源消费者社会义务，是指能源消费者在满足自身能源消费需要的同时，在能源消费活动中为保护和改善生态环境，达成生态文明建设所要求的生态化能源消费模式，实现良好能源消费秩序所应履行的社会责任。因此，在21世纪生态文明社会，必须加强消费引导，强化消费者的节能道德责任，倡导消费者在日常生活过程中自觉节约能源的社会责任感和公德意识，并通过制度设计来强化能源消费者的社会义务，提高能源使用效率，促进能源消费的外部性内部化。

"钦点"能源(二)

30 能源科技创新没有过去式只有进行时

能源工业是国民经济发展的基础，具有显著的技术密集型产业特点。科学技术是能源发展的动力源泉，是克服能源资源约束和环境约束的重要手段。人类所使用的能源是一个由高碳走向低碳，进而期待着走向无碳的发展方向；能源的使用从低效走向高效、从不清洁走向清洁；能源利用设备和装置将从小型走向大型进而形成大型和小型相结合的格局、从分散走向集中进而形成集中与分散相结合的格局；人类将从一个高能耗型社会走向低能耗型社会，建设资源节约型社会和环境友好型社会。同时，科技日新月异的发展，正在预示着人类将从能源资源型社会走向能源科技型社会。

能源科技创新就是指新能源科学技术的研究和开发，也包括现有能源技术的改进并使新能源科学技术得以实现广泛的商业应用。能源科技创新的表现形式就其能源实质而言，既可表现为全新的科技创新（如风能、氢能、地能、太阳能以及生物质能等），也可表现为原有科技的改进与突破（如洁净煤技术，二氧化碳捕获、利用和储存技术等）；就其能源形式而言，既可表现为单一的创新技术，也可表现为综合循环的技术系统；就其过程而言，则可表现为能源的输送、储存以及实际的商业应用、展示、配置等。能源科技的转变具有变革性，将会产生可观的经济和社会效益以及价值链的增值。能源技术已经被称为继空间技术、人工智能之后的世界三大尖端技术之一。在一定程度上来说，能源技术体现着一个国家的科技水平和可持续发展的能力。

能源科技创新具有战略性、公共性、前瞻性、系统性、对基础设施要求高、研发投入周期长以及商业示范是创新链条中重要环节等特点。这些特点决定了强化政府的引领与企业的主体作用、持续高水平投入以及超前部署是能源科技创新的关键。研发投入水平是能源科技发展的关键。根据国际能源署（IEA）对全球能源科技研发投入的数据统计和分析，从全球发达国家研发经费的分布和研究方向的部署来看：新能源技术投入迅速增加；核电技术投入最大，裂变重点向第四代核电技术转移；可再生能源投入比例增加，重点为发电技术、生物质替代燃料技术；油气技术投入稳定，高效燃煤发电、煤高效转化技术重新得到重视，对 CO_2 捕集和封存技术的关注持续增强；节能技术保持重要地位。国际能源署（IEA）对能源科技发展的预测表明：各种能源技术需共同起作用；能源技术需要在研发、示范、应用中螺旋式发展；强化政府支持与优化政策环境是关键；近中期是发展中国家抢占科技制高点的战略机遇期。

2010年7月1日，国际能源署（IEA）发布了《能源技术展望2010》报告。报告认为，初步迹象显示，全球正在经历一场能源科技革命。能源科技革命将对今后数十年经济社会的发展起着决定性的作用。要实现能源可持续发展，必须摆脱能源资源的有限性和环境制约的双重束缚，这需要从科技到制度再到整个能源经济系统发生一场革命，即能源科技经济范式变革。新能源科技是其中的关键要素，是变革的动力源泉。我们如果按照一定的范式来观察能源科技和经济的发展的话，"能源科技—经济范式"是在能源科技成熟时有关科技和投资决策的一套常识性的规则，"能源科技—经济范式"的变革（"能源科技革命"）通常含有多组基本创新和渐进创新，而且最终可能包括若干新科技体系，它不仅对整个经济领域产生扩散性的影响，而且也引起了广泛的制度、组织和管理创新。对于发展中国家来说，由于在这种主导"能源科技—经济范式"内存在产品生命周期，所以这就为发展中国家的经济追赶提供了机会。较早地进入新能源科技系统是能源跨越式发展的决定性因素。正在出现的新能源市场表明以新能源技术为基础创新的新的"能源科技—经济范式"正在酝酿之中。随着国际化石能源储量的萎缩，价格高涨，应对气候变化的进程以及环境意识的加强，各国对于能效和新能源科技的需求日益增长，能源科技将成为未来一次科技革命的基础科技之一。从长远看，未来最终能否解决能源问题，并不取决于对能源资源的拥有，而是取决于对能源科技的拥有，取决于能源科技革命的突破性进展。

中国的能源产业虽然处于快速发展阶段，但是总体上还只是大而不强，能源科技自主创新的基础还比较薄弱，核心和关键技术仍然落后于世界先进水平，主要关键技术和设备仍依赖于国外引进。与发达国家相比，在能源开采、转换、存储和运输、高效与清洁开发利用等技术领域存在较大差距。对于在发达国家已经实现商业化的技术，由于技术转移成本非常高，依赖国外技术还会带来安全问题，而且由于"技术差距"的存在，需要在转移的过程中对引进技术的积极吸收和扩散，所以中国应加强在此基础上的创新，以实现竞争力的提升，建立和完善国家创新系统，较早地进入到新的"能源科技—经济范式"之中，力争掌握新的技术浪潮的竞争优势和经济发展的主动。

中国正处于工业化和城市化快速发展时期，以煤为主的能源结构使中国二氧化碳的排放量处于世界前列，中国面临着国际上越来越大的承担减排义务的压力。而中国将在未来较长一段时间内以煤为主的能源消费结构难以改变，煤炭等高排放能源将继续占据主导能源地位，这愈发需要能源科技创新来应对中国的二氧化碳减排、节能降耗问题。根据中国能源经济的实际情况，国家改变现有的能源结构并非以单一的能源结构代替，而是必须把科技创新放在最核心的位置上构造多元化的能源结构，因时、因地制宜，核能、煤炭、油气、新能源并举。这涉及一个社会（Society）—能源（Energy）—经济（Economy）—环境（Environment）—科技（Technology）多方面所组成的复杂系统（简称SE3T）。科学技术与其他四个方面相互影响，在整个系统当中发挥着重要作用。科技通过提高能源利用效率，发展低排放的替代能源对能源产生影响，同时，科技有助于维护和改善环境、向社会提供知识储备、向经济提供先进科技；另一方面，能源、环境与社会均对科技发展提出迫切需求。在全球新能源技术发展浪潮中，如何通过能源技术创新实现40%～50%的碳减排承诺和产业转型问题，正逐步成为关乎中国未来发展的一个重要课题。

　　近年来，发达国家在能源科技上的预算投入逐年递增，特别是全球能源需求在2009年出现10年来首次下滑后，世界各主要经济体不约而同地将能源科技创新作为激励经济复苏和实现可持续发展的关键推动力量，投入大量公共财政资金。中国重视能源科技创新的程度在加强，步伐亦在加快。中国共产党的十六大以来，在国家科技计划持续支持下，中国积极引进和吸收发达国家比较成熟的先进能源科技成果，并在此基础上进行了再创新，极大地推动了中国的能源科技创新工作，在较短时期内缩短了与发达国家的差距，在部分领域甚至达到世界领先水平。2009年6月，中国科学院发布战略研究系列报告——《创新2050：科技革命与中国的未来》，绘制了中国未来50年在18个重要领域的科技发展路线图。特别令人关注的是，报告赋予能源科技以很高的地位，提出了能源科技发展的基本思路。2010年1月6日，首批国家能源研发中心授牌仪式在中国船舶重工集团公司举行，此次授牌的国家能源研发中心共有16个，支持资金主要来自于中央预算以内资金，涉及核电、风电、高效发出点以及设备材料等能源重点行业和领域。时任国家发改委副主任、国家能源局局长张国宝表示，这对我国能源科技支撑体系，满足创新型国家和能源结构优化升级的战略需要以及能源技术装备的市场需求意义深远。2010年全国科技工作会议上，不仅提出把新能源等战略性新兴产业培育成经济社会发展主导力量，也明确指出要为传统产业振兴提供科技支撑，加快推广应用新技术、新产品，提高研发生产的信息化、智能化水平和安全保障能力，促进传统产业技术改造和结构升级。可以预见，优质和高效地利用传统能源，加强科技攻关，从源头上减少碳排放，仍是未来可持续发展的一段很长的必经之路。为促进能源领域科学技术的发展，鼓励能源领域科学技术进步，2010年国家特别设立了一个国家级奖项——能源科技进步奖。在能源领域设立国家级科技奖，这不仅显示出中国经济可持续健康发展，迫切需要通过技术创新实现能源供应保障，更彰显出国家推动能源技术创新的

"钦点"能源（二）

决心。时任国务院副总理李克强2010年7月23日在接见首届能源科技进步获奖代表时说，构筑稳定经济清洁安全的能源供应体系，必须开发应用先进的能源技术，大力推动能源节约和有效利用，以能源的可持续发展支持社会经济可持续发展。根据2010年12月颁布的《国家级能源科技进步奖励管理办法》，能源科技进步奖将每年评选一次。时任国家发改委副主任、国家能源局局长张国宝2011年全国能源工作会议上表示，"十二五"期间（2011～2015年），中国将合理控制能源消费总量，调整能源结构，开展能源国际合作，加强科技创新能力，推动能源生产和利用方式变革，构建安全稳定经济清洁的能源产业体系。2011年出台的《国家"十二五"科学和技术发展规划》明确提出，要积极发展风电、太阳能光伏、太阳能热利用、新一代生物质能源、海洋能、地热能、氢能、新一代核能、智能电网和储能系统等关键技术、装备及系统。实施风力发电、高效太阳能、生物质能源、智能电网等科技产业化工程。建立健全新能源技术创新体系，加强促进新能源应用的先进适用技术和模式的研发，有效衔接新能源的生产、运输与消费，促进产业持续、快速发展。2011年底，国家能源局正式发布了《国家能源科技"十二五"规划（2011～2015）》（以下简称《规划》），这是国家能源局成立三年来发布的第一部规划，也是中国历史上第一部能源科技规划。《规划》提出，要围绕由能源大国向能源强国转变的总体目标，突破重点，提高能源开发利用效率，为能源发展"十二五"规划实施和战略性新兴产业发展提供技术支撑。《规划》确定了勘探与开采、加工与转化等四个重点技术领域，提出了重大技术研究、重大技术装备、重大示范工程和技术创新平台"四位一体"的科技创新体系，对中国能源发展具有现实和深远的意义。

未来世界中的能源结构应该是百花齐放的，在风能和太阳能等清洁新能源的进一步发展下，对于化石燃料的清洁利用、碳捕集技术、页岩气等传统能源的利用方式以及降低能耗也将是继续研究的方向。能源科技在解决能源问题方面所起的作用非常巨大：一方面要借助科技来提高能源效率。无论是发电还是动力，中国的很多设备能耗偏高，这就需要进一步提高设备的科技含量,至少有10%甚至更高的节能空间;另一方面,我们要进一步利用其他能源,比如风能、太阳能、燃料电池、氢能,使能源结构多元化,而根本的出路就是科技。近年来,在党中央、国务院的高度重视和正确领导下,能源行业坚持政府引导,建立"政产学研用"相结合的能源科技协同创新体系;坚持企业技术创新主体地位,依托工程推进重大能源技术和装备自主化;坚持引进消化吸收再创新和集成创新模式,走跨越式发展的路子;坚持国际国内两个市场两种资源,积极推动能源装备"走出去",中国能源技术创新能力和装备国产化水平得到了显著提升,有力地支撑了能源产业的安全、健康、可持续发展。具体体现在:安全、绿色、高效煤炭开发利用水平显著提升,清洁、低碳、高效燃煤发电技术居世界领先水平,大型水电开发技术和装备研制能力居世界前列,先进核电研发设计和制造产业体系日趋完善,风能、太阳能等新能源技术创新呈现明显后发优势,大容量远距离智能化电网技术处于世界领先水平,油气勘探开发、输运和炼化技术水平显著提升,等等。

  解决能源问题的关键在于能源科技的创新。能源科技创新能力是能源产业发展的驱动力。能源科技创新是节能减排、提高能效、推动能源生产和利用方式变革的关键因素,科技决定能源的未来,科技创造未来的能源。从人类使用能源的发展史来看,正是科技变迁导致使用能源的演变。在过去的20世纪里,能源科技的创新极大地推动了世界经济和社会的发展。石油、天然气的开采技术,汽轮机和电动机,核能的开发利用等构成的能源科技体系支撑着世界经济从工业化到信息化的发展。20世纪70年代爆发的石油危机、20世纪80年代环境问题的出现又促进了煤炭液化技术、清洁燃煤技术、燃气轮机技术的创新。2013年,能源上游行业的水力压裂法和页岩气革命,在重塑能源格局中将大展拳脚。同时,能源下游行业也通过技术创新,最大限度地管理及整合行业与消费者的数据信息,以提高电气能源产业的成本效率。能源科技是第一次科技革命和第二次科技革命时期的带头科技。虽然能源科技在当代已失去先导科技的地位,但作为现代工业科技基石的能源科技仍然举足轻重,尤其在当今石化能源逐渐短缺的条件下,其发展对整个人类社会的发展是至关重要的。发展到今天,不仅中国,全世界都需要另一次能源科技创新,甚至是革命来解决前一次能源科技创新引发的环境等问题。这次能源科技创新的目标是用新能源与可再生能源最终取代矿物质能源。毋庸置疑,这次能源科技创新将给人类带来巨大的变化,其强度绝不逊色于近十年来信息技术为人类带来的变化。在能源领域,对高新科技的渴望永无止境。未来中国既需要安全、低价的能源,又需要更丰富、更清洁的能源,"更好、更智能、更清洁"必须成为主要目标。无论是实现传统能源的低碳化、清洁化、高效化利用,还是实现绿色能源的规模化利用,都要依靠科技的发展与进步。

当前,中国正进入加快转变经济发展方式的攻坚时期。可以说,依靠科学技术创新,转变经济增长方式,解决制约经济、社会发展的瓶颈问题,是中国科技界的历史使命。加快转变能源发展方式,科技创新是关键。要结合中国国情,实现能源技术领域的跨越式发展,通过"替代化""分散化"战略改变现有的能源结构,把推动能源发展的立足点提高到质量和效益上来,要做到这些,必须将能源科技创新上升到国家发展战略高度,着手长远,进行前瞻性能源科技创新长远规划,完善引导能源科技创新的政策法规,切实抓好能源科技创新和体制机制创新,推动能源生产和利用方式变革,通过科技创新,让能源与环境和谐共生。

当然,能源科技创新是一个系统工程。在创新氛围、创新成果、创新投入以及品牌影响力、社会贡献度等各方面,探寻创新发展路径,单靠企业个体去推动,力量有限。全社会需要形成合力,突破瓶颈,在深化科技体制改革上取得新的进展。具体来说,要加强政府对能源科技创新的统一协调管理,通过政府的主导作用解决能源科技创新过程中的系统失灵问题;要将能源科技创新政策的设立与实施主要体现在依靠能源立法上,把能源科技创新纳入法制化轨道;明确政府和产学研在能源科技创新中的定位及相互关系,加强能源科技创新不同阶段的衔接,在产学研结合中实现能源科技的新突破;强化企业在能源科技创新中的主体作用,以市场为导向,统筹规划,逐步形成"基础研究、应用研究、装备制造、工程示范"

四位一体的能源科技装备创新体系；加大能源科技创新投入力度，逐步增加能源科技研发投入在 GDP 中的比重，形成多元化、多渠道、稳定的科技投入体系；加大和完善科技条件平台与基础设施、社会资源平台建设，建立共享机制，靠科技创新"制造"能源；加强能源科技人才建设，构筑高层次创新型科技人才培养基地，努力造就世界一流的能源科学家和科技创新队伍；不断提高能源科技的知识产权保护水平和力度，采取适当保护水平的知识产权政策，构建引进和许可新能源科技所需要的知识产权保护制度环境，加快能源科技合作创新和自主创新，提高自我研发和创新能力；要有选择地引进、消化、吸收国外的先进能源科技成果，进行能源科技优势互补，积极开展能源科技国际合作，实现长期共赢，共同应对世界能源需求；等等。总之，完善的能源科技创新体系是实现国家能源战略，提高中国能源领域整体竞争力的根本保障。

"钦点"能源(二)

31 能源哲学需要"深思维"

能源是人类生存、经济发展、社会进步不可缺少的重要物质资源,是关系到国家经济命脉和国防安全的重要战略物资,能源与人类息息相关,其对于经济社会发展的重大作用不亚于人类对粮食、空气和水的依赖程度。随着世界工业和科技的发展,世界各国对于能源的过度消耗现象也越来越严重,不仅煤炭和石油,其他多种非可再生资源也都濒临枯竭的危险,能源危机正在世界范围内对各国和全球经济的发展构成越来越大的威胁,并已经引起各国政府和部门的普遍关注和重视。

在能源危机日益严峻、威胁到人类生存和发展的情况下,需要我们对人与能源关系问题进行了深刻的反思。能源因为自身和人的双重推动而获得了动态生成品质:当人力与能源自身的动力方向相吻合时,它形成创生性的推动力而把能源推向生境道路;当人力与能源自身的动力方向相逆并且人力远远强大能源自身的推力时,它就扭曲自身而滑向自我消解方向,最后把能源沦为死境。随着人类现代化进程的加速,能源与人类发展的矛盾也随之而来,能源哲学正是为解决这一问题而提出的。能源哲学是人类思维对能源存在的思考,是人类对能源及能源问题的高度概括性与抽象性的思考,也是关于能源与社会环境的最一般规律的学问。

从哲学意义上来说,我们现在所面临的能源危机,是自然规律和自然界演化的必然产物,而并不是人类社会的工业革命或经济增长所产生的,他们只是在这一必然的过程中起了促进作用,并不是真正的原因所在。能源危机的实质是人与能源的关系问题,当代能源危机是人与能源关系恶化的集中表现。在人与能源的关系中,处于积极的、占主导地位的永远是人。导致人与能源关系紧张化的是人，扭转这一紧张化趋势的也只能是人。传统哲学认为，人与能源的关系是外在的主客体关系。传统哲学把人与能源的关系视为一种外在的主客体关系。所谓"主客体"关系，是指人相对于能源来说是凌驾于能源之上的主体，能源则是被动地供给人类认识并改造的客体。也就是说，在人与能源的关系中，如奥德赛（Od·sseia）对待他的女仆一样，人不是以道德主体，而是以征服者或主人的面目而出现的。能源不具有道德地位，它被排斥在道德关怀之外。康德说过一句著名的话："反思被我们称为本体的东西，都必须作为某种只有消极意义的东西来理解。"意思是本体的作用是限制性的，不过是为了防止我们将经验现象当成物自身。尽管他的哲学本来没有否认本体，可是本体在认识上变得不如现象有价值，以此我们可以说本体和现象的分离对待相当于忽略掉本体。及至近代，追寻本体的努力并没有终止，反而在科学与技术的推动下愈演愈烈了，而且在物质本体论承诺的基础上，又加诸了认识本体论承诺，当这两个承诺在科学技术的推动下变成一种不可动摇的信念时，借助技术分解一切、合成一切的强烈愿望就会被激发出来。可是，这种偏离本体的转折却失去了对人的理性应有的魅力。世界著名思想家、哲学家恩格斯（Engels）曾强调，人本身是自然存在物，人存在于自然"之中"，而不是存在于自然"之外"，我们必须时时记住：'我们统治自然界决不像征服者统治异民族一样，决不像站在自然界以外的人一样——相反地，我们连同我们的血、肉和头脑都属于自然界，存在于自然界的。'"蕾切尔·卡森（Rachel Carson）的《寂静的春天》书尾一段话令人深思："'控制自然'这个词是一个妄自尊大的想象产物，是当生物学和哲学还处于低级幼稚阶段时的产物。"实际上，人不仅生活于社会，与他人相互依赖，而且生存于属于自然界的能源，人的生活依赖于能源生态系统，社会的持续发展与能源的持续发展密不可分。可见，能源危机之主因在人，并不是能源环境、游戏规则自身发生重大变化而危及人类，而是由于人类自身之傲慢、无知与恶行毁坏了能源环境，使人类不得不重究人能关系。能源哲学以人与能源关系为基本问题，是一种新的世界观。它主张扬弃人与

"钦点"能源(二)

能源"主客二分"和人统治能源的哲学，高扬"人与能源和谐"的旗帜，建设人道主义和能源主义统一的社会，为人类新文明——生态文明的创造提供了一种哲学基础。

人类对能源演化过程干预得越强烈，遭遇的惩罚就可能越严厉。地球能源系统彻底崩溃之时，便可能是人类陷入万劫不复的灾难之日。人类最重要的不是以强者的姿态表现对能源的关爱，而是以敬畏能源的态度服从能源演化规律。目前，对能源和后代的未来问题，社会上有两种极端的态度：一是乐观主义的态度，他们相信人类能够解决能源危机；二是悲观主义的态度，他们认为生存意味着消耗、破坏甚至毁灭，人类终究难逃自造的能源危机的厄运。这两种态度都只看到了能源问题的某些侧面，不足以成为我们的信念。解决能源问题不仅要靠能源科技，还应建立起一种正确的世界观和方法论。面对着日益严重的能源危机，今天的人们已经逐渐意识到问题的重要性和迫切性。能源危机的产生不仅与科技自身的缺陷有关，而且与人们没有意识到科技自身的缺陷以及在历史文化中形成的不恰当科学技术观念和离弃能源的道德感有很大关系。因此，用能源生态技术"赞天地之化育"，促进科技的能源生态学转向也是能源哲学的一项重要任务。中国哲学提出的"天人合一"观点，其重要意义在于指导人们正确利用哲学的思维，发挥哲学的思辨性，切实找出解决能源问题的可行之策。

显然，近代社会以来的工业文明模式已然面临能源资源瓶颈。各民族国家必须毅然决然地反思以地球资源无限为理论预设，以物质产品经济价值总量比拼为核心的传统发展观，自觉地走"有限能源、有限生产、有限消费"之路。简约的能源消费，深广的精神追求，此乃新时代人类积极因应能源危机，实现可持续发展的必由之路。能源哲学的产生和发展是哲学的"能源转向"，是对人与能源关系的哲学反思，是人类面对现代化社会日益恶化的能源环境而诉求于人与能源和谐的一种理论自觉，是对近代以来形成的人类中心主义价值观及其行为的反思与批判，是试图重返人类美好家园的努力。能源哲学不仅把能源、人、社会视为一个整体，而且把它们看作是一个辩证发展的整体，把同等的关注给予能源。一方面，人类的生命活动与能源生态系统的活动息息相关，能源的持续发展是人类社会存在和发展的必要条件；另一方面，在影响人类社会存在和发展的能源条件中，人类的生产劳动和文明进步离不开能源，没有能源的长期演化以及在此基础上形成的必要条件，人类社会便无法生存和发展。

能源哲学将以全新的眼光来解释能源世界，把能源、人和社会所构成的整个世界视为一个辩证发展的整体，从而在整体主义的理论框架中重新认识能源的价值，使能源获得应有的"权利"和道德关怀。"能源拥有权利"是能源哲学提出的一个崭新思想。提出能源具有权利的目的，是为了确认能源的固有价值，改变人类对能源的野蛮和无知，促使人们尊重能源，保护能源，保持能源生态平衡，为人与能源的和谐相处寻找客观依据和理论依据。能源哲学重在是一种秉持生态良心的自然主义分析，是对人类所置身之能源与社会环境的深入审视，它是对人类社会能源危机这种时代之疾的关注与挽救。开启振兴能源哲学的契机，在于实践能源哲学的功能与作用，以期在一个呼唤绿色能源发展的时代实现能源哲学继往开来的历史宗旨与未来使命。

能源与文化密不可分，二者本是对立统一的两个范畴。文化是人类特有的生存方式，是人类在历史进程中所创造的物质财富和精神财富的总和。地球上所有生物中只有人类以文化的方式生存。随着能源问题作为全球问题的日益凸显，消解文化主导下的能源，构建能源主导下的文化，已经成为缓解人与能源关系的紧张、实现哲学能源转向的重要组成部分，是哲学作为"时代精神的精华"的必然要求。构建能源文化，就是要人们树立并践行"遵循大能源"的伦理意识和伦理实践。构建能源主导下的能源文化，这是能源的内在规定。以能源作为能源文化构建的价值向度与实践向度，源于能源相对于能源文化而言的先在性、系统性，源于能源价值的内在性与客观性，源于人对能源的依赖性以及人类自身的可续性。健康的发展，要求正确处理当前与长远、人与能源的关系。要从长远的观点和整体性的观点来看待发展，既要满足当代人的需要，又不对后代人满足其需要的能力构成危害。可持续发展是在能源价值的基础上创造文化价值，它不能在过度损害能源价值的条件下实现，而需要以能源价值保护为前提。只有这样的发展，才能既实现现代人的利益，又为后代的发展打下基础。以否认能源价值为特征的文化，会造成能源价值的严重透支，会导致以能源危机为表现的文化危机，出现人类不可持续发展的严峻形势。

可持续发展就是既满足当代人的需要，又对后代人满足其需要的能力不构成危害的发展。"可持续发展"正逐步成为全人类的共识和全球性的发展战略。可持续发展是一个既涉及自然界，又涉及人类社会，而且跨越了广阔时空的深刻而复杂的人类活动，必须遵循自然的规律、社会发展的规律，而哲学正是关于自然界和人类社会普遍规律的科学。能源哲学通过对人类传统世界观、思维方式和价值观的反思和批判，努力确立新的世界观、思维方式和价值观，正成为可持续发展的理论基础。人与能源关系的和谐，是我们构建和谐社会的生态基础和目标，而当代能源哲学正是追求人与能源和谐发展的智慧之思，值得我们在确立科学发展观的过程中认真研究和汲取。如何整合与超越人类中心主义与非人类中心主义，这是当前能源哲学界需要解决的棘手问题；建构具有中国特色的能源哲学，以回应当代坚持科学发展观，塑造"生态文明"，尤其是构建"节约型社会"和"环境友好型社会"的需要，这是国内能源哲学研究的当务之急。

当代能源哲学的基础、出发点、评价标准和最终目的的核心，是人与能源的协同进化。其实质就是尊重能源，即不仅要对人类能源承担生态义务，而且也要对非人类能源尽责任。能源哲学以"人—社会—能源"复合生态系统为哲学本，坚持人与能源有机整体论、生态认识论、生态方法论和生态价值论，作为一种新的世界观和价值观，为可持续发展和构建和谐社会提供一种哲学解释，为实施可持续发展战略提供理论支持和哲学基础。

目前，世界和中国能源问题的压力有增无减，在能源发展实践上我们需要探索新哲学，克服浅表思维，运用深思维。衡量"深思维"机制的首要标准是看它是否有利于人类在最佳生态条件下持续健康地生存。需要注意的是，"深思维"是超越的思维，超越是高于理性和信仰的完全思维活动，而不是任何形式的超离现世的种种彼岸信仰教义。"深思维"是哲学史观进化的产物，它要求将哲学史的破碎化过程压缩到它应有的整体化构型中。展望能源哲学的未来图景，需要能源哲学创造妥当判断与合理认识，以期有效避免传统哲学在能源理念上的盲区，并创造现代哲学在能源生态观念上的新生。人类实施可持续发展战略，建设生态文明，这是21世纪人类新的文明选择，是人类发展的绿色道路。在绿色道路上，遵循公正平等的原则，建构人与能源和谐的社会，开创美好的未来，人类将诗意般地生存于地球上。这是我们努力的方向，是能源哲学研究、发展和应用的方向。

"钦点"能源(二)

32 能源互联网有望纾解能源危机

能源是人类文明进步的先决条件，它的开发利用是衡量一个社会形态、一个时代、一个国家经济发展科技水平和民族振兴的重要标志。人类文明的每次重大变革都伴随着能源的改进与更替，同时能源的开发利用又极大地推进了人类文明的发展。与人类使用能源的悠久历史相比，能源安全问题出现较晚，直到"一战""二战"时，其重要性才得到各国的普遍认可。随着能源安全问题的涌现，人类对其认知也处于不断变化中，从最初仅仅确保战时能源供应的传统安全范畴逐渐扩展到非传统安全领域，成为两者紧密的交织。从世界范围看，日益紧张的能源供需形势、持续高涨的能源价格、动荡不安的政治形势，以及能源使用对生态环境的破坏，使能源危机成为全世界最为关注的问题。能源危机是由于一定时期内能源供应缺乏而严重影响人类社会正常生产和生活的现象，其主要诱因是能源的品种结构、使用成本、环境影响、资源控制、利用技术与效率以及供应的可持续性。

实际上，能源危机早已存在，18世纪初就曾发生过一次席卷英国的"柴薪危机"，它是由于人口的增加，使森林滥遭砍伐的结果。这次危机导致当时靠木炭炼铁的英国钢铁工业几乎濒临破产的境地，但长期以来并未引起人们的注意。直到20世纪70年代发生的两次"石油危机"，使依靠石油进口的国家在经济上受到很大冲击，能源供需的矛盾尖锐地暴露出来，才成为举世瞩目的重大问题。由于当时能源危机突出表现在石油方面，所以在相当一段时间内石油危机就成了能源危机的代名词。目前，能源危机虽仍主要表现在石油方面，但其涵盖的范围更广泛，包括天然气、电力等。从范围和地域分布来看，能源危机可以分为全球性危机和区域性危机。区域性能源危机主要是指在地区或国别范围内发生的较大规模的能源短缺或中断，如2003年夏在美国和加拿大发生的大面积停电事件等。全球性能源危机主要指涉及世界大多数国家并造成严重经济和政治后果的能源短缺或中断。国际社会较为一致的看法是，截至目前世界范围内只发生过两次全球性能源危机，即20世纪70年代初的第一次石油危机和20世纪70年代末至80年代初的第二次石油危机。其中第一次石油危机是人类史上至今规模最大、影响最深的能源危机。

据美国石油协会（American Petroleum Institute，API）估计，地球上尚未开采的原油储藏量已不足两万亿桶，可供人类开采时间不超过95年。在2050年到来之前，世界经济的发展将越来越多地依赖煤炭。按照现在的对于能源需求的增长速度，在2250年到2500年之间，煤炭资源也将消耗殆尽，全球化石矿物燃料资源供应将枯竭。而我们对于诸如核能、太阳能、风能、生物质能等新能源的开发规模依然较小，不足以支持日益增长的能源需求，届时人类将会陷入能源危机。能源危机最严重的后果，莫过于工业大幅度萎缩，或甚至因为争夺剩余的石油资源而引发战争。爱因斯坦也曾说："我不知道第三次世界大战会用什么样的武器，但我知道，第四次世界大战，人们用的武器将是石块和木棍。"没人愿意诅咒世界，想象最坏的情况，并非是悲观主义。尽管关于世界面临能源危机的报道曾经一度铺天盖地，颇让人有些喘不过气来的感觉。但是，我们也要清醒地认识到，能源危机并不是人们想象中的灾难大片。

由于能源危机的乌云多次在世界的上空弥漫，人类至今惊魂未定。人们对能源危机的关注实际上主要出于担心能源危机所带来的经济和社会后果。多年来人们习惯性地认为，能源价格大幅度上升会使经济陷入更高的通货膨胀，失业率大幅上升，从而导致经济增长减速甚至经济危机。在公众的记忆中，过去的经济衰退似乎都是能源危机引起的。实际上，虽然高能源价格将不可避免地对经济增长产生一定的负面影响，却难以得出高能源价格和能源危机必然导致经济衰退和经济危机的结论。其实，在现代化进程中，经济是一个快变量，能源资源是一个慢变量，二者具有不同步性。能源危机并不是工业革命和经济增长的必然产物，这些因素只是加剧了能源危机产生的速度，并不是问题的根源。真正的能源危机应该包括两个部分：一是能源的短缺无法满足可持续发展的需要；二是能源的过度消费导致能量的泛滥和生态环境的破坏，使得人类的经济发展模式不可持续。如果未来不进行能源政策的调整，最终能源危机的爆发将会导致人类的毁灭和地球的毁灭。而能源危机的根源就在于以化石能源为主的全球经济生产和消费模式不可持续，以及化石能源的碳排放带来的生态环境的恶化。

从实践看，两次石油危机之后，西方国家通过推动提效节能和加强需求管理降低了对石油的依存度，经济得以健康持续增长。日本曾经以两次石油危机为契机，从规避、分散、抵御、弱化、稀释和舒缓等不同政策取向角度进行了行政政策安排，从长期性、全民性、战略性和权威性的角度，进行了法律政策安排，行政政策安排和法律政策安排共同构成了日本能源危机管理的政策体系。该体系为调整危机状态下的国家权力、公民权利以及国家权力与公民权利之间的各种能源经济关系，充分发挥行政、法律对社会无序状态、紧急状态的防范和矫正功能起到了关键性的作用。该体系的最大特点是日本巧妙地通过机制设计渐次形成了能源危机管理的社会共建模式。另外，该体系的构建过程也是日本将能源"危机"转向经济发展"契机"，"危机管理"转向"常态管理"的过程。

能源危机是 21 世纪人类面临的最大难题。需求的快速增长和资源的有限性使得人们对发生枯竭性资源危机的担忧与日俱增，不仅关于"石油峰值"的争论十分激烈，而且有关全球能源争夺乃至战争的提法也相当流行。不可否认，人类需求的无限性和能源资源的有限性之间存在着极大的矛盾，但随着全球化的深入和国际能源市场的日益完善，爆发全球性能源危机的可能性总体在减小。尽管如此，但我们依然不能掉以轻心，要警钟猛敲。因为，强化能源危机意识是动员各行业和国民关注能源问题、有效使用与节约能源的思想基础。

32 能源互联网有望纾解能源危机

如果我们从危机的词义来理解，我们会发现，只要我们想办法化解危险，机遇就会同时降临。危机，是有危险又有机会的时刻，是给测试决策和问题解决能力的一刻。危机说来就来，悲观的论调，把它看作是世界末日，而乐观的态度，则把它当作是危险中的机会。危机之机其实也是机遇之机！危机，总是伴随着普遍而强烈的恐惧心理，因此危机之下往往是人人自"危"，只有极个别眼光独到、天赋异秉的人才会从中看到"机"。美国经济学家杰里米·里夫金（Jeremy Rifkin）就是这样的人。杰里米·里夫金提出将分布式可再生能源和互联网技术相结合的"能源互联网"概念，认为只有能源互联网能拯救世界。

经过了两次工业革命和两次世界大战，交通技术的发展，交通工具和高速路网、海运河运网、航空网的建设，为人和物的流动带来了极大的便利，这就发展成了今天的贸易网。信息技术的发展，带来的变化更为深刻，发展到今天就是互联网。不同的是，贸易网传递的是商品，互联网传递的是信息，共同的特点是，用不同的载体击穿了现有社会的结构，提高了传输效率，降低了商品和信息获取的成本，人类社会在相互取长补短中，彼此都获得了巨大的利益。在人类社会大发展的进程中，能源的地位举足轻重。在能源独立与能源开放之间，我们应作出合理的选择，能源互联网便是趋势，它只是把交换的"介质"从信息和商品变成了能源。"能源互联网"使用可再生能源，采用分布式能源采集系统，充分采集散落在地球各个角落的微小可再生能源，通过氢或其他存储技术存储间歇式能源，聚少成多，利用互联网和智能终端技术构建智能能源共享网络。能源互联网把集中式、单向、生产者控制的能源系统，转变成大量分布式辅助、较少集中式以及更多消费者互动的能源网络。杰里米·里夫金在其《第三次工业革命》一书中指出，在即将到来的时代，我们将需要创建一个"能源互联网"，让亿万人能够在自己的家里、办公室里和工厂里生产绿色可再生能源。然后，他们可以将这些能源转化为氢气储存，并用绿色电力为自己的楼房、机器和汽车供电。多余的电力则可以与他人分享，就像我们现在在网络上分享信息一样。《世界是平的》作者托马斯·弗里

"钦点"能源(二)

德曼（Thomas Loren Friedman）在其新作《炎热、平坦、拥挤的地球》（Hot，Flat，and Crowded）中同样为我们展示了能源互联网的奇妙："能源互联网中所有的装置——无论是开关、空调，还是地下室的锅炉、汽车电池，抑或是输电线路和输电站，都被植入了微型芯片，并直接或者通过家庭智能黑盒与电力公司联系。它们会告知电力公司，它们何时开始运转，消耗了多少电，同时也告诉电力公司想在什么时候购买或售出电能。这样，家庭和电力公司就实现了双向交流。"能源互联网一旦实现，人类将获得充足的能源供应，信息技术、智能控制技术、能源收集技术、储能技术、动力技术等相关技术也将飞速发展，新能源、动力设备、智能产品、生产设备、新材料等领域将不断取得新进展。

这听起来似乎无限美好，也许实现的那天，我们会惊讶地发现这是地球上生活方式的革命性改变。这听起来也很科幻，但是现实并不令人悲观。发达国家已经在这个领域先行一步。美国最早提出了能源互联网概念。2001年，美国提出名为"智能电网"的新电力能源供应系统概念，并于2003年正式展开研究。智能电网采用先进的材料技术、高温超导技术、储能技术、可再生能源发电技术、微型燃气轮机发电技术等，构建一张全美骨干电网、区域性电网、地方电网和微型电网等多层次的电力网络，以实现自动化、高效、安全、稳定、可靠、灵活应变及品质有保障的电力供应。2008年，美国国家科学基金（NSF）在北卡州立大学建立了未来可再生电力能源传输与管理系统（FREEDM System），提出能源互联网概念，希望将电力电子技术和信息技术引入电力系统，在未来配电网层面实现能源互联网理念。欧洲等国也在能源互联网领域积极探索。2011年，欧盟发布"能源基础设备"战略报告，提出将欧盟各个国家的电网、气网等能源网络连起来，建成跨欧洲的能源互联网战略构想。近两年英国政府大力支持智能电网的建设，积极应对以能源互联网为核心的第三次工业革命，制定了详细的以实现可再生能源发电和强互动性智能配电为主要目的的智能电网建设计划，并制定出到2050年的智能电网线路图及实施方案。2011年8月，德国第六能源研究计划决定2011～2014年拨款34

亿欧元，重点资助与能源互联网相关的关键技术，包括可再生能源、能源效率、能源储存系统、电网技术以及可再生能源在能源供应中的整合等。

如果说前两次工业革命是人类的自发行为、是水到渠成，第三次工业革命则是人类为了在地球上生存，不得已而为之。能源互联网是第三次工业革命的重要支柱，是将先进的互联网技术应用到能源领域，从而实现能源分布式供应的一种有效模式。能源互联网的主要特征为可再生、分布式、联起来、开放性和融进去。当分布式能源网络建立之后，集中式能源的占比就会减少，网络化就逐渐取代了垄断化。能源互联网其实是以互联网理念构建的新型信息能源融合"广域网"，它以大电网为"主干网"，以微网为"局域网"，以开放对等的信息能源一体化架构，真正实现能源的双向按需传输和动态平衡使用。能源技术本身所面临的瓶颈，需要新理念、新方法和新思路的指导，能源互联网不仅仅是电网的信息化和智能化，也是互联网理念引导下的能源基础设施变革，可以最终实现信息能源基础设施的一体化。所以，互联网能源的出现对人类而言，是能源的一场革命。中国有一句古话，找到了路就不要怕路远。能源互联网必然和信息互联网、交通网一样，是未来社会的大趋势，谁来抢占这个制高点，谁就能主导未来。

能源互联网是能效提升的重要路径：其将先进的互联网技术应用到能源领域，从而实现能源分布式供应。近年来，各国都在积极推进能源互联网战略，中国也试验性地提出智能能源网，其使用预计将提升中国能源效率15%以上。其中，分布式储能是能源互联网的基础技术，智能电网有望实现电网的信息化和智能化，而能源互联网则是构建智能化能源系统的最终模式。能源互联网是基于人类可持续发展的考量出的伟大构想，但现实与构想之间要靠不断实践去连接。为了实现这个构想，人类还面临许多已知和尚未显现的困难和挑战，但我们坚信，能源互联网的构想一定能够实现。能源互联网是一个美丽的梦，也是一个可以实现的梦。届时，人们将不再因能源的日益匮乏而夙夜难寐，人类将重新看到洁净的天空，我们将实现梦幻般的生活。

"钦点"能源(二)

总之，我们只要运用可持续发展理论、循环经济理论、系统协调理论和超双元经济的互动协调理论，建立理性目标，系统拉动、整体协调和谐社会的经济增长模式，减少对煤炭、石油和天然气等化石能源的依赖，打造"能源互联网"用能新模式，走智力—物力经济双重优化的发展道路，就一定能真正纾解能源危机。

33 绿色能源支撑智慧城市发展

能源是国民经济发展的重要保障，影响能源消费的因素很多，如：经济增长、能源价格、能源强度、能源消费结构、人口、城市化水平、政策因素、技术水平、能源管理水平等，其中，城市化水平是能源消费的重要影响因素。根据研究发现，城市化水平每增加1%，能源消费量将增大1.641%，城市化综合作用的结果是导致能源需求量上升。

城市是人类社会发展到一定阶段的产物。现在，城市已经集中了全球50%以上的人口，城市提供完善的基础设施，发达的交通，集中居住的条件，以及优质的电力、燃气等能源供应，城市为人类提供了更高的生活质量。但我们也应看到，城市人口集中，交通、建筑、采暖、照明以及居民日常生活消费大量的能源，同时工业生产也大多集中在城市地区，城市能源消费已经超过全球能源消费的70%。

在城市发展的历史长河中，能源深刻地影响着城市生产和生活的各个层面。能源不仅提高了资本、劳动力和其他生产要素的生产率，而且成为城市经济发展的命脉，维持着城市经济的高速增长。世界上没有哪一种城市能够在能源供应不足的情况下维持城市实力的稳定上升。中国是世界上城市人口最多的发展中国家，同时也是世界第二大城市能源消费国。随着中国城市经济的持续快速发展，中国城市面临着能源结构不尽合理，能源效率低下，能源安全保障程度较差等问题，并已经成为制约城市发展的瓶颈之一。

我们知道，城市发展离不开能源，能源是城市经济建设和社会发展的动力和血液。人们对能源的需求量越来越大，但地球的能源储备毕竟是有

"钦点"能源（二）

限的。开发新能源和节能，成为全人类共同面临的重大课题。由于能源短缺和环境污染成为世界关注的焦点问题，转变传统高能耗、高污染的经济增长方式，大力推进节能减排，发展绿色经济，实现可持续发展，正成为世界各国城市经济发展的共同选择。绿色经济是以低碳、环保、低能耗、高效益为主要特征，以人类与环境的和谐为目的，以经济发展和环境保护为根本，并逐步为人类社会所认同的一种新的经济形式。可以说绿色经济是以维护人类生存环境、合理保护资源与能源，同时又保障经济发展的一种平衡式经济发展模式，是人类经济社会发展所追求的最高目标。只有发展清洁能源和新型能源，提高一次能源的利用效率，积极优化能源结构，才能确保绿色发展。

当今时代，人类在享受物质空间繁荣的同时，也渐渐埋下了危机的种子，全球变暖、资源枯竭、环境污染，物种灭绝，人类在追求经济高速增长的同时，让自然付出了沉痛的代价。特别是以煤炭、石油、天然气等化石能源为主的能源结构，对城市的环境质量和可持续发展的不利影响日益严重。面对日益严峻的生存环境，我们终于认识到，全球携手，合作共担，绿色发展是未来社会的必然选择。城市的产业结构和能源供给是很重要的城市支柱，在各国的发展经验和历史反思中人们似乎越来越清晰地找到了一条路——立足绿色能源。从德国的弗赖堡（Freiburg im Breisgau）到瑞典的马尔默（Malmo），再到巴西、法国、美国等国家的一些城市，人们看到各具特色的城市发展模式，它们为克服以人口膨胀、资源紧张、交通拥挤、环境恶化等为主要特征的"城市病"提供了思路。

世界发达国家能源绿色发展史较长。20世纪70年代爆发的石油危机促使美国、日本、英国、德国等发达国家和地区开始建立能源绿色发展战略，之后的30多年时间里，各国能源绿色发展战略的实施从未间断，政府支持力度和企业投入力度不断加强，逐步完善了能源的绿色化生产战略体系。2003年3月，英国政府公布的英国能源《白皮书》提出了绿色能源基本战略，并试图通过创建基于再生能源和提高能源效率的"低碳经济"，使英国处于"领导世界"的地位。2008年，联合国环境规划署（UNEP）提出了"全球绿色新政"（Global Green New Deal），公布了《全球绿色新政政策概要》报告。欧美日等发达国家和地区很早便开始尝试传统能源的绿化行动，并积极改变能源利用结构以实现能源利用的转型。2009年6月美国众议院通过了《2009年美国清洁能源与安全法》，该法的日标在于减少国外石油依存度，实现能源独立；减少温室气体排放，将美国经济转型为清洁的能源经济。欧盟委员会于2010年11月10日正式公布《能源2020：具有竞争力的、可持续的和安全的能源战略》（Energy 2020：A Strategy for Competitive, Sustainable and Secure Energy），提出未来10年欧盟的能源绿色战略。2011年欧盟委员会发布"2050能源路线图"，制定了欧盟绿色能源发展的长期战略。日本能源战略制定过程中越来越考察环境保护因素，并逐渐演绎成能源安全（Energy Security）、经济增长（Economic Growth）和环境保护（Environmental Protection）兼顾的"3E"特色。中国中共十八大提出"大力推进生态文明建设"，形成经济建设、政治建设、文化建设、社会建设、生态建设"五位一体"的总体发展思路，这从执政思路上确立了节能减排的战略地位。

绿色代表生命、健康、活力，承载历史人类的文明，也承载着人类的未来。绿色是人类永恒的追求，绿色让城市更美好。绿色，首先是一个环境问题，但是从根本上来讲，它也是一个能源问题。在经济快速发展、能源需求强劲的今天，绿色能源在城市建设中扮演着重要的角色。发展绿色能源是建设智慧城市、实现人与自然和谐发展的根本保障。通过发展绿色经济把二氧化碳降下来，大力推广风能、太阳能、地热能等新能源，逐步取代煤炭、石油等不可再生能源。随着绿色理念日益深入人心，如何真正实现绿色发展已经成为城市发展规划中的新课题。

这是一个"最美好"的时代——信息化让我们的世界和生活更加美好；这也是一个"最糟糕"的时代——互联网、物联网、云技术等带来了每时每刻都在产生纷繁复杂的巨量信息，人类被淹没在数据信息的海洋中。幸好，信息技术让我们生活的世界的整体结构将越来越具有"智慧"的特征，我们也将能更"智慧"地利用信息，对世界和他人作出更加"智慧"的判断与回应。人类的学习、工作、生活、娱乐以及交通、医疗、能源利用方式，等等，都将随之改变。在世界各国掀起的智慧城市建设热潮中，中国城市政府为了破解"城市病"的困局，抢占城市发展的制高点，纷纷出台了建设智慧城市的各类规划措施。近年来，中国旧有城镇化模式带来的资源匮乏、环境污染等问题日益凸显。专家认为，各地踊跃"试水"智慧城市试点建设，表明不少地方政府意识到原来的城市发展模式已经无法支撑可持续发展，谋求向数字化、环境友好化方向转型。2014年4月中国政府出台的《国家新型城镇化规划（2014～2020年）》，明确提出了未来智慧城市的发展方向。当然，目前中国智慧城市的建设所面临的问题和挑战比较复杂，涉及范围比较广。比较而言，欧盟的智慧城市建设更加侧重在基础设施升级、绿色能源利用和环境保护方面开展工作，提升智能化服务水平，例如荷兰的阿姆斯特丹（Amsterdam）、西班牙的巴塞罗那（Barcelona）、英国的曼彻斯特（Manchester）等，在智能交通、智慧能源、智慧生活、智能社区等方面取得显著效果，为中国智慧城市建设提供了很好的借鉴。面对全球金融危机和全球气候危机，我们应该把发展绿色能源作为应对两个危机的重要手段，并以此来建设我们的智慧城市。

城市发展高度依赖能源的开发形式、配置方式和消费模式。虽然中国在建设可持续、智慧城市方面很有优势，但也面临着实际的困难。我们也必须清醒地看到，当前中国大部分城市正处于工业化、城市化发展的重要阶段，经济的快速增长消耗了大量的资源能源，主要污染物排放总量仍然较大，高耗能、高排放行业增长较快，钢铁、有色、电力、石化、建材、化工等产业结构重型化的格局依然没有根本性改变，城市智能发展面临着能源消费模式所带来的挑战。虽然现在中国城市人口中只有很少一部分人在能源消费和其他资源的使用方式上与西方人基本相似。但是，如果这部分人的能源消费模式变成中国的主要能源消费模式，那么中国构建智慧城市的目标就难以实现。

能源体系包括能源资源体系、生产体系、加工转换体系、运输体系和消费体系五个方面。而中国城市侧重于能源消费体系。城市经济结构、产业结构变动，技术发展，直接支配能源生产与消费的多目标决策。城市环境和城市能源消费的品质有直接关系。由于人文环境对能源的依存性，加上中国城市能源的严峻供给形势，中国城市能源清洁化、绿色化发展十分必要。在影响我国城市能源效率的诸多因素中，城市的经济发展水平、产业结构、能源消费结构及资源区域性对能源效率的影响很重要，因此，中国城市应走以提高能源效率为核心，以城市能源体系绿色化发展的经济发展方式，调整产业经济结构，加快技术进步，并加强区域性能源合作，构筑能源资源节约型社会发展方式和消费模式，使城市在低能耗高效率的可持续发展中健康发展。

城市发展离不开能源的绿色利用，发展绿色能源大势所趋。绿色能源也称清洁能源，是环境保护和良好生态系统的象征和代名词。它可分为狭义和广义两种概念。狭义的绿色能源是指可再生能源，如水能、生物能、太阳能、风能、地热能和海洋能。这些能源消耗之后可以恢复补充，很少产生污染。广义的绿色能源则包括在能源的生产及其消费过程中，选用对生态环境低污染或无污染的能源，如天然气、清洁煤和核能等。可再生资源是重要的战略替代能源，对增加能源供应，改善能源结构，保护环境有重要作用，开发利用可再生能源是建设资源节约型、环境友好型社会、可持续发展的重要战略措施。在发展替代能源中要按照以新能源代替传统能源，以优势能源代替稀缺能源，以可再生资源代替化学能源的方向逐步提高可替代能源在可再生资源的比重，为提高利用清洁能源做保障。

城市绿色转型最核心的问题是能源，要求能源结构更加合理。它不仅要求降低煤炭、石油、天然气等不可再生能源在能源结构中的比重，而且要求大大提高风能、太阳能、生物质能等可再生能源的比重，改变过去单一的碳基能源结构，形成多元化的能源结构，从而减少二氧化碳排放和减缓温室效应。绿色城市的能源目标是要实现3D，即减少需求、使用低碳能源、分散产能（Demand Reduction, Decarburization and Decentralization）。随着时代的发展，更多更好的绿色能源、可再生能源走上了城市建设的舞台。绿色能源革命包括五个部分：第一是智能电网，

"钦点"能源(二)

它是互联网信息技术和电网的结合;第二是绿色信息革命,包括物联网、云计算和移动计算;第三是绿色交通化和运输,促成了电动车和动力电池的发展;第四是绿色节能建筑与生态城镇;第五是可再生能源。随着世界经济的飞速发展,新能源已成为越来越被重视的新兴产业,可再生能源成为城市智慧发展中具有重大长远意义的一项议程。绿色能源是智慧城市最佳的发展方向。

构建城市绿色能源支持体系是中国城市能源与环境经济协调发展的客观需要和战略需求,是事关城市前途命运的大事,直接关系到城市的可持续发展。为创建绿色能源体系,中国城市必须改变以煤为主的能源结构,以绿色能源为支点,着力推进能源结构新型化,大力发展太阳能、风能、生物质能等新能源产业,重点培育新能源发电装备、太阳能光伏配套产业及半导体照明产业,让绿色的新能源、新技术和新装备助推转型发展。

我们要大力发展智能电网,提高能源利用效率。电网是城市的重要基础设施,电力的输送和保障是城市的命脉。智能电网的发展,不仅表现为电网功能作用、物理形态和网架结构的深刻变化,电网的智能化水平也一定程度反映了城市的智慧化程度。智能电网集成了第三次工业革命最为关键的新能源技术、智能技术、信息技术、网络技术,把智能电网作为第三次工业革命的先导产业,放在突出重要的位置优先发展,对于促进中国城市经济转型升级和能源转型具有广泛的带动作用。作为智慧城市能源供应和服务的"高速公路",智能电网更是促进能源转型、塑造全新能源生产和消费观,实现城市发展方式和管理方式转变的重要力量。因此,我们要依托智能电网,加强统一调度和管理,完善制度和标准,着力构建清洁能源开发利用、高效配置、安全运营的坚强平台,支持大型清洁能源基地建设和分布式能源发展。

我们要推崇绿色消费,并转变成行动,固化为习惯。绿色消费,尤其是绿色能源消费,作为一种新型消费观念,就是倡导消费者有意识地减少能源消耗,尤其是要减少煤炭、石油等传统能源的消耗,从而降低碳排放,减少对环境的污染。在环境资源日益稀缺的今天,绿色能源消费是一种更好的生活方式和消费方式。要倡导绿色化生活，通过宣传教育和经济激励，引导绿色能源消费行为，建立绿色生活方式和节约能源资源的消费习惯。要提高终端能源消费中的新能源和可再生能源比重，引导城市能源消费方式绿色转型。要发展绿色节能建筑，完善节能建筑政策法规和标准，大力推广节能建材和设计，减少建筑物建造、装修和使用过程中的能耗。

我们要积极推进能源供应体系的绿色发展转变。我们要科学地制定能源供应体系战略、政策、法规来具体指导中国城市能源体系的绿色有序发展。要积极优化能源供给结构，推进能源科技发展，积极研发新能源和可再生能源，在满足当代人能源需求的同时，计划和建设可持续发展的新能源体系，加强对能源战略、能源结构、能源布局、能源政策、能源价格，以及国际能源合作等一系列重大能源供应体系问题的研究，确定城市能源可持续性的发展目标。绿色能源的供给，关键是有绿色技术的支撑，我们要对绿色产业、技术发展实施积极的财税和金融信贷政策，最大限度地发展"零排放"的绿色能源，并加强节能减排的立法监管，为绿色城市发展提供安全、经济、清洁、高效的绿色能源支撑。我们要完善新能源发展的资金保障制度，通过国家补偿机制有效规避新能源发展中的政策风险和市场风险，对符合条件的新能源项目进行融资建设，尽快构建可持续的绿色能源供应体系，以绿色能源为城市发展保驾护航，以绿色能源贯通城市发展的"血脉"。

总之，世界正面临着环保和能源危机，为了把危机变成转机，发展绿色能源是当务之急。我们认为，绿色能源既是解决环保和能源的危机，也是建设智慧城市最好的切入点和发展方向。智慧城市是城市发展和社会进步的方向，城市发展和生活方式向智慧城市的转变，将是向使用绿色能源方面的转变，孕育出方兴未艾的绿色能源时代。

"钦点"能源(二)

34 基于制度路径的能源发展转型

能源的开发利用是人类进步的标志、经济社会发展的基础。当前,世界经济发展格局正在深刻变化,新一轮科技和产业革命正在深入推进。技术创新推动全球能源格局从"化石能源"到"多元化能源"时代。全球能源技术创新潮起:从生产端而言,非常规油气和可再生能源技术逐步实现大规模应用,全球能源结构加速调整,能源格局向多元化演进;从消费端而言,智能电网、新能源汽车、分布式能源、储能技术等推动能源利用方式的变革和能源效率的提升。随着世界经济失衡加剧,能源资源压力增大,能源发展转型已成为全世界共同面临的重大课题。

能源发展转型是经济转型的重要组成部分和基础,这不单单是一个理论问题,也不是一个短期的战略举措,而是一个科学实践问题,是能源可持续发展的问题。在时代变革和经济转型时期,能源发展转型关系到一个国家的长治久安和跨越式发展。面对日益严峻的能源环境问题,许多国家把开发利用可再生能源、减少化石能源消费作为重要的能源发展战略,通过制定法律和政策措施,推动新能源和可再生能源快速发展。能源结构向多元化和均衡的方向发展,既是能源发展转型的核心问题,更是国民经济宏观战略朝向可持续发展方向的理性选择。

从国际经验看,美国、德国、丹麦、英国等国家均经历了从能源利用的野蛮扩张期到能源发展转型期的转变。1950年后美国能源自给难以满足快速增长的能源需求,开始成为净进口国,并经历了能源进口快速扩张、二氧化碳排放量迅速增长的野蛮扩张期。20世纪70年代,工业化进程不断放缓,而作为世界最大的能源消费国,能源安全和环境问题暴露,石油危机的发生触发了美国能源发展转型期——开启能源独立战略,并通过一系列能源新法案,促进能源多元化、低能耗和低排放。近年来上述能源战略的效果已经逐步显现。特别是美国页岩气革命让美国步入了"减煤增气"的快速通道,"减煤增气"的减排效果明显,第三次能源转型就是煤炭石油等高碳能源转向以天然气为桥梁的低碳多元能源。

德国能源革命的道路是能源转型,并通过能源转型使德国的技术产业重新回到世界领先地位,这是德国的国家战略。德国从2000年正式开始能源发展转型,决定用半个世纪的时间告别化石能源和核能时代,进入可再生能源时代,成为世界上第一个进入可再生能源时代的工业大国。德国于2010年9月发布《能源方案2050》,提出到2050年完成"能源转型",实现以可再生能源为主的能源供应系统。《能源方案2050》中,德国政府还决定延长核电站运营年数,将核能作为可再生能源发展成熟之前的过渡技术。2011年3月日本福岛核事故的发生使德国政府作出全面退出核能的决定,实施以可再生能源为主的国家能源利用结构的全面转型。这标志着"能源转型"正式被确立为德国政府今后40年能源政策的主导方向。德国能源转型战略的总体目标是:逐步转变成以可再生能源为支柱的能源系统。德国能源转型的第一个重要标志是,可再生能源在未来成为主导能源。德国2050年可再生能源占一次能源消耗总量的60%,占总电量的80%;可再生能源将替代煤发电和核电。德国能源转型的第二个重要标志是能效大幅度提高。到2050年,德国每年的能源生产率要提高2.1%;电耗、油耗和热耗都要大幅度地降低。德国能源转型的第三个重要标志是一次能耗下降。一次能耗不仅包括矿石能源,还包括可再生能源。2050年与2008年相比,一次能耗要下降50%。自德国从21世纪开始决定用半个世纪的时间实现德国的能源转型以来,该国的可再生能源获得了人类历史上前所未有的高速发展。

2009年7月,英国政府发布了《低碳转型计划》,提出英国到2020年向低碳社会转型的发展目标,包括:温室气体在2008年水平上减少18%,电力能源中40%来自低碳资源,30%来自可再生能源,交通领

"钦点"能源（二）

域所用能源10%来自可再生能源、新车CO_2平均排放量比2007年减少40%、每所房屋都安装碳排放智能计量表、实施碳捕集和封存示范项目以及建设绿色产业中心等。《低碳转型计划》是英国应对气候变化和能源安全的国家战略文件，也是其完成未来能源组合的全面规划。该文件巩固了英国以市场为导向的能源创新体系，改变了单一的新能源发展路径，为推动英国低碳经济奠定了坚实的政策基础。同时作为能源战略转向的标志性文件，它凝练了英国政府多年在能源法律政策上的经验教训，为稳定能源投资，走出金融危机，继续引领全球气候政治提供了法律政策保障。根据《低碳转型计划》，英国政府又先后出台了《低碳工业战略》《可再生能源战略》和《低碳交通计划》三个配套文件，并发表能源政策声明，为能源部门制定计划减碳。

20世纪70年代以来，丹麦经历了两次重大的能源转型。通过制定积极的能源转型战略，出台并执行各种能源政策，丹麦从一个能源几乎全部需要进口的依赖者，不仅实现了能源独立，而且一跃成为欧盟乃至全球在能源和气候变化领域的引领者。

各国的能源发展转型都要符合各自的国家战略，尽管各自的目标和道路不同，但是实施路径和技术路线却又呈现出殊途同归的现象。要改造和提升传统能源的生产方式和工艺，开拓能源生产的新品种，建设新的智能电网，助力能源输送通道建设，服务新能源和可再生能源发展，促进能源消费方式的变革。由此，为世界各国在技术创新和产业发展的国际竞争和国际合作，带来了新的挑战和机遇。

中国是世界人口最多的发展中国家，经济的快速发展导致能源消费不断增加。改革开放三十多年，我国经济进步成就巨大，能源系统取得了显著成就，同时对资源和环境的透支也空前巨大，日益严重的雾霾不仅在生理上，甚至在心理上也逐渐成为"负能量"。中国能源的主要矛盾已从长期以来的"保增长""保供给"转移到了"保环境"方面。目前，中国经济发展中存在高能耗、高排放、高污染的问题，必须加快调整能源结构，增加清洁能源比重，改变粗放式的能源生产和消费方式。在第三次工业革命大背景下，作为第一能源消费大国和第一温室气体排放大国，中国是这次能源发展转型中的主角，没有中国的转型整个世界都难以完成转型。

从发展历程看，能源对经济发展的约束可分为流量约束和存量约束，并首先表现为流量约束，主要特征是能源开发受到技术经济条件的制约、无法全面地由潜在能源向现实能源转化，集中表现在一定时期内能源供给满足不了能源需求。总体上看，随着经济总量的不断扩张，能源存量与经济总量之间的矛盾越来越突出，能源约束已开始从流量约束向存量约束转变，能源的可获得性、能源资源的可控性成为能源发展战略重点。今后一个时期，中国能源需求仍将保持较快增长，如不加快能源转型，能源总量供应、生态环境将面临更严峻的挑战。从战略上看，中国面临的能源挑战不外乎涉及两个方面的矛盾：一是能源的有限供给与经济发展日益扩大的能源需求之间的矛盾。这是一个经济问题，要求我们必须思考如何进行制度设计并有效实施，"以有限的能源满足经济的持续快速增长"。二是能源的大量使用与环境形势日益加剧之间的矛盾。这是一个社会问题，要求我们如何平衡经济需求及选择社会目标的组合，我们应"尽可能地降低甚至避免能源使用过程中造成的环境损失和社会福利损失"。全球能源技术创新下的多元化趋势，以及安全和环境倒逼的能源战略调整，将共同促进中国能源技术开发应用，加速能源体系的变革。在这一变革过程中，相对于"总量趋势"而言，"边际增量"具有更重要的投资意义。眼下，中国能源转型的关键就是既要增加能源供给，又要减少二氧化碳排放。能源供给的低碳化、能源消费的绿色化，以及能源输配的智能化，作为中国能源结构转型中最为鲜明的边际增量领域，将成为能源发展转型中的三条核心主线。

没有通用的能源战略，只有最合适的能源战略。坚持把一般原则、普遍规律和具体国情相结合，才能制定顺应趋势、促进生产力发展的能源战略、能源市场和能源政策。经济持续健康发展需要充足的能源加以保障，能源的供给和需求问题将是中国面临的一个长期性问题，以能源效率为出发点，加快新能源和可再生能源的开发利用，制定符合中国国情的能源发

"钦点"能源(二)

展转型路径，用产权效率与政府公平来推动能源集约发展和清洁发展，实现低碳、多元、可持续的能源发展转型，成为中国经济发展的必然选择。而中国经济发展方式的转变，要求我们要探寻由粗放型能源利用向集约型能源使用方式转变，由高碳能源、低碳能源逐步向无碳能源和碳循环过渡，是中国能源发展的迫切选择。

任何国家的能源转型都是极为艰难的，中国亦不例外。中国能源产业发展虽然已经走过了60余年历程，可一直是带着政府配置资源的优势与"硬伤"在曲折前行。其间虽有向市场经济渐进的方面，但资源权属构筑的垄断篱笆一直未能打破。中国国企改革已历经30余年，能源领域的国企特别是央企改革却没有取得实质性进展。究其原因，投资产权的改革还有许多可以突破的地方，但更为基础的改革——资源权属的改革亟待推进。从资源出发，能源无论在哪个阶段或环节，其结构与绩效都受困于资源权属配置的初始安排。能源发展转型如果是市场转型，首先就要突破资源权属的垄断篱笆，否则不仅会影响能源转型的质量与速度，而且会拖累经济转型目标的实现。

从能源利用的角度而言，经济转型存在着两种基本模式，一种是根本性的经济转型，例如英国的工业革命，从有机能源向无机能源的经济转型；另一种是渐进式的经济转型，像美国等工业国家的后工业革命，仍是以矿物能源为主的经济转型。尽管后工业革命带来的影响并不亚于工业革命，但工业革命更是一种"质"的转型。毋庸讳言，世界各国均逃不出这一基本框架，而目前的新能源和可再生能源发展，更迥似于工业革命时期的经济转型，是一种朝着试图发生根本性经济转变的方向发展的转型，例如对风能、太阳能的利用就是一种螺旋式的更高层次的有机能源利用的回归。相对于历史上煤炭替代柴薪和石油替代煤炭，当前的能源发展转型在某种程度上主要为政治因素驱动，制度扶持是新能源和可再生能源发展的主要推动力。而任何制度转型过程都是通过改革或革命来实现的。市场饱和与能源变革是完成转型必不可少的两个前提条件。市场能推动经济达到一个转型的临界点，但却不能单独支撑，完成这种转型的任务。历史已无数次证明，当经济发展到一定程度时，如果未发生相应的能源变革，经济往往会走入一个衰退期。加快能源发展转型不亚于一场革命。美国为了实现全球战略中心的转移，推动能源革命的目标是能源独立。中国为了掌握国际能源发展趋势，满足国内经济稳定持续发展，能源发展转型的第一重点是保障能源安全。

能源发展转型是制度转型，资源配置的市场化转型是能源发展制度转型，因此，如何从垄断中解放市场尤其是培养竞争性市场，真正由非市场化向市场化的目标转变，就成为提升能源发展制度转型绩效的关键所在。基于长远考虑，中国亟待提高能源战略及规划的前瞻性和系统性，应制定明确、完善的顶层设计和长远发展目标，并通过定期评估机制动态调整。从中国能源政策的现状以及中长期面临的突出矛盾出发，我们将视野扩展到2020年、2030年，作为全球规模最大的能源系统，为适应安全、清洁和高效发展的需要，中国能源政策应该加快实现以下几个方面的战略转型：从单一化供给政策体系向多元化供需结合政策体系转型；从以二次产业为主的政策体系向三次产业并重的政策体系转型；从以国有资本占主导地位的投资激励政策向各类社会投资并存的投资激励政策转型；从以经济性管制和事前审批为主的政策体系，向以社会性管制和全过程监管为主的监管政策体系转型；从以国有部门为主的单一化、分散化创新政策体系，向多元化、协同化为特征的新型创新政策体系转型；等等。

要使能源发展转型富有绩效，就必须通过法律制度设计实现从资源优势向竞争优势的转型。竞争优势来自制度优势，基于制度理性决定制度选择的原理，制度优势取决于制度理性优势，而制度优势来源于理性优势及其制度设计。告别传统，重拾竞争优势，从垄断中解放市场，在有效率的体制内实现资源能源获取和公平惠益分享，这有赖于制度转型。理性决定制度选择。能源发展转型是制度博弈，更是理性博弈、思想博弈。只有随着人们经济价值观念的更新、提升，制度才能发生富有绩效的转型。而突破资源权属垄断篱笆，有赖于能源制度"破"与"立"的有机结合，制度治理与制度激励职能的有效发挥，制度整合社会力量的机制的培育和完善，在市场化制度重构过程中塑造"制度政府"。

随着中国市场化水平不断提高，市场化机制逐渐健全，经济增长方式正在由依赖于计划的粗放型模式向依赖于市场的集约化模式转变。在这一历史趋势主导下，政府管理经济的理念与方式均发生了巨大改变。我们一方面要充分发挥市场在配置资源中的决定性作用，放开竞争性业务的市场准入限制和价格管制；另一方面要更好地发挥好政府作用，强化对自然垄断业务和市场秩序的监管。在战略规划及政策法规的制定上，能源转型战略不仅要规定转型的中长期目标和实施政策，还持续重视能源立法及体制机制设计。因此，我们应尽快出台《能源法》。该法以实现国家能源战略规划，建构能源大部制及国家能源创新体系为中心，围绕推动能源产业竞争、打破能源产业垄断与管制进行制度设计。推动资源优势向竞争优势转化，表现在能源领域就是反垄断，这正是未来《能源法》的使命。在承认经济转型是建立在市场与能源相结合的二元结构前提下，在明确制度优化是经济转型的关键之后，就要求能源立法。通过能源立法确立能源变革原则的元规则地位，积极推进新能源和可再生能源发展。毫无疑问，市场在推动经济发展上具有无可比拟的优越性。在能源立法中，倘若要推动能源变革，就必须保证市场在能源领域中的主导地位和作为资源配置的基础手段。寻找本国能源发展的路径依赖并打破之，乃是能源立法的关键所在。而这很大程度上取决于能源立法对制度创新的规定，因为只有不断的制度创新才是避免路径依赖、发展新能源和可再生能源的必由之路。因此，未来《能源法》还应当在促进政府与市场间互动、能源资源与投资产权交易、能源竞争、能源研发与技术创新、能源金融改革、能源消费者保护等方面作出制度安排，如此才能使竞争优势在能源领域中表现出来。如果法律制度设计与安排的基点从资源权属扩张与限制，转向资源与投资产权公平分配、交易、保护以及竞争性产业组织与工业创新能力培养，就会在最大程度上释放制度能力与制度优势，从而有效推动能源发展转型。当然，在制度理性与制度设计上实现转型，这涉及从宪法思想到民法及与资源能源相关的法律制度的转型，而在法律制度转型中，政治家智慧通常成为关键因素。

35 国际维度下的能源战略

能源战略问题是世界各国，特别是各大国普遍关注的一个重要战略问题。能源战略就是一国综合运用政治、经济、军事、文化、外交、科技等手段来保障稳定可靠的能源生产、供应和需求，保持平稳合理的能源价格，以及重视环保的能源生产和消费的总体方略。能源战略的内容一般包括战略思想、战略目标、战略重点、战略步骤、战略方针、能源政策、能源法及其制度分析和安排，其中最主要的是战略思想。能源战略理论的形成和实践过程有不同的时代背景，以能源战略思想和目标为主线可以将能源战略的理论思想分成开源战略理论（1973年以前）、安全战略理论（1973～1985年）、效率战略理论（1986～1991年）和可持续战略理论（1992年迄今）四种，按其形成的先后顺序排列，体现了能源战略实践的历史过程。从能源战略理论的发展看，随着人们对能源问题认识的深化，能源政策实践的丰富，能源战略也经历了一个不断完善的过程，逐步从盲目开源、被动供给，发展到主动、有效率供给，最终实现可持续供给。

能源战略问题不仅仅是资源和经济问题，也是非常重要的政治问题。能源战略可分为国内能源战略和国际能源战略，国际能源战略是一个国家能源战略中的国际战略部分。美国强大的政治、经济和军事实力，通过其国际能源战略，对国际能源体系产生重大而深远的影响。美国国际能源战略的基本目标是：确保美国在国际能源体系中的地位，提升美国国家能源安全度和保障度，加强对能源生态环境的保护，保证美国的能源安全，从而巩固和维持其霸权地位。美国为实现其国际能源战略目标，所采取的主要手段有：能源外交、控制能源产地、控制能源通道、石油战略储备、石

225

"钦点"能源(二)

油美元机制等,美国通过这些手段控制了国际能源体系中的供应板块、需求板块、能源运输通道,还通过吸收和释放石油战略储备来影响国际石油市场的石油供给,通过改变美元的利率和汇率来影响国际石油价格。美国国际能源战略兼有"内保安全"和"外谋霸权"的双重功能。这使得美国国际能源战略具有自己鲜明的特点:和地缘战略密切结合,和谋求霸权密切结合,和军事行动密切结合,制度化、机制化和法制化等。近年来,美国所谓的"能源独立"虽然使美国对中东石油进口的依赖减少,但不意味着美国放弃对中东的战略控制,相反将使美国对中东政策立场更趋强硬,为美国加速战略东移、构建"太平洋新秩序"创造条件和空间。同时,美国的亚洲能源战略日益成为美国国际能源战略的核心,因为这与美国的霸权大业的成败息息相关。西亚和中亚是美国的"油源",东亚是巨大的能源消费市场,南亚印度洋是世界各国石油进口的咽喉。美国历届政府都把亚洲看成重中之重。特别是经过两次石油危机之后,美国一步步强化了其亚洲能源战略,提出了"卡特主义""里根推论",通过海湾战争、伊拉克战争、阿富汗战争,大中东计划,大中亚计划……逐渐控制了中东和中亚这两个世界最大的石油阀门,牢牢把关南亚印度洋这扇石油运输门户,深刻影响东亚这个巨大的石油市场;再通过石油美元机制、石油期货市场、石油战略储备,主导国际石油定价权,美国通过建立世界能源霸权来巩固其世界霸权。

苏联解体后诞生的俄罗斯凭借其庞大的石油与天然气资源,特别是天然气的储产量和出口潜力,在新世纪的国际能源市场上异军突起,展现出成长为一个"能源超级大国"的势头,未来将可能促使国际能源格局发生重大变化。有鉴于此,作为未来的能源超级大国,俄罗斯前总统叶利钦和现任总统普京都十分重视在此基础上制定本国中长期的能源战略,由此推动了2003年《2020年前俄罗斯能源战略》的出台。俄罗斯是一个石油、天然气资源蕴藏极为丰富的世界能源强国,依靠最近几年的能源出口致使经济得以快速增长。与此同时,世界能源处于"卖方市场",许多国家都希望与俄罗斯开展能源合作。于是,俄罗斯把能源作为推行外交政策的工具，力图通过能源外交来"复兴国家"，重振大国地位。根据俄罗斯政府《2020年前俄罗斯能源战略》，俄罗斯今后将通过能源外交来"获取最大的国家利益"。俄罗斯对外能源战略具有一贯性，即使用"能源武器"开展对外能源合作，使能源成为推行外交政策的工具。但又具有特殊性，与苏联和叶利钦时期相比，普京时期的对外能源战略更为灵活和务实，既抛弃了苏联时期基于意识形态以及浪漫情怀的理想主义，又避免了叶利钦时代一边倒向欧洲的大西洋主义。如今，俄罗斯不仅要利用能源来壮大自身经济实力，还要运用能源武器扩大自身地缘政治影响；不仅要促进与欧洲的能源合作，还致力于在亚太地区（尤其是东亚国家）的能源外交；不仅要在地缘政治安全利益和经济利益中找寻平衡，还深受相互认同以及文化和心理等因素的影响，尤其是在中俄能源合作过程中。2014年3月，俄罗斯能源部发布了《2035年前俄罗斯能源战略草案》，预测俄罗斯在2035年前能源出口中的23%将出口至亚太地区。俄罗斯能源部表示，首要任务是加快进入亚太市场。根据草案，俄罗斯计划在2035年前将本土生产的32%原油和31%天然气出口至亚太地区。还有就是，尽管石油、天然气等传统能源储量丰富，但出于长远考虑俄罗斯仍将核能等新型能源的开发视作能源战略的重要组成部分。

由于国内外严峻的能源供求形势，韩国于20世纪60年代就开始了探索能源战略的脚步，不断地根据实际国情，制定和调整能源战略。现阶段，韩国能源战略的内容主要包括：开发海外能源，确保能源供给稳定；开发新再生能源，实现可持续发展；实施"能源外交"，落实能源政策和开展区域能源合作，保证能源安全。为保证上述战略的顺利实施，韩国政府和企业做了多方面努力。韩国政府首先制定相关的法律法规，成立相关的组织和保障机构，为能源战略的实施提供了法律和组织上的保障。同时为实施能源战略的企业和研发机构提供资金方面的援助。另外，政府在宏观层面上制定符合能源战略的产业政策，引导产业趋向有利于能源战略实施的方向发展。韩国能源企业则通过直接投资能源富国，参与其能源开发和引入外资的方式积极配合能源战略的实施。韩国能源战略体现了作为新

"钦点"能源（二）

型工业化国家能源发展战略的特点和发展趋势，即努力构建可持续发展型能源社会、市场主导型能源社会、技术主导型能源社会和对外开放型能源社会。通过不断的努力，韩国能源战略在推动韩国经济稳步发展方面发挥并将发挥至关重要的积极作用，并取得了良好的效果。能源战略储备不断增加，绿色能源得到了开发利用，实现了能源进口来源多元化并且在一定程度上改善了本国的能源安全状况。

作为世界上资源最为匮乏的工业国，能源战略一直是日本对外政策的重点之一。日本80%的能源需要进口，而这其中又有85%来自中东。从1973年起，日本开始重新调整发展战略：由发展资源密集型产业转向发展技术和劳动密集型产业；重视解决污染问题；同时，针对石油危机引起的严重通货膨胀，采取抑制需求、抑制通货膨胀的对策。由此奠定了日本大力开发本土能源，最大限度地减少对石油的依赖度，确保资源能源安全、稳定、长期和高效供给的新能源战略思路。经历20世纪70年代的两次石油危机后，日本一直在考虑替代石油的能源选择。面对核能、煤炭、可再生能源等众多选项，日本的能源结构从石油火力发电占比过半逐渐转换为核能、煤炭和天然气发电占主导地位。进入20世纪90年代后，全球变暖成为世界课题，日本又开始以核能和可再生能源为目标，进行能源结构转变。进入21世纪以来，日本启动了新一轮国家能源战略研究。为应对世界能源供需方面的变化，确保日本的能源供应，日本通商产业省于2006年5月29日，公布了《新国家能源战略》报告，对日本的能源战略作了重要调整。以《新国家能源战略》为契机，日本政府开始将能源问题上升到国家战略的高度。日本将根据新战略制定今后的能源生产和消费政策，并修改能源基本计划。从《新国家能源战略》主要内容来看，日本政府主要出台了三大举措来提高日本的能源和石油安全：一是实现能源供应的多元化；二是加强节能；三是加强上游的投资开发，到2030年，将海外权益原油占原油进口量的比例提高到40%。日本政府为了实现海外石油开发的目标，陆续出台了一系列具体措施。对内，日本政府将考虑对日本的石油天然气开发企业进行支援。对外，日本将积极开展能源外交，强化与产油国的关系。与此同时，日本政府已经强烈地意识到，获取石油资源也只是能源和石油安全战略的一个方面，而继续加强战略石油储备，并强化与亚洲国家的合作，以谋求亚洲石油市场的稳定，通过节能合作，缓解亚洲发展中国家能源增长给世界和日本带来的压力，等等，都是非常重要的措施。日本现行的能源基本规划是2010年6月修订完成的，其中计划到2030年要将核电占总发电量比例从目前的26%提高到50%。但就在上述能源基本规划修订不到一年，"3·11"日本大地震及福岛核事故爆发，核能安全这个能源利用的基本前提受到动摇。日本政府不得不重新审视并调整依赖核电的能源政策，日本政府和社会的能源观和能源战略出现了根本变化，开始降低对核能的依赖，加速发展安心、安全的可再生能源。纵观日本40年来能源选择的发展历程，政府始终发挥着推手作用，制定产业发展和推广政策，将企业和国民导向能源战略的发展方向。

中国国际能源战略，需要放到世界秩序重建和中国崛起这两个宏大的历史事件中去观察。中国国际能源战略在其形成过程中，历经了酝酿（1993年前）、探索（1994～2000年）、发展（2001～2004年）和走向成熟（2005年后）四个阶段。每个阶段都有其自身特点，都打上了时代烙印，每个阶段的政策都是根据当时国家国民经济的发展以及国际政治、经济尤其是能源形势而制定的，它们是时代的产物和实践的结晶。1993年之前，中国国际能源发展战略处于酝酿阶段。在这一阶段，中国能源发展从自给自足并在一定程度上自给有余，出口一定数量原油，发展到原油出现缺口，能源结构弊端显露，因而引起决策层思考并开始把目光投向国际市场。这是一个痛苦的阶段，中国不得不转变能源生产和消费观念，改革国内能源价格体系，努力向国际市场靠拢。1994年到2000年为中国国际能源发展战略探索阶段。这期间，中国能源国际化思路发生重大转变，从单纯的"引进来"发展到"走出去"。国家改革能源管理机制，推动有利于"走出去"市场竞争体系形成。能源企业走出国门，积极参与国际竞争，逐步打开周边、非洲等地区的市场，并且探索利用国际资本抵御投资风险。2001年至2004年是中国国际能源发展战略稳定发展阶段。在这一

"钦点"能源（二）

阶段，中国国内能源形势和国际能源形势发生转折性变化。面临新的能源安全形势，中央确定走多元化的国际能源发展路线，充分利用国际和国内两个市场，多方面参与国际能源市场竞争，确保能源安全。有关政府部门积极为油气企业国际化经营创造有利的政策环境。油气企业则加大"走出去"力度，在国际能源市场稳步推进，已进入规模投资和收割时期。2005年后是中国国际能源发展战略走向成熟阶段。随着中国对未来能源安全意识的加强，中国国际能源发展思路更加清晰。国家制定了能源中长期发展规划，国家领导人提出新能源安全观，进一步明确了中国国际能源发展方向。随着中国能源安全意识和国际合作意识的增强、国家相关政策法规体系的逐渐完善以及能源企业国际经营水平的不断提高，中国国家能源战略理念也开始发生转变，即：从偏重保障供给为主转变到科学调控能源生产和消费总量，以能源的消费调控来促进经济发展方式；从严重依赖煤炭资源向绿色、多元、低碳化能源发展；从过度依赖国内能源供应要转向立足国内和加强国际合作；从生态环境保护滞后于能源发展向生态环境保护和能源协调发展转变；从资源依赖型的发展模式向科技创新驱动型的发展模式转变；从各能源品种独立发展向多种能源互补与系统的融合协调转变。中国国际能源发展战略正在走向成熟。

近年来，国际能源战略形势发生了重大和深刻变化，比如，全球能源供应持续紧张、国际油价高位运行、主要国家能源战略和政策再度调整、新能源技术革命、非常规油气资源生产和新能源产业加速发展、国际油气资源竞争愈演愈烈、世界石油新版图出现、能源地缘政治矛盾与冲突加剧以及资源民族主义重新崛起等，还有就是，国际能源战略犬儒主义使得世界能源格局缺少了某种主导力量，从而产生某种国际能源政治经济秩序真空，增加了世界能源格局变动的不确定性。这些都对中国经济结构转型、低碳能源经济发展和应对气候变化政策构成了巨大压力和挑战，特别是在能源安全、经济发展、环境政治与国际责任等一揽子综合问题上，中国受到的压力和承受的责任将会越来越大。一方面，中国能源结构矛盾依然非常突出：一是以煤为主的能源格局，环境问题与运力紧缺是其致命的掣肘环节；二是油气资源紧缺，石油和天然气资源主要分布在东北、华北和西南地区，并且国产油气生产的增长趋缓，对于国际市场的依赖度进一步增大；三是核电、（天然）气电和新能源起步晚，发展前景尚不明朗；四是能源消费与供给呈现出巨大的区域性不平衡格局；五是长期以来，以煤为主的能源结构引出的环境保护问题，基本未得到解决，并将随着中国经济总量的快速增长而日益加剧。另一方面，中国石油资源供需矛盾突出，对外依存度巨大，运输通道战略安全脆弱，中国的海洋石油资源正在遭受极大的损害。还有就是，中国缺乏完善健全的能源安全预警应急体系，国家石油战略储备严重不足，国家能源管理体制面临改革。未来10年是中国经济社会发展的重要战略机遇期、实现工业化的关键时期，也是中国城市化水平、居民消费结构发生明显变化的重要时期。但是，这一时期，中国能源需求还会增加，能源对外依存度将继续上升。经济持续健康发展需要充足的能源加以保障，能源的供给和需求问题将是中国面临的一个长期性问题，加快中国国际能源战略调整，制定符合中国国情的国际能源战略方针十分必要。

从总体上来讲，世界能源发展到现在，应该是经历了两次重大的变革：第一次的变革是煤炭代替薪柴；第二次变革是油气代替煤炭。而在第三次能源变革中，新能源和可再生能源发展势头很猛，在整个能源当中占据主导地位。全球能源格局正在经历深刻演变，要求我们从战略上高度重视与深入思考。中国是发展中的能源消费大国，能源消费结构与世界总体消费结构存在较大的差异，合理利用国内外能源资源，提高能源使用效率、推进用能方式改革，将成为中国能源行业未来发展亟须解决的问题，"供给安全、环境友好、利用高效、经济可靠"应成为中国新时期能源战略的目标取向。

对世界一些国家能源战略研究结果表明，利用本国资源和国外资源来满足各自国家需要是世界各国发展经济的普遍指导原则。国际能源战略的基本特点是双向式发展，即既要利用国内资源，又要利用国外资源；既要利用陆地资源，又要利用海洋资源；既要利用传统能源，又要利用新型能源；既要开源，又要节流；既要消费，又要储备。面对新的国际能源形势和格局的变化，中国应该根据自己的国情，对内推行节能增效、加大对油气勘探开发的力度、大力发展新能源和可再生能源、建立石油战略储备等政策，建立稳定的国内能源供应体系；对外推行合作与多元化政策，建立可靠的国外能源供应体系。通过这两个体系的建立，维护国家能源安全，保证国家的可持续发展。具体来说，要切实贯彻和落实以下九项战略方针：一是以煤为基，多元发展，实行煤炭、石油、天然气、水电、核电、新能源并举方针；二是国内为主，国外为辅，实行利用"两个市场、两种资源"方针；三是加强国内能源资源勘查，大力降低能耗，提高能源效，实行开源与节流并重方针；四是坚持发展贸易与直接开发相结合，实行多渠道扩大利用国外资源方针；五是适度开发，增加储备，建立起能源消费和储备的机制，实行消费与储备并举方针；六是以我为主、扩大引进、突出重点、讲求实效，实行合作勘查国内资源方针；七是按需进口，以出补进，实行公平、开放、规范、有序进出口方针；八是既要开发，又要保护，实行开与保并重方针；九是一业为主，多种经营，实行多元综合发展方针；等等。

大战略必然蕴含着大思维、大哲学。真正有价值的国际能源战略理论其实就是哲学思维、哲学方法的综合。因此，我们必须从战略哲学的高度探讨国家能源战略问题，从时间、空间两个维度普及能源战略思维，从国家政治、经济、环境、资源以及建立新型体制等多方面，对国内外因素全面分析，充分利用现代能源技术的最新成就，着力于构建有中国特色的、适应于未来能源系统发展趋势的新型能源体系，高度关注环境制约对中国能源发展的影响，立足长远，科学制定国家能源发展战略路线图。

致 谢

感谢知识产权出版社宋云等同志，为本书的编辑和出版付出的辛勤的劳动和汗水，他们的敬业精神和工作效率令人钦佩！

感谢我的父母，他们含辛茹苦把我养大，他们是老实本分的农民，他们质朴的为人处世原则教我如何踏实做人，亦激励我勤奋工作。遗憾的是，他们已经先后离开我们去天国啦。

感谢我的爱人历晓琪女士和闺女陈诺，是她们给了我一片灿烂的阳光，让我有幸福的陪伴，让我的工作充满温馨和乐趣。

感谢关心和爱护我的每一位领导、同事、亲人和朋友，是他们让我感受到了生活如此丰富多彩，是他们让我在平淡的工作中感受到无穷快乐和无比幸福。

感谢因对我要求严格而心存异议的每一位"对手"，是他们时刻鞭策我不断前进，并让我学会了克制和忍耐，是他们使我的理想之花激荡出壮美的浪花，也是他们使我和缓的心灵奏鸣出激扬的旋律。

陈柳钦

2017年6月